CHRISTIAN KUNZE

Änderungen in Bankpolitik und Bankwesen als Teil der Wirtschaftsreformen der DDR

Untersuchungen über das Spar-, Giro- und Kreditwesen

Schriften des Instituts für das Spar-, Giro- und Kreditwesen an der Universität Bonn

Herausgegeben von Prof. Dr. Dr. Dr. h. c. Fritz Voigt

Band 62

Änderungen in Bankpolitik und Bankwesen als Teil der Wirtschaftsreformen der DDR

Von

Dr. Christian Kunze

DUNCKER & HUMBLOT / BERLIN

Gedruckt 1972 bei Buchdruckerei Bruno Luck, Berlin 65
Printed in Germany
ISBN 3 428 02644 6

Inhaltsverzeichnis

Einleitung

Über die Einführung des neuen ökonomischen Systems in der DDR liegt eine reichhaltige Literatur vor, die aber die Veränderungen in Bankpolitik und Bankwesen der DDR nur am Rande behandelt. Den Zusammenhängen zwischen Wirtschaft und Banksystem wurde wenig Aufmerksamkeit geschenkt. Die hier vorhandene Literaturlücke soll die Arbeit schließen.

Gerade die Verbindung von Bank- und Wirtschaftsreform ermöglicht einen guten Einblick in die Zusammenhänge der Zentralverwaltungswirtschaft und ihre Probleme. So sind Untersuchungen über die Veränderungen von Bankpolitik und Bankwesen besonders dafür geeignet, die Veränderungen im Wirtschaftssystem der DDR verständlich zu machen. Die Arbeit beginnt deshalb mit einer vorwiegend theoretischen Untersuchung von möglichen Wechselbeziehungen zwischen Bank- und Wirtschaftsreform, Wirtschaftspolitik und Wirtschaftsordnung.

Man könnte zwar gleich mit den bankpolitischen Veränderungen beginnen und auf einen theoretischen Teil mit den Problemen der Kreditwirtschaft vor den Reformen verzichten, doch ginge das auf Kosten des Verständnisses und würde dem mit der Problematik der Zentralverwaltungswirtschaft nicht vertrauten Leser einen Teil der Probleme vorenthalten. Das erste Drittel der Arbeit ist deshalb als notwendige „Durststrecke" durchzustehen.

Bevor im vierten Teil der Arbeit Stand, Entwicklung, Schwierigkeiten und Probleme der mitteldeutschen Kreditwirtschaft vor den Reformen beschrieben werden, beschäftigt sich eine kurze Passage mit der allgemeinen Wirtschaftslage der DDR zu dieser Zeit.

Ziele und Maßnahmen der Wirtschaftsreform werden im fünften Abschnitt kurz skizziert, um im sechsten Teil den Hintergrund der Experimente, die die Entwicklung des Bankwesens von 1963—1967 bestimmen, aufzuhellen. Großen Raum nehmen dabei die Ausführungen über die Kreditpolitik ein. Eine Zusammenfassung über Grenzen und Möglichkeiten der ökonomischen Hebel Kredit und Zins soll die Interdependenzen zwischen bankpolitischen Instrumenten und anderen Hebeln zum Ausdruck bringen. Besonders wird die Frage erörtert, inwieweit Reformen im Banksektor mit einer sich parallel vollziehenden Reform der Wirtschaft verknüpft sein müssen. Die Umgestaltung des Verrechnungs- und Zahlungssystems und die institutionellen Veränderungen im Banksektor sind hauptsächlich technische Fragen, deren Erörterung jedoch für eine kritische Würdigung der Experimentierphase wichtig ist.

Im siebten Teil stehen die Veränderungen des Bankwesens nach 1967 im Vordergrund. Wesentliche Probleme sind hier die Trennung von Staats- und Geschäftsbankfunktionen und die Auswirkungen des Systems der „Eigenerwirtschaftung" der Mittel. Neue Leitmaximen der Bankarbeit wurden durch die Umstellung auf das Rentabilitätsprinzip und die „sozialistischen Geschäftsbeziehungen" geschaffen.

Ungelöste Probleme wie die Haftungsproblematik, die Fondskreditierung und die Verzinsung der freien Mittel der Betriebe sollen durch eine Wiedergabe des derzeitigen Standes der wissenschaftlichen Diskussion in der mitteldeutschen Literatur verdeutlicht werden. Im Schlußteil der Arbeit wird eine Bilanz der Bankreformen in Verbindung mit den Wirtschaftsreformen gezogen.

I. Das Investitionsfinanzierungssystem der DDR

Aufgaben und Stellung des mitteldeutschen Bankensystems werden weitgehend durch das planwirtschaftliche Finanzierungssystem bestimmt. In einem Modell soll deshalb das Finanzierungssystem der DDR kurz beschrieben werden. Insbesondere interessiert dabei die Frage, wie sich die Banken finanzieren, also die Mittelbeschaffung und die Quellen. Weiterhin ist die Frage der Mittelverteilung und -verwendung zu untersuchen.

1961 betrug das Investitionsvolumen der gesamten mitteldeutschen Wirtschaft 15,6 Mrd. Mark, wovon 12,8 Mrd. Mark auf Investitionen des Staates entfielen und nur 2,8 Mrd. Mark für Produktionsgenossenschaften, halbstaatliche Betriebe und die private Wirtschaft verblieben.

Innerhalb des staatlichen Finanzierungsvolumens entfielen 9,1 Mrd. Mark (ca. 71,6 %) auf direkte Zuschüsse des Staatshaushaltes an die Wirtschaft. 2,4 Mrd. Mark (19 %) wurden von den staatlichen Betrieben aus eigenen Mitteln aufgebracht. Die aufgenommenen Kredite der staatlichen Wirtschaftsbetriebe machen mit 1,2 Mrd. Mark nur 9,4 % des staatlichen Investitionsvolumens aus (vgl. auch Tabelle).

Investitionen und ihre Finanzierung in der DDR
(1961 bis 1963)

Jahr	Investitionen gesamt	Investitionen staatl.	Staatshaushaltszuschuß	Eigenmittel	Kredite	Zuschuß	Eigenmittel	Kredite
	Mill. Mark					Anteil in vH an den staatlichen Investitionen		
1961	15 575	12 760	9 130	2 430	1 200	71,6	19,0	9,4
1962	15 862	13 060	9 060	2 664	1 336	69,4	20,4	10,2
1963	16 721	14 340	10 033	2 868	1 434	70,0	20,0	10,0

Quelle: Lang, Sibylle-May und *Ruban,* Maria-Elisabeth: Veränderungen im Banksystem der DDR. In: Vierteljahrshefte zur Wirtschaftsforschung, Berlin 1968, S. 407.

Aus den Zahlen geht hervor, daß sich die Finanzierung der DDR-Wirtschaft nicht vorwiegend über die Selbstfinanzierung der Betriebe oder Kreditaufnahme, sondern zu mehr als siebzig Prozent über den Staatshaushalt abwickelte. Bei einem Kreditanteil von nur 9,4 Prozent am gesamten Investitionsvolumen der volkseigenen Wirtschaft haben die Banken der Zentralverwaltungswirtschaft eine ungleich geringere

Bedeutung bei der Investitionsfinanzierung als jene der Marktwirtschaft.

Im Rahmen des Staatshaushalts der DDR nehmen die staatlichen Investitionen einen wesentlich größeren Teil ein als vergleichsweise im Haushalt der BRD. Die Frage der Finanzierungsmittelbeschaffung wäre mit dem Verweis auf die Rolle des Staatshaushalts nur oberflächlich beantwortet, denn hieran schließt sich die Zusatzfrage nach der Herkunft dieser Haushaltsmittel.

Die Mittelbeschaffung des Staatshaushalts erfolgt überwiegend durch indirekt erhobene Abgaben. Hierbei liegt der Schwerpunkt bei Abschöpfungen in der Konsumsphäre. Indem die Preise der Güter unter Einbeziehung eines Aufschlags (Produktions- und Dienstleistungsabgabe) bewußt über den Grenzkosten angesetzt werden, erzielen die Betriebe durch diese Art des Zwangssparens zusätzliche Gewinne, die in den Staatshaushalt fließen und dort für die Investitionsfinanzierung eingesetzt werden.

Die Mittelbeschaffung des Staatshaushalts aus Betriebsgewinnen und Umsatzvorgängen vollzieht sich über das „Zweikanäleabführungssystem der Produktionseinheiten“ (VEB, Kombinate, VVB). Darunter versteht man die Reduzierung des betrieblichen Gewinns durch die Nettogewinnabführung (erster Kanal) und die Produktions-, Dienstleistungs- und Handelsabgabe (zweiter Kanal)*. Die im Staatshaushalt befindlichen Investitionsmittel werden dann über die Banken an die Wirtschaft verteilt. Grundlage für die Mittelausreichung der Banken ist der Plan, der für sie verbindlich von der Regierung festgelegt wird. Die Banken sind somit nur durchleitende Stellen. Den Großteil der privaten Ersparnisse verwenden sie zur Finanzierung des genossenschaftlichen und privaten Wohnungsbaus und der langfristigen Konsumentenkreditierung.

Zur Verdeutlichung des Investitionsmittelkreislaufs soll das nebenstehende Schema beitragen. Es berücksichtigt aus Vereinfachungsgründen nicht den Kreislauf des Konsums und der Steuern.

Dieses Finanzierungsverfahren ist in weit geringerem Maße auf die Selbstfinanzierung und die Kreditgewährung der Banken bzw. das freiwillige Sparen angewiesen als die Investitionsfinanzierung der Marktwirtschaft. Theoretisch wäre man in der Zentralverwaltungswirtschaft auf die beiden letztgenannten Finanzierungsquellen nicht angewiesen. Die gesamte Investitionsfinanzierung könnte über den Staatshaushalt erfolgen. (Vgl. IV. 3. b) und VII. 3.)

---

* Vgl. *Moock*, Dorothea: Die Bedeutung der Produktions-, Dienstleistungs- und Handelsabgabe für das Wirtschafts- und Finanzsystem der Deutschen Demokratischen Republik. Diss. Berlin 1969, S. 75.

Der Unterschied zwischen marktwirtschaftlichem und zentralverwaltungswirtschaftlichem Finanzierungssystem liegt grob gesprochen, abgesehen von der Freiwilligkeit, vor allem in der umgekehrten Bedeutung und Größe der Finanzierungsquellen. Die Investitionen der westdeutschen Wirtschaft werden zwar z. T. mit vom Staatshaushalt ge-

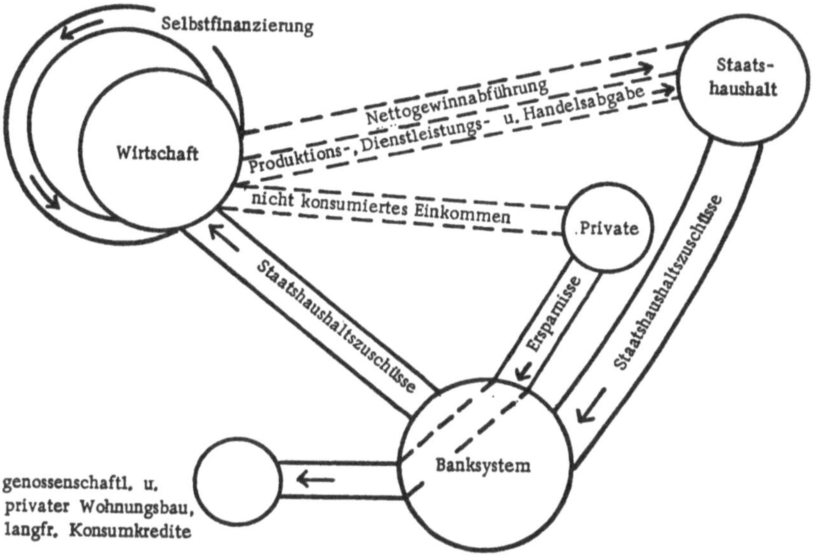

tragen, jedoch sind die Volumina der Selbstfinanzierung und der Kreditfinanzierung wesentlich bedeutender, wobei der Kreditfinanzierung die überragende Stellung zukommt. Die Banken haben hier keine durchleitende Funktion. Sie stellen vielmehr eine eigene Einheit mit eigenem Entscheidungsspielraum dar.

II. Der Zusammenhang zwischen Bank- und Wirtschaftsreform

1. Interdependenzen zwischen Bank- und Wirtschaftsordnung

Das Planungs- und Kontrollsystem der DDR ist z. T. für die ökonomischen Fehlschläge der mitteldeutschen Wirtschaft — besonders in den Jahren 1960—1963 — verantwortlich zu machen. Das planwirtschaftliche Bankwesen nimmt solche Planungs- und Kontrollaufgaben wahr. Es liegt deshalb nahe, die Zusammenhänge zwischen Wirtschafts- und Bankordnung zu untersuchen, insbesondere ob eine Wirtschafts- mit einer Bankreform verbunden sein sollte.

Zunächst ist es wichtig, die Bestimmungsfaktoren des Bankwesens eines Landes zu erörtern. *Mülhaupt*[1] zählt zu den wichtigsten: die Geschichte, den Entwicklungsstand, die Wirtschaftsstrukturen, die Wirtschaftsordnung, die Erfahrungen, die ein Land mit einem bestimmten Bankwesen gemacht hat, die Mentalität der Bevölkerung und deren Einstellung zu bestimmten Unternehmensformen. Das spezifische Bankwesen eines Landes wird von dem Gewicht der einzelnen Komponenten und ihrem Verhältnis zueinander geprägt.

Wie Entwicklungsstand einer Volkswirtschaft und Niveau des Bankwesens miteinander zusammenhängen, zeigt der Vergleich einer Agrar- und einer Industriewirtschaft. Bei der Entwicklung vom Agrar- zum Industriestaat hatten die Banken wegen der zunehmenden Differenzierung des Wirtschaftsprozesses immer neue und anspruchsvollere Aufgaben bei der Finanzierung, Kapitalbeschaffung und Verrechnung zu lösen. Das so erweiterte Angebot von Bankdienstleistungen führte entsprechend der Bankpolitik der betreffenden Länder zur Bildung von Spezial- und Universalbankinstituten.

Bezogen auf das sowjetische Banksystem ergeben sich bei fortschreitender Differenzierung der Planwirtschaft auch für diese Bankordnung neue Aufgaben, die zu Veränderungen und Anpassungen an die ökonomische Entwicklung zwingen. In den zwanziger und dreißiger Jahren diente das sowjetische Banksystem ausschließlich der Finanzierung ausgesuchter Industriezweige, wobei der Konsum- und Sparbereich vernachlässigt, andere Branchen wie Landwirtschaft, Handwerk etc. kaum

---

[1] Vgl. *Mülhaupt*, Ludwig: Struktur und Strukturwandel des Bankgewerbes in Deutschland. Deutsches Komitee der AIESEC e. V., II. Internationales Bankseminar, Auswertungsbericht der Tagung vom 31. August bis 9. September 1962, S. 5.

beachtet und Wirtschaftlichkeit und Rentabilität wegen der Priorität politischer Entscheidungen außer Acht gelassen wurde.

Die Aufpfropfung des sowjetischen Lenkungssystems auf die vergleichsweise hoch entwickelte Wirtschaft Mitteldeutschlands war ein Rückschritt. Die damit verbundene Anpassung des Bankwesens an ein „primitives" Lenkungssystem machte eine eigenständige Entwicklung des mitteldeutschen Banksystems unmöglich. Dies erscheint bedauerlich, wenn man berücksichtigt, daß Wirtschaft und Bevölkerung der DDR an die Zusammenarbeit mit einem hoch entwickelten Bankwesen gewohnt waren. Beispielsweise war das Spargeschäft der DDR in Organisation und Formen entwickelter als jenes der UdSSR und spielte bei der Finanzierung des Wohnungsbaus eine ungleich gewichtigere Rolle. Anpassungen des Bankwesens an den ökonomischen Fortschritt hätten in der DDR folglich früher als in der Sowjetunion erfolgen müssen.

Die Wirtschaftsstrukturen und die Strukturpolitik eines Landes bestimmen mit den Schwerpunkt der Banktätigkeit. Die Banken der Zentralverwaltungswirtschaft sowjetischen Typs zeichnen sich dadurch aus, daß sie relativ weniger als die der Marktwirtschaft im Außenhandels-, Landwirtschafts-, Handwerks- und Gewerbesektor tätig sind und dafür um so mehr in der Industriefinanzierung engagiert sind.

Viel entscheidender wird die Bankordnung eines Landes jedoch durch die herrschende Wirtschaftsordnung geprägt. In der Zentralverwaltungswirtschaft bestimmen die Betriebe ihre Produktion nicht selbständig. Nach *Gutenberg*[2] unterliegen sie nicht dem Autonomie- sondern dem Organprinzip. Was im Bereich der materiellen Produktion gilt, müßte folglich auch für den monetären Gegenkreislauf Gültigkeit haben[3]. Denn würde man den Banken größere Freiheiten als den Betrieben zugestehen, so wäre der Planvollzug im Produktionsbereich gefährdet. Das würde nämlich eine weniger starke Bindung der Banken an den Plan bedeuten. Sie könnten dann mit dem materiellen Plan widersprechenden Kreditzusagen oder -verweigerungen den Planvollzug durchkreuzen.

Umgekehrt wäre es sinnlos den Betrieben bei der Finanzierungsgestaltung mehr Freiheiten einzuräumen als den Banken. Müßten sich nämlich die Banken in ihrer Kreditpolitik weiterhin streng nach dem Plan richten, so könnten die Betriebe ihren Entscheidungsspielraum gar nicht ausnutzen, da ihnen die Banken bei nicht plankonformen Entscheidungen die nötigen Kreditmittel vorenthalten.

---

[2] Vgl. *Gutenberg*, Erich: Grundlagen der Betriebswirtschaftslehre, Erster Band, 13. Auflage, Berlin - Heidelberg - New York, S. 447.

[3] Vgl. *Buck*, Hannsjörg: Technik der Wirtschaftslenkung in kommunistischen Staaten. Coburg 1969, Band II, S. 539 f.

Aus ordnungspolitischen Gründen müssen sich die Freiheitsgrade von Bank und Betrieb entsprechen. Die anfangs der Arbeit aufgeworfene Frage nach der Wirtschaftsordnung und der adäquaten Bankordnung läßt sich also nur so beantworten, daß sich beide zu entsprechen haben; daß die Zentralverwaltungswirtschaft also eines zentralverwaltungswirtschaftlichen Bankensystems bedarf. In der *Eucken*schen Denkweise[4] von der Interdependenz der Teilordnungen müßte die Teilordnung des Produktionssektors mit der des Geld- und Kreditsektors korrespondieren.

Bezogen auf die Wirtschaftsreformen der DDR wäre bei einer Vergrößerung der betrieblichen Dispositionsfreiheiten der Entscheidungsspielraum der Banken in adäquater Weise zu gestalten. Für eine gesamtwirtschaftliche Leistungssteigerung bei unveränderten Freiheitsgraden von Bank und Betrieb bliebe nur eine effektivere Gestaltung des technischen Vollzugs im Sinne eines Ausbaus des Planungs- und Kontrollsystems. Von den Banken würde dies eine Verbesserung des gegebenen Instrumentariums verlangen.

Über den systemnotwendigen Zusammenhang zwischen Geld- und Wirtschaftsordnung schreibt *Rugina*[5], daß eine echte Planwirtschaft eine künstliche Geldordnung voraussetze, weil erst dann die Ordnungskombinationen in Geld- und Gütersphäre übereinstimmen. Unter künstlicher Geldordnung versteht *Rugina* die Möglichkeit, die Geldmenge je nach den Zielen und Plänen der Zentrale zu verändern. Voraussetzung dafür ist ein völlig vom Staat abhängiges Banksystem.

Wie sollte das Banksystem unter diesen Gesichtspunkten gestaltet sein?

Aus der zentralistischen Wirtschaftsordnung ergibt sich systemnotwendig eine zentralistische Bank, die mit einer Monopolstellung ausgestattet sein muß. Dieses Monopol gilt nur gegenüber der mit ihr zusammenarbeitenden Wirtschaft, jedoch nicht gegenüber dem Staat, von dem sie völlig abhängig ist. Die Existenz weiterer Bankinstitute in der DDR könnte dieser These widersprechen. Der Widerspruch ist jedoch nur formal, da diese Institute von der Notenbank abhängig sind und somit in gleicher Weise der Steuerung durch Staat und Partei unterliegen. Autonome Entscheidungsträger sind die Geschäftsbanken nicht. Sie lassen sich als ökonomisch abhängige und juristisch selbständige Abteilungen der Zentralbank der DDR charakterisieren. Eine von der

---

[4] Vgl. *Eucken*, Walter: Die Grundlagen der Nationalökonomie, Berlin - Heidelberg - New York 1965, 8. Auflage, S. 51.

[5] Vgl. *Rugina*, Angel: Geldtypen und Geldordnungen, Stuttgart und Köln 1949, S. 170 ff.

Zentralbank unabhängige Bank wäre undenkbar, weil es dann zu den vorab erwähnten Differenzen im Planvollzug käme.

Als Ergebnis bleibt festzuhalten, daß zwischen Wirtschaftsordnung, Geldordnung und Bankenordnung Systemkongruenz bestehen muß. Veränderungen und Reformen einer dieser Kategorien müssen adäquate Umgestaltungen der beiden anderen mit sich bringen. Die Umgestaltung einer Einzelkategorie ist wegen der ordnungspolitischen Interdependenzen nicht erfolgversprechend. Gestützt wird diese These auch durch den Forschungsbeirat für Fragen der Wiedervereinigung, der im Zusammenhang mit der Transformation einer Zentralverwaltungswirtschaft in eine Marktwirtschaft eine korrespondierende Änderung der Bankenordnung vorschlug[6]. *Propp* hält es für ausgeschlossen, die Geldordnung der Zentralverwaltungswirtschaft ohne schwere Beeinträchtigungen des Lenkungssystems und der Funktionsfähigkeit der Ordnung bei einer Transformation weiter anzuwenden[7]. In gleicher Weise argumentiert *Friebe*[8]: „Für das Währungssystem der Marktwirtschaft gibt es in der Zentralverwaltungswirtschaft sowjetischen Typs nichts, das übernommen werden könnte; . . .“

Nachdem die engen Interdependenzen zwischen Wirtschaftsordnung, Geldordnung und Bankordnung untersucht wurden, soll die Frage diskutiert werden, ob die Zentralverwaltungswirtschaft überhaupt eines Geld- und Bankwesens bedarf.

Nach *Eucken*[9] benötigt die Zentralverwaltungswirtschaft kein Geldwesen für ihre Funktionsfähigkeit. Dies würde ganz im Sinne der älteren Ideologen liegen, die ein Geldsystem für eine kapitalistische Form der Ausbeutung halten und es für den Kommunismus, in dem jeder seinen Bedürfnissen entsprechend versorgt wird, ablehnen. Für die Beibehaltung von Banken und Geldwesen haben jedoch u. a.[10] die guten Kontrollmöglichkeiten, die sich aus dem Geldkreislauf und der Existenz der Banken ergaben, gesprochen.

Wie jeder Wirtschaftsprozeß in Planung, Entscheidung, Organisation und Kontrolle aufzugliedern ist, läßt sich auch der Prozeß in der Planwirtschaft darstellen. Die Kontrolle ist für die Zentralverwaltungswirtschaft im Gegensatz zur Marktwirtschaft systemnotwendig, da sie

---

[6] Vgl. Forschungsbeirat für Fragen der Wiedervereinigung Deutschlands, Dritter Tätigkeitsbericht, Bonn und Berlin 1961, S. 195 ff.

[7] Vgl. *Propp*, Peter Dietrich: Zur Transformation einer Zentralverwaltungswirtschaft sowjetischen Typs in eine Marktwirtschaft, Berlin 1964, S. 204 ff.

[8] *Friebe*, Siegfried: Der Kredit in der Zentralverwaltungswirtschaft sowjetischen Typs, Berlin 1957, S. 211.

[9] Vgl. *Eucken*, Walter: a.a.O., S. 79 ff.

[10] Ebenso die Maß- und Rechenfunktion, die Möglichkeit der Wirtschaftsrechnung und die Erleichterung der Entlohnung und der Konsumwahl.

über keinen sich selbst regelnden Automatismus verfügt. Die Kontrolle könnte theoretisch auch durch irgendeine Behörde, die sich ihre Informationen durch physisch-materielle Produktionsprüfungen beschafft, ausgeübt werden. Da dies aber leichter an Hand der finanziellen Bewegungen eines Betriebes zu verfolgen ist, und der Geldkreislauf einschließlich der Banken ohnehin vorhanden war, bediente man sich der Banken als Kontrollorgane.

Dieses Verfahren läßt sich mit einem Regelkreis veranschaulichen. Von den Planungsinstanzen werden Sollgrößen an die Betriebe ausgegeben; diese melden ihre Istwerte an die Bank, die ihrerseits Soll und Ist vergleicht und mit einer Ursachenanalyse die Abweichungen an die Planinstanz weitergibt. Letztere zieht bei der folgenden Planperiode die Konsequenzen daraus.

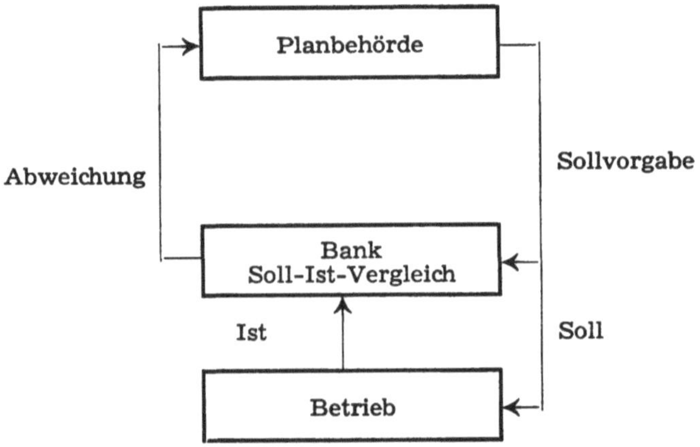

Die Existenz des Geld- und Bankwesens läßt sich also aus der Kontrollnotwendigkeit und Gründen der Praktikabilität erklären. Damit macht die Zentralverwaltungswirtschaft sowjetischen Typs den ersten Schritt weg vom reinen Typ der Zentralverwaltungswirtschaft, indem das Geldwesen nebenbei eine freie Konsumwahl ermöglicht.

Welche Leitmaximen oder Ziele ergeben sich aus der Planwirtschaft und der zentralistischen Bankordnung für die Bankarbeit?

In der Marktwirtschaft gilt für die Banken neben anderen Zielen mehr oder weniger stark akzentuiert das Prinzip der langfristigen Gewinnerzielung. Die Zentralverwaltungswirtschaft läßt eine solche Zielsetzung der Banken nicht zu, da sie dem Organprinzip unterliegen. Für sie gilt in Analogie zu *Gutenberg*[11] das Prinzip plangebundener Bankarbeit als Leitmaxime.

---

[11] Nach *Gutenberg* folgen die Betriebe der Zentralverwaltungswirtschaft dem Prinzip plandeterminierter Leistungserstellung.

Dieses Prinzip schließt das Entstehen geldlicher Unter- und Überschüsse nicht aus. So können zum Beispiel die Haben- und Sollzinsen so festgesetzt werden, daß Über- und Unterschüsse bzw. Verluste bei der Bank auftreten. Diesen Gewinnen und Verlusten fehlt jedoch jeder privatwirtschaftliche Charakter, denn sie stammen nicht aus einem die Marktwirtschaft vorwiegend kennzeichnenden relativ frei steuernden System von Zinsen. Die überwiegend von politischen Faktoren abhängige Rentabilität der Banken der Zentralverwaltungswirtschaft könnte in Anlehnung an *Poom*[12] als politische Bankrentabilität im Gegensatz zur ökonomischen Rentabilität der Marktwirtschaft bezeichnet werden.

Läßt sich aus dem Prinzip der plangebundenen Bankarbeit auch ein für diese Wirtschaftsordnung typischer Haben- und Sollzins ableiten?

Vergleicht man Haben- und Sollzinssätze der idealtypischen Markt- und Zentralverwaltungswirtschaft, so fällt nach *Meimberg*[13] der nicht den Knappheitsverhältnissen entsprechende Zinssatz der letzteren auf. Sind die Mittel in der Zentralverwaltungswirtschaft knapp, so müssen sie so verteilt werden, daß ein maximaler Investitionserfolg erzielt wird. In der idealtypischen Marktwirtschaft wird dies über das freie Einpendeln des Zinses erreicht. Zunächst empfiehlt sich diese allgemeine Aussage, da sonst auf irgendeine Variante der Marktwirtschaft zurückgegriffen werden muß. Beim Vergleich konkreter Fälle muß natürlich modifiziert werden.

Kapitalangebot und -bedarf lassen sich nicht nur durch frei steuernde Zinsen ausgleichen. Theoretisch könnte eine Behörde den Zins zu einem gegebenen Zeitpunkt unter gegebenen Bedingungen (Zielfunktion, Produktionsbedingungen) der Knappheit entsprechend fixieren, wenn eine gesamtwirtschaftliche Optimierungsrechnung für diese Festsetzung die erforderlichen Ergebnisse liefert.

Knappheit an Kapital kann nicht unbedingt nur als das Verhältnis zwischen Kapitalangebot und freier unbegrenzter Nachfrage definiert werden. Wird der Kapitalbedarf festgesetzt, indem der Konsum (privater Kapitalbedarf) durch ein geringes Güterangebot zugunsten des öffentlichen Kapitalbedarfs zurückgedrängt wird, müssen relativ große Einkommensteile gespart werden. Der Zinssatz könnte dann wesentlich unter dem der Marktwirtschaft liegen und trotzdem den Knappheitsverhältnissen entsprechen. *Meimbergs* These müßte dann modifiziert werden.

---

12 Vgl. *Poom*, Eduard: Wirtschaftlichkeit, Effektivität und Rentabilität in der Sowjetwirtschaft. In: Zeitschrift für handelswissenschaftliche Forschung, Neue Folge, 4. Jg., Köln und Opladen 1952, S. 193.

13 Vgl. *Meimberg*, Rudolf: Finanzielle Reformen und Tendenzen in Volkswirtschaften des Ostens. In: 5. Tätigkeitsbericht des Forschungsbeirats für Fragen der Wiedervereinigung Deutschlands. Bonn und Berlin 1969, S. 462.

Als systemtypisch könnte man den relativ niedrigen Zinssatz der Zentralverwaltungswirtschaft auffassen, da allein sie die Möglichkeit hat, den Kapitalbedarf für Konsumzwecke so zu steuern, daß ein relativ großer Teil des Volkseinkommens für Investitionen verbleibt und somit ein Ausgleich von „Kapitalangebot" und „-nachfrage" bei relativ niedrigen Zinsen möglich ist.

Ob es zweckmäßiger ist, die Verteilung des Investitionskapitals über ein frei steuerndes System von Zinsen oder festgesetzte Zinssätze zu erreichen, soll hier nicht diskutiert werden. Vielmehr soll festgestellt werden, daß theoretisch in beiden Ordnungen eine Kapitalverwertung nach dem ökonomischen Prinzip möglich ist, wenn die Investitionsträger in der Zentralverwaltungswirtschaft keine Entscheidungsfreiheit besitzen und der private Kapitalbedarf für Konsumzwecke nicht durch die einzelnen Wirtschaftssubjekte, sondern durch die Zentrale fixiert wird.

Die bisherigen Überlegungen lassen sich wie folgt zusammenfassen. Eine Reform des Bankwesens der Zentralverwaltungswirtschaft könnte aus drei Gründen erfolgen:

— Eine Wirtschaftsreform mit ordnungspolitischen Veränderungen wie dem Einbau marktwirtschaftlich freiheitlicher Elemente zwänge zu ähnlichen Anpassungen im Geld- und Bankwesen.

— Eine Verbesserung der Effektivität aller Wirtschaftsprozesse in Form eines technisch weiterentwickelten Planungs-, Leitungs- und Kontrollsystems würde auch von den Banken eine effektivere Gestaltung ihrer Instrumente verlangen.

— Möglich wäre auch eine Umgestaltung des Bankenwesens als Folge ordnungspolitischer und technisch organisatorischer Veränderungen.

Interessant sind nun die wirtschaftspolitischen Ziele dieser Ordnung, da sich aus ihnen die Aufgaben der Banken in der Zentralverwaltungswirtschaft ableiten lassen.

2. Der Zusammenhang zwischen Wirtschaftspolitik und Bankwesen

a) Die wirtschaftspolitischen Ziele der Zentralverwaltungswirtschaft

Grundlage der Wirtschaftspolitik in der Zentralverwaltungswirtschaft sowjetischen Typs ist die marxistisch-leninistische Ideologie[14].

[14] Vgl. *Schroeter*, Hans-Joachim: Die Deutsche Notenbank als Instrument sowjetzonaler Wirtschaftspolitik, Diss. Mainz 1966, S. 14.

Aus ihren überwirtschaftlichen Zielsetzungen leitet sie die wirtschaftspolitischen Ziele ab. So erscheinen im Zielkatalog der Planwirtschaft ordnungspolitische Forderungen wie die Verstaatlichung der Produktionsmittel und die Durchsetzung der zentralverwaltungswirtschaftlichen Ordnung.

Da allein die sozialistische Einheitspartei die Wirtschaftsordnung der DDR gestaltet, bestimmt sie auch die Zielauswahl und -formulierung. Ökonomische und ideologische Ziele können dabei in Konflikt geraten, wobei meist den ideologischen Vorstellungen der Vorzug gegeben wird.

Im Grundsatz ist das ökonomische Prinzip in der marktwirtschaftlichen als auch in der zentralverwaltungswirtschaftlichen Ordnung identisch, da sie beide mit gegebenen Mitteln ein Maximum an Erfolg erzielen wollen. Bei der Verwirklichung dieses rationalen Ansatzes stößt die Wirtschaftspolitik der DDR auf eine Reihe von unökonomischen Verhaltensweisen, die den rationalen Ansatz einschränken oder pervertieren. Von besonderem Einfluß sind dabei[15]:

— Die Ideologie des Marxismus-Leninismus im allgemeinen.

— Die politische Form der totalitären Diktatur.

— Die zentrale Wirtschaftsplanung im besonderen.

— Das Dogma der deutsch-sowjetischen Freundschaft.

Aus der jeweils wechselnden Betonung dieser Komponenten ergab sich auch immer wieder eine neue Akzentuierung der wirtschaftspolitischen Ziele, die sich letztlich in einer Änderung der Bankarbeit niederschlugen[16].

Es stellt sich nun die Frage, welche wirtschaftspolitischen Ziele der mitteldeutschen Zentralverwaltungswirtschaft das Bankwesen tangieren bzw. von ihm unterstützt werden können.

Als wichtigste Ziele und Unterziele mit unterschiedlichem Gewicht wären hier zu nennen:

— Die Beseitigung des Privateigentums an den Produktionsmitteln und der privaten unternehmerischen Tätigkeit[17].

---

[15] *Hofmeier*, Klaus: Rationalität und Irrationalität in der Wirtschaftspolitik der DDR. In: Bericht des Deutschen Industrie-Instituts, Jg. 3, Nr. 2, 1969, S. 3 f.

[16] So wurde z. B. die „Störfreimachung" der DDR von Lieferungen aus der Bundesrepublik im Interesse der zentralen Wirtschaftsplanung durchgeführt. Das wirtschaftspolitische Ziel einer optimalen Allokation der Resourcen wurde dabei in den Hintergrund gestellt. Die Banken mußten diese Aktion durch die Verknappung von Devisenkrediten für Käufe in Westdeutschland unterstützen.

[17] Vgl. Forschungsbeirat für Fragen der Wiedervereinigung, Vierter Tätigkeitsbericht, Bonn und Berlin 1965, S. 27.

— Die Durchsetzung der zentralen Planung und Leitung der Volkswirtschaft.

— Die Forcierung des Wirtschaftswachstums unter Beachtung des ökonomischen Gesetzes vom vorrangigen Wachstum der Produktion von Produktionsmitteln.

— Die Stabilerhaltung des Geldwertes[18].

— Die Abschirmung gegenüber außenwirtschaftlichen Einflüssen, d. h. die Verwirklichung des außenwirtschaftlichen Gleichgewichts.

— Die internationale sozialistische Arbeitsteilung.

— Die Vollbeschäftigung.

— Die Erhöhung des Lebensstandards.

— Die sozialistische Umgestaltung der Landwirtschaft (Kollektivierung).

— Die Förderung des technischen Fortschritts.

b) Das Bankwesen als Instrument der Wirtschaftspolitik der DDR

Wie werden nun die einzelnen Ziele mit Hilfe des Bankwesens und seiner Instrumentarien durchgesetzt?

Über die Kreditversorgung der Privatwirtschaft kann man die Eigentumsverhältnisse an den Produktionsmitteln beeinflussen. Durch eine restriktive Kreditvergabe an die privaten Unternehmen kann deren Wachstum gebremst oder ganz unterdrückt werden. Dadurch wird gleichzeitig die unternehmerische Initiative erstickt und der Eigner zur Aufgabe bzw. Partnerschaft mit dem Staat bewegt. Eine weitere Möglichkeit, über den Kredit Einfluß auf die selbständigen Unternehmen zu gewinnen, bietet die Kommanditeinlage. Sie kann an Stelle eines Kredits gewährt werden und im Laufe der Jahre so weit aufgestockt werden, daß der Anteil am Unternehmen über 50 Prozent beträgt. Zwar würde eine so hohe Kommanditeinlage juristisch noch keinen wesentlichen Einfluß begründen, doch faktisch wird der Komplementär sie nicht übergehen können, wenn er nicht ihren Abzug riskieren will.

Als weiteres Ziel ist die Durchsetzung der zentralen Planung und Leitung der Volkswirtschaft auch mit Hilfe der Banken zu verwirklichen, indem Kredite nur für Zwecke ausgegeben werden, die im Plan vorgesehen sind. Auf diese Weise werden die Betriebe über die strenge Zweckbindung der Kredite gezwungen, den Plan zu beachten. Auf dem

---

[18] Vgl. *Buck*, Hannsjörg: Technik ..., a.a.O., Band II, S. 545.

gleichen Wege läßt sich die Privatwirtschaft für den Plan gefügig machen. Sollte sie vom Plan abweichen, riskiert sie zukünftige Kreditverweigerungen.

Das Wachstumsziel läßt sich mit verschiedenen bankpolitischen Maßnahmen unterstützen. Über das Zwangssparen läßt sich in der Zentralverwaltungswirtschaft Kapital freisetzen. Aufgabe der Banken ist es, dies dem Konsum entzogene Geld zu sammeln und der Finanzierung der Wachstumsbereiche zuzuführen. Dem Plan entsprechend unterstützen die Banken die Kreditierung der Betriebe. Somit wird auch durch die Banken dem Gesetz vom vorrangigen Wachstum der Produktionsmittel entsprochen. Mit Hilfe der Sparförderung kann die Bank der Zentralverwaltungswirtschaft weitere Mittel für die Investitionsfinanzierung erschließen. Voraussetzung hierfür ist aber eine gewisse Sparfähigkeit der Bevölkerung.

Die Geldwertstabilität ist eins der wichtigsten politischen Ziele der mitteldeutschen Zentralverwaltungswirtschaft[19]. Hier besteht eine propagandistische Möglichkeit, die Überlegenheit des kommunistischen Wirtschaftssystems zu beweisen. Man könnte die These vertreten, die Zentralverwaltungswirtschaft brauche gar keine Stabilitätspolitik betreiben. Die festgesetzten Preise würden eine Geldwertverschlechterung nicht zulassen. Dabei wird aber die Möglichkeit grauer Märkte mit wesentlich höheren Preisen übersehen und außer Acht gelassen, daß lange Lieferzeiten bei hochwertigen Konsumgütern das Preisniveau unrichtig wiedergeben. Die Zentralbank kann zwar gegen den Willen der Partei keine Stabilitätspolitik betreiben, da sie kein autonomer Entscheidungsträger ist, jedoch kann sie durch straffe Administration das Entstehen überschüssiger Kaufkraft feststellen und bei der Zentrale anzeigen. Sie schreibt deshalb kurze Zahlungsfristen, bestimmte Überweisungsverfahren, regionale Bargeldstreuungspläne für Einkommensauszahlungen und andere Maßnahmen vor. In Zusammenarbeit mit den Sparkassen kann die Zentralbank aus eigener Initiative zum Abbau eines geldwertgefährdenden Kaufkraftüberhanges beitragen, wenn sie eine umfangreiche Sparwerbung anregt. Eine weitere, wenn auch geringe Einflußmöglichkeit stünde über die Konsumentenkreditierung zur Verfügung. Die Wirkung solcher Maßnahmen sollte allerdings nicht überschätzt werden.

Besonders problematisch sind für die Zentralverwaltungswirtschaft die Außenbeziehungen. Sie können wegen des Plancharakters der Wirtschaft nur so weit gepflegt werden, wie sie in den Plan passen. Unkontrollierte Geld- und Kapitalbewegungen über die Grenze wür-

---

[19] Hier ist allerdings zu fragen, ob man bei festgelegten Preisen uneingeschränkt von Geldwertstabilität sprechen kann.

den die monetäre Seite des zentralen Planes stören und letztlich die geplante Produktion gefährden. Zentralbank und Außenhandelsbank der Zentralverwaltungswirtschaft haben die Aufgabe, die Wirtschaft gegen solche Einflüsse abzuschirmen und ein Außenhandelsgleichgewicht herzustellen. Dieser Aufgabe dient u. a.[20] die Vergabe des Devisenkredits. Im Gegensatz zu den Banken der Marktwirtschaft, die den Ausgleich der Zahlungsbilanz durch die Weitergabe von monetären Impulsen unterstützen, gleichen die Banken der Zentralverwaltungswirtschaft mit Vorschriften und Im- und Exportgenehmigungen die Zahlungsbilanz aus.

Das Ziel der internationalen sozialistischen Arbeitsteilung steht in engem Zusammenhang mit den Bemühungen um ein außenwirtschaftliches Gleichgewicht. Für die Arbeit der Banken ist dieses Ziel unbedeutend, da der Grad der internationalen sozialistischen Arbeitsteilung ausschließlich von dem Koordinationswillen der osteuropäischen Parteien abhängt und die Banken selbst keine Instrumente mit integrationsförderndem Charakter haben.

Auf die Beschäftigungslage der Wirtschaft können die Banken kaum Einfluß nehmen, da sie bei scharfen Lohnfondskontrollen einerseits die Kreditierung der für die Planübererfüllung notwendigen Löhne nicht ablehnen können und andererseits wegen der politischen Bedeutung eine Arbeitskräfteentlassung bei schlecht arbeitenden Betrieben via Kreditverweigerung nicht riskieren können, ohne auf den Widerstand der Partei zu stoßen. Möglich wäre aber eine durch die Banken unterstützte politisch gewollte Freisetzung von Arbeitskräften, wenn diese in anderen Produktionszweigen eingesetzt werden sollen.

Zur Verbesserung des Lebensstandards der Bevölkerung kann das Bankwesen auf dem Wege der Sparförderung und der Konsumentenkreditierung beitragen. Es kann dadurch zwar nicht die Einkommenslage geändert werden, jedoch bietet der Konsumentenkredit vor allem niedrigen Einkommensschichten die Chance, hochwertige Konsumgüter zu erwerben. Die Möglichkeiten sind hier jedoch relativ begrenzt, da der Konsumentenkredit in der Zentralverwaltungswirtschaft noch im Anfang seiner Entwicklung steht.

Die Kollektivierung der Landwirtschaft war eines der größten politischen Anliegen der SED. Mit seiner Kreditpolitik leistete der Bankenapparat die entsprechende Unterstützung, indem vorrangig die Genossenschaften kreditiert wurden und die Einzelbauern somit wegen mangelnder Kreditberücksichtigung zur Kooperation gezwungen wurden.

---

[20] Große Bedeutung haben das Außenhandelspreisdifferenzierungskonto des Staatshaushalts und das Devisenmonopol.

Die Förderung des wissenschaftlich-technischen Fortschritts ließe sich im Rahmen des Wachstumsziels behandeln. Die besondere Bedeutung dieses Unterziels rechtfertigt aber eine eigenständige Darstellung im Rahmen des Zielkatalogs der DDR. Den Banken fällt die besondere Aufgabe zu, in den Betrieben auf die Anwendung des technischen Fortschritts zu drängen, da sich in der Praxis gezeigt hat, daß die Betriebe von sich aus nur zögernd modernisieren[21]. Günstige Konditionen bei Rationalisierungskrediten dienen hier als Anreiz.

Das abschließend genannte Ziel eines Überlegenheitsnachweises der zentralverwaltungswirtschaftlichen Ordnung kann nicht direkt mit den Banken in Verbindung gebracht werden, doch läßt sich zusammenfassend aus den bisherigen Überlegungen ableiten, daß sich das Bankwesen der Zentralverwaltungswirtschaft als gutes Instrument zur Durchsetzung wirtschaftspolitischer Ziele anbietet. Dieses beweist auch die Verbindung, die der Bankapparat zwischen betrieblichem und volkswirtschaftlichem Rechnungswesen herstellen kann.

Während das bankbetriebliche Rechnungswesen der Marktwirtschaft auf die Erfolgsermittlung abgestellt ist, herrscht in der Zentralverwaltungswirtschaft der Soll-Ist-Vergleich vor. Der Unterschied liegt also in einer mehr gewinnorientierten und einer mehr kameralistischen Ausrichtung des bankbetrieblichen Rechnungswesens. *Förster*[22] stellt hierzu fest, daß unbeschadet des Vorhandenseins systemtypischer Teilgebiete das Rechnungswesen aus der ordnungsbezogenen Verflechtung nicht herausgelöst werden kann. Durch den Soll-Ist-Vergleich und die Zentralisierung des Bankwesens steht der Planbehörde statistisches Material als Grundlage für wirtschaftspolitische Entscheidungen zur Verfügung. Das Bankwesen in der Zentralverwaltungswirtschaft ist also nicht nur Instrument der Wirtschaftspolitik, sondern auch deren Informationsquelle.

Die von *Förster*[23] formulierten Grundfunktionen des zentralverwaltungswirtschaftlichen Rechnungskonzepts lassen sich auch für das bankbetriebliche Rechnungswesen und die volkswirtschaftliche Gesamtrechnung übernehmen. Hierbei verdeutlichen sie die Rolle, die der Bankapparat als Verbindung zwischen Regierung und Wirtschaft spielt. Im einzelnen gelten folgende Grundfunktionen:

— Gewährleistung des Zusammenhangs zwischen gesellschaftlicher Gesamtrechnung und betrieblicher Einzelrechnung.

---

[21] Die Betriebe versuchen auf diesem Wege, höheren Planauflagen zu entgehen.

[22] Vgl. *Förster*, Wolfgang: Rechnungswesen und Wirtschaftsordnung, Berlin 1967, S. 22.

[23] Vgl. *Förster*, Wolfgang: a.a.O., S. 41.

— Bereitstellung der rechnerischen Grundlagen für die Aufstellung der Wirtschaftspläne.

— Kontrolle der Planerfüllung.

— Kontrolle des Betriebsmittelkreislaufs.

— Kostenerfassung und Kostenverrechnung mit dem besonderen Ziel einer permanenten Senkung der Selbstkosten.

— Steigerung der Arbeitsproduktivität.

— Steigerung der Rentabilität.

— Nachweis der Unversehrtheit des sozialistischen Eigentums.

— Verfahrensmäßig vereinfachte buchhalterische Berichterstattung über den Erfolg des Wirtschaftsablaufs in den einzelnen Betrieben, in den Wirtschaftszweigen sowie in der gesamten Volkswirtschaft.

— Information der Werktätigen im Betrieb, sowie der betrieblichen Partei- und Gewerkschaftsorganisationen über die wirtschaftliche Situation ihres Betriebs.

In Anlehnung an *Förster* läßt sich die Stellung der Banken und ihres Rechnungswesens als „ein Instrument zur homogenen Planung, Leitung und Kontrolle der wirtschaftlichen Ablaufprozesse auf betrieblicher wie gleichermaßen auf gesamtwirtschaftlicher Ebene“[24] charakterisieren. „Sein Gefüge und Einsatz sind durch die herrschenden Produktionsverhältnisse bestimmt und bedingen im Dienste“[24] der Wirtschaftspolitik des Kommunismus wesenshafte Unterschiede gegenüber der Wirtschaftsrechnung im Kapitalismus.

[24] *Förster*, Wolfgang: a.a.O., S. 42.

III. Die ökonomische Situation der DDR vor 1963

1. Die Kennzeichen der wirtschaftlichen Stagnation

Äußerer Anlaß für die Wirtschaftsreformen der DDR waren die enttäuschenden Wachstumsraten. Aus dem Statistischen Jahrbuch der DDR lassen sich folgende Wachstumsraten errechnen[1]:

Jahr	National-einkommen in Mill. Mark	Wachstumsrate in % des Vorjahrs
1950	ca. 29,1	
1951	ca. 35,3	ca. 21,3
1952	ca. 40,1	ca. 13,6
1953	ca. 42,4	ca. 5,7
1954	ca. 46,1	ca. 8,8
1955	ca. 50,0	ca. 8,5
1956	ca. 52,2	ca. 4,4
1957	ca. 56,0	ca. 7,3
1958	ca. 62,0	ca. 7,1
1959	ca. 67,5	ca. 8,9
1960	ca. 70,5	ca. 4,4
1961	ca. 72,9	ca. 3,4
1962	ca. 74,5	ca. 2,2
1963	ca. 76,7	ca. 2,9
1964	ca. 80,4	ca. 4,8
1965	ca. 82,8	ca. 3,0

Die ab 1959 verminderten Wachstumsraten standen im Widerspruch zur wachstumspolitischen Zielsetzung der Zentralverwaltungswirtschaft und ihres Anspruchs auf Überlegenheit gegenüber dem Kapitalismus[2]. Dieser Widerspruch veranlaßte die Partei nach Reformen zu suchen.

Weitere Indizien für die nachlassende Effizienz des Wirtschaftsprozesses zeigen sich in Investitionsruinen und Überplanbeständen. Sie schlagen sich in mengenmäßigen Abweichungen vom Plan nieder und treten bei unregelmäßigen Zulieferungen sowie unabsetzbaren Produkten auf. Da dann die Eigenmittel und Plankredite der Betriebe

---

[1] Vgl. Statistisches Jahrbuch der DDR 1968, Berlin 1968, S. 17.

[2] Vgl. *Thalheim*, Karl C.: Liberalisierungstendenzen im Ostblock? In: Der Osten auf dem Wege zur Marktwirtschaft. Hrsg. Gleitze, Thalheim, Hensel, Meimberg, Berlin 1967, S. 31.

nicht ausreichen, werden Zusatzkredite erforderlich, womit die Problematik der „überfälligen“ Kredite tangiert wird.

Sofern der Bankenapparat nicht von sich aus Zusatzkredite verweigern kann, führt das wie in der DDR zu einem schnellen Anwachsen der überfälligen Kredite. Dieser sogenannte Kreditautomatismus macht eine Kreditkontrolle bzw. eine Kreditplanung für die Banken immer schwieriger.

Mit der Vergrößerung der Überplanbestände verringerte sich die Umschlagsgeschwindigkeit bei gleichzeitig steigender Kapitalbindung. Dieses hätte den Banken einen Teil der für die Investitionsfinanzierung vorgesehenen Mittel entziehen müssen, wenn sie nicht die Planverstöße durch Umbuchung auf das Konto „überfällige Kredite“ finanziert hätten.

Als Hauptursache für die Überplanbestände werden Bilanzierungslücken, nicht termingerechte Bereitstellung von bilanzierten Mengen, Zersplitterung der Vorratshaltung, Revisionen von Exportverträgen, schlechte Marktforschung, Produktionsrückstände und Qualitätsmängel genannt[3]. Ein nur administrierendes und konstatierendes Bankwesen kann die Ursachen der Überplanbestände nicht beseitigen. Ein ähnliches Problem liegt bei den Investitionsruinen vor. Sie sind teilweise das Resultat politischer Entscheidungen. Von den Banken konnte man gegen diese Verschwendungen keinen Einspruch erwarten, da sie sonst als politische Opponenten angesehen worden wären[4].

Unter diesem Aspekt müssen auch die Versorgungsschwierigkeiten für Wirtschaft und Konsumenten gesehen werden. Unterstellt man eine mengenmäßig ausreichende Produktion, so können die Versorgungsschwierigkeiten nur im Verteilungssystem gelegen haben. Möglichkeiten, den Verteilungsmechanismus mit Hilfe der Banken und ihrer Instrumente Kredit und Zins zu beeinflussen, bestanden vor 1963 nicht. Ebenso wenig konnten die Banken auf den anderen Hauptmangel, die Qualität der Produktion, einwirken.

Abschließend sei noch auf die geringe Produktivität der Wirtschaft hingewiesen. Sie war eine Ursache des rückläufigen Wirtschaftswachstums neben den Schwierigkeiten bei der Planung des technischen Fortschritts.

Nachdem einige Kennzeichen der Stagnation kurz skizziert wurden, sollen nun die Ursachen dargelegt werden, um gleichzeitig Ansatzpunkte für eine Wirtschafts- und Bankreform zu finden.

---

[3] Vgl. Die Materialvorräte — ein wesentlicher Punkt bei der Rationalisierung. Ein Gespräch in der Zentrale der Deutschen Notenbank. In: Deutsche Finanzwirtschaft, Berlin 1966, Heft 16, S. 6.

[4] Vgl. *Reimann*, Günter: Der rote Profit, Frankfurt 1968, S. 74.

2. Einige Ursachen der Stagnation

Voranzustellen wären Unzulänglichkeiten im Planungs- und Kontrollsystem. Die reine Zentralverwaltungswirtschaft zeichnete sich durch ein Maximum an Zentralisation aus. Eine geringe Zentralisierung der Entscheidungen würde schon eine gewisse Verlagerung in Richtung Marktwirtschaft bedeuten.

Der bis 1963 dauernde Planzentralisierungstrend führte wegen wachsenden Koordinierungsmängeln zu steigenden Effektivitätsverlusten. Diese Nachteile veranlaßten schließlich Wirtschaft und Partei eine „wissenschaftliche Planung" zu fordern. U. a. führte *Geissler* aus, worin die Schwächen des Planungssystems liegen:

1. im Fehlen einer langfristigen Planung,
2. in der ausschließlichen Orientierung an der Jahresplanung und der Praxis der „weichen" Pläne und
3. in der ungenügenden Durchsetzung des Produktionsprinzips[5].
4. Die Nichtberücksichtigung der Banken bei der Planungsentscheidung.

Die administrative Planung und Leitung der Wirtschaft ermöglichten zunächst ein relativ schnelles Wachsen und eine relativ schnelle Steigerung des Lebensstandards. Diese Konzeption führte allerdings später zu großen Wachstumsverlusten, weil die Quellen der extensiven Wachstumsphase erschöpft waren[6].

Die Unzulänglichkeiten bei der Planung und Kontrolle wären sicher nicht so gravierend gewesen, wenn die Banken nicht nur administrative Organe gewesen wären, sondern auf Grund ihrer Erkenntnisse hätten auf die Wirtschaft einwirken können.

Der Mangel an unternehmerischer Initiative in Banken und Betrieben wurde durch das starre Leitungs- und Kontrollsystem hervorgerufen. Die leitenden Organe der Betriebe und Banken hatten keine Möglichkeit, Entscheidungen an den sich ändernden ökonomischen Bedingungen zu orientieren, weil sie gezwungen waren, die Erfüllung der formal vorgeschriebenen mengenmäßigen Planauflagen nachzuweisen[7].

Eine wesentliche Ursache für die Stagnation in der DDR ist auch in ihrem starren Preissystem zu sehen. Da die Planpreise größtenteils nicht den Gleichgewichtspreisen entsprachen, stellten sich in den Kostenrechnungen der Betriebe verzerrte Kostenproportionen ein, die

---

[5] Vgl. *Geissler:* An der Schwelle eines neuen Abschnittes. In: Deutsche Finanzwirtschaft, Berlin 1963, Heft 15, S. 4.

[6] Vgl. *Sik*, Ota: Plan und Markt im Sozialismus, Wien 1967, S. 94.

[7] Ebenda, S. 95.

eine realistische Kalkulation unmöglich machten. Als Folge verschob sich die Struktur des Kreditbedarfs zwischen den Betrieben.

Unternehmen, die Rohstoffe und Einzelteile unter den tatsächlichen Kosten kauften, konnten mit relativ weniger Kredit bei der Umlaufmittelfinanzierung auskommen als Betriebe, die überhöhte Bezugspreise bezahlen mußten.

Hätten die Banken in dieser Situation selbständige Kreditvergabeentscheidungen nach ihrem eigenen kaufmännischen Interesse treffen können, so hätten sich zweifellos die „Wettbewerbsverzerrungen" des Preissystems auch auf die Kreditvergabe übertragen, weil sie Betriebe mit hohem Eigenkapital für kreditwürdiger befunden hätten.

Entsprechendes gilt umgekehrt für die Absatzpreise. Hätten die Banken ihre Kreditpolitik an Gewinn und Rentabilität der Unternehmen orientiert, so wären von den Banken Betriebe mit relativ hoch über den Kosten liegenden Absatzpreisen und folglich hohen Gewinnen solchen mit relativ geringfügig unter den Absatzpreisen liegenden Kosten und wenig Gewinn vorgezogen worden.

Als weiterer Nachteil stellte sich das Fehlen eines materiellen Anreizes heraus. Weder in den Betrieben noch in den Banken bestanden, abgesehen von einem unzulänglichen Prämiensystem, materielle Anreize, die den persönlichen Einsatz und die Initiative angesprochen hätten.

Falsche Planungskriterien führten zu den Auswüchsen der Tonnenideologie. Die Arbeit wurde nur an der mengenmäßigen Erfüllung des Plans orientiert und allenfalls seine Übererfüllung angestrebt. Qualitäts- und Bedarfsprobleme wurden dabei außer Acht gelassen.

U. a. resultierte einer der größten Nachteile für die DDR-Wirtschaft aus der Vernachlässigung des Zinses und der darauf aufbauenden Investitionsrechnung. Wie schwer diese Mängel waren, demonstrieren die erwähnten Überplanbestände, die Investitionsruinen, die überfälligen Kredite, sowie die geringe Umschlagsgeschwindigkeit und das verlangsamte Wachstumstempo.

Eine Ausnutzung der Zinsempfindlichkeit[8] der Wirtschaft hätte vielleicht Teile dieser Schwächen beseitigen können. Hier bot sich eine Wirtschaftsreform und insbesondere eine Bankenreform an, die sich nicht nur auf den Zins, sondern auf alle bankpolitischen Instrumente erstrecken mußte.

---

[8] Wie groß die Zinsempfindlichkeit der Investitionen in der Zentralverwaltungswirtschaft ist, läßt sich kaum sagen. Die geringere Bedeutung des unternehmerischen Elements spricht für eine geringere Empfindlichkeit als in der Marktwirtschaft, in der sie sehr umstritten ist.

Bevor jedoch auf Maßnahmen der Wirtschafts- und Bankreform eingegangen werden kann, sollte der Zustand des Bankwesens vor 1963 skizziert werden, um besser die Probleme des Banksektors zu verstehen.

IV. Das Bankwesen der DDR vor 1963

1. Die Organisation der Kreditwirtschaft

a) Das sowjetische Vorbild

Parallel zur Einführung der Zentralverwaltungswirtschaft in der DDR vollzog sich eine Anpassung des Bankwesens an den fortschreitenden Zentralisierungsgrad der Wirtschaft. *Schroeter*[1] sieht diese Entwicklung in drei Abschnitten.

Die erste Etappe von 1945 bis zur Währungsreform ist durch die Verstaatlichung des gesamten Bankenapparates gekennzeichnet. Federführend war hierbei die Besatzungsmacht, die in dieser Etappe den Geld- und Kreditverkehr noch weitgehend von dirigistischen Einzelmaßnahmen und Vorschriften unberührt ließ.

In der zweiten Phase bis etwa 1952 vollzog sich die der beginnenden Planwirtschaft adäquate Zentralisation des Bankwesens, die sich niederschlug in:

a) einer gesetzlich geregelten, funktionellen und regionalen Abgrenzung des Geschäftsbereichs und der Kundschaft der Institute und

b) einer uneingeschränkten Abhängigkeit von staatlichen und politischen Instanzen.

Diese Phase läßt sich auch, wie die erste, in den anderen osteuropäischen Volksdemokratien verfolgen. Das verstaatlichte Bankensystem wurde in die Verwaltung eingebettet, um so als Planungs- und Kontrollinstrument nutzbar zu sein. Die gleichzeitige Konzentration und Spezialisierung des Bankwesens, verbunden mit einer strengen Kompetenzaufteilung, sollte die Leistungsfähigkeit des Banksystems steigern[2].

In der dritten Phase waren die bankpolitischen Maßnahmen darauf gerichtet, die praktische Funktionsfähigkeit des vorhandenen Apparates im Sinne der Planung, Leitung und Kontrolle zu verbessern.

Da bei der Umgestaltung des mitteldeutschen Banksystems das sowjetische Pate stand, soll kurz das letztere skizziert werden. Die sowje-

---

[1] Vgl. *Schroeter*, Hans-Joachim: a.a.O., S. 43 ff.

[2] Die *Schroeter*sche Einteilung ergänzend, soll die Phase von 1963—1967 als Experimentier- und die ab 1967 als Stagnationsphase bezeichnet werden.

tische Wirtschaft arbeitet mit vier Typen von Kreditinstituten zusammen[3]: Der Staats-, der Investitions- und der Außenhandelsbank und den Sparkassen.

In den Händen der Staatsbank lag, soweit nicht die Investitionsbank zuständig war, die Finanzierung der Wirtschaft, die Geldemission, der inländische Zahlungsverkehr und das Einlagengeschäft. Planung, Durchführung und Kreditierung von Investitionen oblagen der Investitionsbank. Die Außenhandelsbank befaßte sich ausschließlich mit dem zwischenstaatlichen Zahlungsverkehr und die Sparkassen waren für die Belange des Privatmannes zuständig.

Charakteristisch ist der bargeldlose Zahlungsverkehr zwischen den Betrieben, der der Staatsbank einen guten Einblick in die Liquiditätsposition der Betriebe ermöglicht. Ergänzt wird diese Maßnahme durch ein Verbot der zwischenbetrieblichen Kreditierung und die Pflicht, überschüssige Liquidität bei der Staatsbank zu deponieren. Ferner gilt das Prinzip der objektgebundenen Kreditierung, um eigene Dispositionen der Betriebe zu verhindern.

Im Gegensatz zum sowjetischen Grundmodell kennt die DDR noch die Deutsche Bauernbank und die Bank für Handwerk und Gewerbe. In ihrer Existenz ist eine bewußte Erhaltung von Spezialbankinstituten besonderer Branchen zu sehen. Bis 1963 war das Bankwesen der DDR gemäß dem Schema auf S. 34 organisiert.

b) Die Aufgaben der einzelnen Banken

Die Deutsche Notenbank wird zwar als Bank der Banken bezeichnet[4], unterscheidet sich jedoch durch ihre überwiegende Geschäftsbanktätigkeit wesentlich von der Zentralbank marktwirtschaftlichen Typs[5]. Auf eine allzu umfassende Erläuterung der Notenbankaufgaben kann wegen der umfangreichen Literatur verzichtet werden, jedoch ist ein grober Überblick notwendig, um später auf die Schwächen der Deutschen Notenbank eingehen zu können.

Als typisch zentralverwaltungswirtschaftliche Aufgaben der Deutschen Notenbank sind zu betrachten:

— die Konzentration der freien Geldmittel der Wirtschaft,

— die Umverteilung des Volkseinkommens,

---

[3] Vgl. *Pohl*, Reinhard und *Ruban*, Maria-Elisabeth: Das Banksystem in der Sowjetunion, in: Vierteljahrshefte zur Wirtschaftsforschung, Berlin 1966, S. 217.

[4] Vgl. *Fox*, Ursula: Das Bankwesen des europäischen Volksdemokratien, Wiesbaden 1967, S. 50 f.

[5] Vgl. *Schumann*, Peter: Das Recht des Bank- und Kreditwesens in der volkseigenen Wirtschaft der DDR, Diss. Berlin 1968, S. 36.

Struktur des Banksystems in der Deutschen Demokratischen Republik

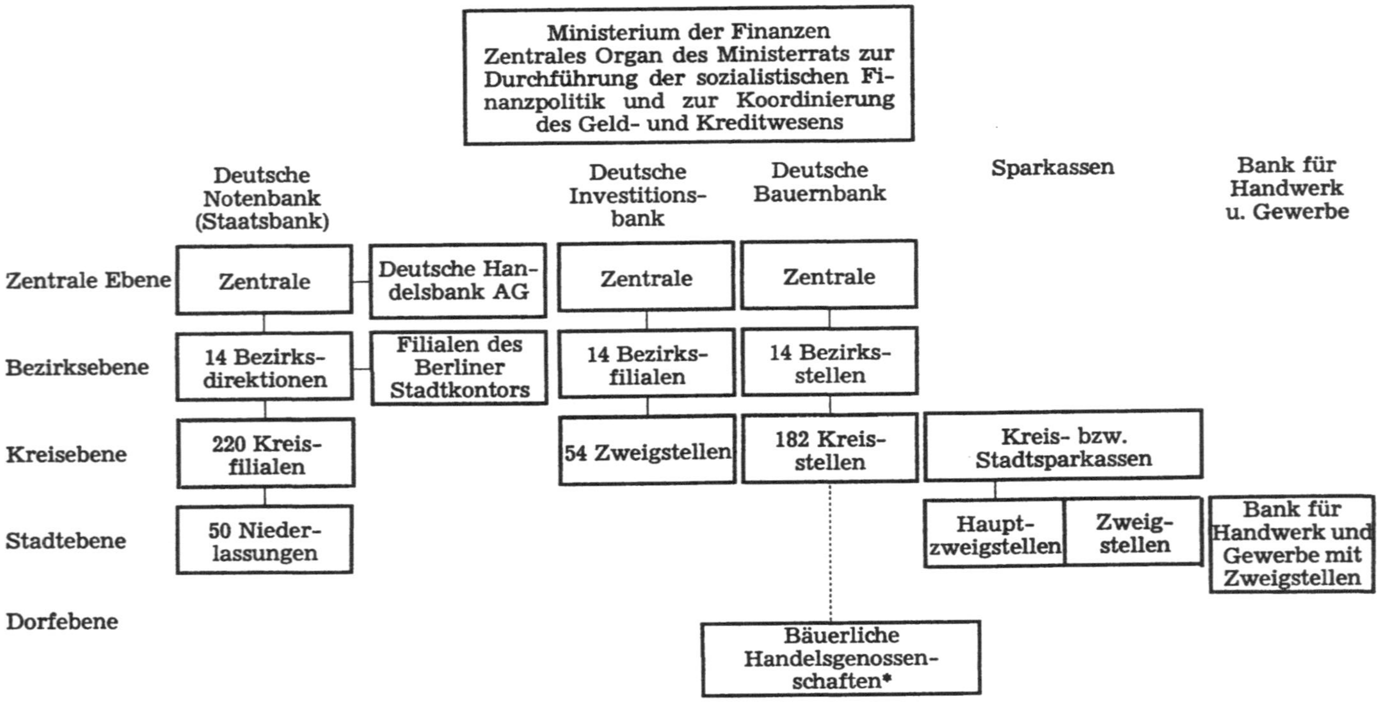

* Die Bäuerlichen Handelsgenossenschaften werden in ihrem Warengeschäft von der Deutschen Bauernbank finanziert und auf dem Gebiet des Geld- und Kreditwesens angeleitet. Im übrigen übt der Rat des Kreises die Kontrolle über die Tätigkeit der BHG aus.

Quelle: Autorenkollektiv: Das Finanzsystem der DDR, Berlin 1962, S. 543.

— die Plankontrolle sowie
— Bargeldplanung und -kontrolle einschließlich der Beobachtung der Kauffondsentwicklung.

Die Geldemission, die Refinanzierung der Geschäftsbanken und die Abwicklung des Zahlungs- und Verrechnungsverkehrs sind systemindifferente Zentralbankaufgaben. Sie werden auch von den Zentralbanken des marktwirtschaftlichen Systems erfüllt.

Zu den typischen Geschäftsbankfunktionen der Deutschen Notenbank gehören:

— die kurzfristige Kreditierung der volkseigenen Industrie,
— die Abwicklung des Zahlungsverkehrs der Wirtschaft,
— die Gewährung mittelfristiger Kredite und
— die Ausreichung von Rationalisierungskrediten im Bereich der langfristigen Kreditierung.

Faßt man die Geschäftsbankenfunktionen zusammen, so liegt der geschäftsbankmäßige Schwerpunkt der Notenbanktätigkeit vorwiegend bei der Umlaufmittelkreditierung.

Die Deutsche Investitionsbank ist federführend bei der Verteilung der Investitionsmittel[6]. Da der Staatshaushalt die überragende Finanzierungsquelle für die Investitionen ist, tritt neben die administrative Abhängigkeit vom Staat auch eine ökonomische[7]. Mit Ausnahme des Agrarsektors finanziert die Deutsche Investitionsbank den größten Teil der Investitionen der Volkswirtschaft und stellt mit der langfristigen Finanzierung das Gegenstück zur kurzfristigen Finanzierung der Notenbank dar. Im einzelnen erfüllt sie folgende Aufgaben:

— die Bereitstellung von Investitionsmitteln für die volkseigene Wirtschaft aus vorwiegend verlorenen Staatshaushaltszuschüssen,
— die Finanzierung der volkseigenen Bauwirtschaft,
— die Verwaltung der staatlichen Beteiligungen bei der Privatwirtschaft,
— die Kreditierung der sozialistischen Genossenschaften und der Privatwirtschaft sowie
— die Kontrolle der ausgeführten Aufgaben.

Wie in Polen besteht auch in der DDR in Form der Deutschen Bauernbank ein speziell für die Belange der Landwirtschaft zuständi-

[6] Vgl. *Garvy*, George: Money, Banking, and Credit in Eastern Europe, New York 1966, S. 40.

[7] Vgl. *Fox*, Ursula: a.a.O., S. 55.

ges Bankinstitut, während in den anderen sozialistischen Ländern sowohl die kurz- als auch die langfristige Finanzierung der Landwirtschaft in den Händen der staatlichen Notenbank liegt[8]. Für eine Eingliederung der Landwirtschaftsfinanzierung in die Staatsbanktätigkeit spricht die bessere Koordinierung der Kreditpolitik. Hingegen befürworten die Spezialisierungsmöglichkeiten die Aufrechterhaltung eines Sonderinstitutes für die Landwirtschaft.

Als Universalbankinstitut der staatlichen und kollektiven Landwirtschaft ist die Deutsche Bauernbank organisatorisch ähnlich wie die Deutsche Investitionsbank konzipiert. Im Gegensatz zur letzteren betreibt sie neben dem langfristigen auch das kurzfristige Kreditgeschäft, womit sie sich mühevolle Doppelarbeit erspart, die Kreditvergabe als einheitlichen Geschäftsvorfall durchführt und nicht wie in der Industriefinanzierung die kurzfristige isoliert von der langfristigen Finanzierung beurteilt wird.

Zusammenfassend lassen sich folgende Aufgaben der Deutschen Bauernbank aufzählen:

— die Investitionsfinanzierung und Kreditgewährung an die volkseigenen Güter, staatlichen Forstbetriebe und sonstige volkseigene Einrichtungen,
— die Kreditierung der landwirtschaftlichen Produktionsgenossenschaften,
— die Finanzierung der bäuerlichen Handelsgenossenschaften und
— die Mobilisierung der freien Geldmittel der Landbevölkerung und die Kontrolle der Geldzirkulation auf dem Lande.

Die Sparkassen sind die einzigen dem breiten Publikum zugänglichen Institute, deren Schwerpunkt im Passivgeschäft liegt. Hier unterscheiden sie sich beträchtlich von den Sparkassen der freien Marktwirtschaft[9]. Das Hauptinteresse der Sparkassen gilt der Sammlung der freien Geldmittel der Bevölkerung. Damit will man das Entstehen einer unkontrollierbaren Geldmenge außerhalb der Banksphäre verhindern.

Neben dieser systematischen Aufgabe betreiben die Sparkassen vor allem folgende Geschäfte:

— Kontenführung für den Privatmann,
— Durchführung des Zahlungs- und Überweisungsverkehrs,
— beschränkte Gewährung von Konsumkrediten,

---

[8] Vgl. *Garvy*, George: a.a.O., S. 41.

[9] Von mehreren Autoren wird bezweifelt, daß für die Sparkassen die Bezeichnung Kreditinstitut zutreffend ist, was mit der geringen Eigenständigkeit im Aktivgeschäft begründet wird. Vgl. *Fox*, Ursula: a.a.O., S. 60 f.

— Kreditierung des kommunalen und privaten Wohnungsbaus und
— Kreditierung kleinerer Privatbetriebe.

Die vorhin erwähnte Geldsammelfunktion der Sparkassen wird durch ein differenziertes Sparsystem verfolgt. Nebenher werden die Sparkassen mit völlig branchenfremden Aufgaben wie dem FDGB-Markenverkauf betraut.

Exkurs: Die Bedeutung des privaten Sparens

Die Stellung des privaten Sparens in der Zentralverwaltungswirtschaft ist wesentlich schwächer als jene in der Marktwirtschaft. Während marktwirtschaftlich orientierte Länder auf den Umfang der Realkapitalbildung nur geringen direkten Einfluß nehmen und infolgedessen dem Sparen besondere Aufmerksamkeit schenken, können die sozialistischen Länder direkt über Abgaben und Steuern die Realkapitalbildung lenken. „Man könnte die Dinge etwas vereinfachen und sagen, daß der sozialistische Wirtschaftsplaner von der im Plan festgelegten Realkapitalbildung ausgeht, um den gewünschten Umfang der Geld-Kapitalbildung anzusetzen (anstatt umgekehrt den Investitionsplan den Möglichkeiten der Geldschöpfung durch Spartätigkeit anzupassen)[10]."

Unter diesen Voraussetzungen wundert es nicht, wenn durch das private Sparen nur ca. 10 Prozent des Investitionsbedarfs gedeckt werden. *Bobrowski*[11] folgert daraus, daß das private Sparen weder mit der Kapitalbildung, noch mit irgendeinem anderen Planziel in Verbindung gebracht werden kann. Darüber hinaus sei es völlig abwegig, innerhalb des allgemeinen Finanzplans zu sagen, die privaten Spareinlagen dienen zur Deckung der Investitionen, der laufenden Staatsausgaben oder beispielsweise der erhöhten Lohnkosten.

Den Sparkassen als den wichtigsten spargeldsammelnden Instituten kommt somit auch nicht die gleiche Bedeutung im Rahmen der Investitionsfinanzierung zu wie den spargeldsammelnden Instituten der Marktwirtschaft.

Die Verrechnung und Abwicklung des internationalen Zahlungsverkehrs liegt bei der Deutschen Handelsbank AG. Sie ist nur als juristisch selbständige, aber ökonomisch abhängige Abteilung der Deutschen Notenbank zu verstehen, die das Devisenmonopol der Deutschen Notenbank technisch kontrolliert.

---

[10] *Bobrowski*, Czeslaw: Sparen und Sparkassen in Osteuropa. In: Sparkasse, Bonn 1967, Heft 2, S. 20.

[11] Vgl. ebenda, S. 20.

Relativ unbedeutend sind die beiden Genossenschaftsbanken der DDR. Die Bank für Handwerk und Gewerbe versieht vornehmlich die Aufgaben der Geldsammlung, der Kreditierung und der Kontoführung von Handwerk und Kleingewerbe. Die Bäuerlichen Handelsgenossenschaften haben in ländlichen Bezirken die gleiche Funktion wie die Sparkassen in den Städten.

c) Die Aufgaben der gesamten Bankorgane

Neben den verschiedenen Aufgaben der einzelnen Bankinstitute lassen sich folgende Aufgaben des Gesamtbankwesens zusammenstellen[12]:

— Die Sammlung, Konzentration und Akkumulation überschüssiger Liquidität von Bevölkerung und Wirtschaft zur Durchführung der Kreditpläne. Damit soll das Wachstum finanziert und gleichzeitig verhindert werden, daß eine unkontrollierte Kassenhaltung der Bevölkerung die Planmäßigkeit der Produktion und Konsumtion gefährdet.

— Die Kontrolle des Produktionsablaufs über die Finanzbeziehungen zwischen Betrieb und Bank.

— Die Aufdeckung von Planabweichungen und deren zukünftige Vermeidung durch Androhung und Anwendung von Sanktionen.

— Die Unterbreitung von Verbesserungsvorschlägen bei ineffizient arbeitenden Betrieben.

— Die Erziehung der Werktätigen und Wirtschaftsfunktionäre zur sozialistischen Betriebsführung.

— Die Durchsetzung der wirtschaftspolitischen Ziele der Zentralverwaltungswirtschaft.

Es wäre nun zu klären, welche Instrumente die Banken zur Erfüllung dieser Aufgaben einsetzen können und wie effektiv sie sind.

2. Das Instrumentarium der Banken

a) Die Kreditplanung und -kontrolle

Die Kreditplanung soll das zur Verfügung stehende Kreditvolumen der Volkswirtschaft ermitteln und festlegen, wie es aufgeteilt wird[13, 14].

---

[12] Vgl. *Autorenkollektiv:* Das Finanzsystem der DDR, a.a.O., S. 541 f.; *Sawatzki,* Eberhard: a.a.O., S. 13.

[13] Vgl. *Hunstock,* Diethelm; *Keller,* Horst: Zur Kreditplanung im neuen ökonomischen System. Berlin 1965, S. 45 ff.

[14] Vgl. *Brück,* Franz: Die Funktion der Geldpolitik in zentralgeleiteten Wirtschaften, dargestellt am Beispiel der DDR, Diss. Gießen 1968, S. 170 ff.

Der zentrale Kreditplan der Republik, für dessen Aufstellung Finanzminister, Plankommission und Notenbank[15] zuständig sind, baut auf den Kreditplänen von Betrieben, VVB und Banken auf. Die Quartalskreditpläne fügen sich zum Jahreskreditplan zusammen, der im einzelnen folgende Ziele erfüllen soll:

— Abstimmung von Kreditbedarf und gegebenem Kreditvolumen.

— Abstimmung von Kredit- und Finanzbedarf der Volkswirtschaft.

— Abstimmung von Geldemission und Kreditfonds.

— Erfassung der in der Volkswirtschaft umlaufenden Geldmittel.

— Umverteilung des Kreditfonds gemäß den Prioritäten des Wirtschaftsplanes.

— Kontrolle über die Einhaltung der Ziele von Volkswirtschaft und Staatshaushalt.

Wie effektiv die Kreditplanung konkret ist, hängt von den Möglichkeiten ab, die Kreditquellen unter Kontrolle zu bringen. Dabei geht es im wesentlichen um solche Kreditquellen, die aus der Kreditbilanz ersichtlich sind:

1. die Wirtschaft,
2. die gesellschaftlichen Organe,
3. die Bürger,
4. der Staatshaushalt,
5. die Banken und
6. die Versicherungen.

Bei überwiegend naturaler Planung können die Kreditquellen relativ gut kontrolliert werden, weil strenge Zahlungsvorschriften und Bezugsgenehmigungen das Entstehen ungewollter Liquidität verhindern. Die Betriebe dürfen Bargeldbestände nur bis zu einem Limit halten und müssen den Überschuß an die Bank abführen. Ähnliche Bedingungen gelten auch für die gesellschaftlichen Organe[16], so daß die Kreditplanung der Banken von dieser Seite her nicht wesentlich durchkreuzt werden kann.

Die Situation stellt sich ganz anders dar, wenn man die Prämisse einer naturalen Planung und Steuerung der Wirtschaft durch eine monetäre ersetzt. Hier sind die Möglichkeiten der Bank, die Kreditquellen der Wirtschaft zu kontrollieren, wesentlich geringer. Infolge der größeren finanziellen Dispositionsfreiheit bleibt der Wirtschaft dann mehr Raum für eine gegenseitige Kreditierung.

[15] Vgl. *Buck*, Hannsjörg: Technik . . ., a.a.O., Band II, S. 544.

[16] Gewerkschaften usw.

Bilanz des Kreditsystems[a)]

Verwendung der Kredite	Kreditquelle
I. Kurzfristig:	*I. Kurzfristig:*
1. Kredite für Umlaufmittel, davon: — volkseigene Wirtschaft — sozialistische Genossenschaften — halbstaatliche Wirtschaft — nichtsozialistische Wirtschaft	1. Einlagen der Wirtschaft, davon — volkseigene Wirtschaft — sozialistische Genossenschaften — halbstaatliche Wirtschaft — nichtsozialistische Wirtschaft
2. Kreditreserven für operative Zwecke	2. Einlagen der gesellschaftlichen Organisationen
3. Saldo der Verrechnungen mit dem Ausland und aus dem innerdeutschen Zahlungsverkehr	3. Einlagen der Bürger 4. Einlagen des Staatshaushalts (Kassenbestand)
4. Kassenbestand	5. Bargeldumlauf 6. Eigenmittel der Deutschen Notenbank
II. Langfristig:	*II. Langfristig:*
1. Wohnungsbaukredite	1. Einlagen der Bürger (Spareinlagen)
2. Kredite für die Einführung der modernen Technik und zur Verbesserung der Rentabilität in der volkseigenen Wirtschaft	2. Einlagen des Staatshaushalts (Haushaltsreserven) 3. Einlagen der Versicherungen (Fonds aus Lebensversicherungen usw.)
3. Kredite für die Finanzierung von Grundfonds in sozialistischen Genossenschaften 4. Kredite für die Finanzierung von Grundfonds in der nichtsozialistischen Wirtschaft	4. Eigenmitttel der Deutschen Investitionsbank, der Deutschen Bauernbank, der Sparkassen u. der Banken für Handwerk und Gewerbe

a) *Quelle: Autorenkollektiv:* Das Finanzsystem der DDR, a. a. O., S. 532.

Die Erfassung des Privatmannes als Kreditquelle kann erhebliche Planungsschwierigkeiten mit sich bringen[17], weil ihm im Gegensatz zur Wirtschaft nicht vorgeschrieben werden kann, wieviel er an Liquidität halten bzw. zu sparen hat.

So entstehen praktisch zwei Geldkreisläufe in der Volkswirtschaft: einer zwischen den Unternehmen mit hoher und ein zweiter zwischen Unternehmen und Bevölkerung mit niedriger Umschlagsgeschwindigkeit. Schließt man die Möglichkeit politischer Krisen und daraus resultierender Massenkäufe nicht aus, so könnte ein Run auf die Spareinlagen die Planung des Kreditvolumens sehr schwierig machen[18].

[17] Vgl. *Klahre,* W.: Unzulänglichkeiten bei der Planung der freien Geldmittel der Bevölkerung. In: Deutsche Finanzwirtschaft, Heft 23, 1960, S. G 468.

[18] Dieser Frage soll nicht weiter nachgegangen werden, weil anzunehmen ist, daß die Regierung einen gefährlichen Spareinlagenabzug verhindern wird.

Der Staatshaushalt als Kreditquelle ist relativ problemlos. Schwierigkeiten ergeben sich erst dann, wenn das tatsächliche Steueraufkommen unter dem geschätzten zurückbleibt. Bei einem 58%igen Anteil des Staatshaushalts am gesamten Kreditvolumen würde eine um wenige Prozente schwankende Steuereinnahme einen Fehlbetrag von mehreren Milliarden Mark ausmachen.

In der Praxis wurde über den Staatshaushalt in den vergangenen Jahren kein Kredit geschöpft, denn der Staat bemühte sich immer, einen Überschuß der Einnahmen über die Ausgabe zu erzielen. Der Einnahmeüberschuß war aber meist so gering, daß man nicht von einem nennenswerten Liquiditätsentzug sprechen konnte. Kreditschöpfungsprobleme, wie sie sich bei einer fiskalischen Selbständigkeit der Gebietskörperschaften ergeben, kennt die DDR nicht, da diese finanzwirtschaftlich von der Zentrale abhängig sind.

Die Kreditausreichung der Banken wirft die Frage nach der Kreditschöpfungsfähigkeit des Bankensystems auf. Theoretisch besteht eine unbegrenzte Kreditschöpfungsfähigkeit der Banken, die aber nicht wirksam werden kann, weil:

1. die Deutsche Notenbank strenge Vorschriften[19] erlassen und selbst eine Refinanzierung der von ihr ökonomisch abhängigen Banken verhindern kann;
2. infolge der Spezialisierung jedes Bankinstituts auf bestimmte Geschäfte und Kunden das ganze Banksystem als ökonomische Einheit aufzufassen ist und deswegen keine Möglichkeit der Kreditgewährung unter den Instituten besteht, womit die Grundlage der Kreditschöpfung zwischen den einzelnen Banken fehlt;
3. sich die Banken bei der Kreditausreichung an den Kreditplan halten und deshalb keine Kreditschöpfung durch institutsinterne Umbuchungen betreiben können.

Die sozialistische Geldtheorie[20] geht von einer strengen Bindung der Kreditausreichung an die materiellen Prozesse (Kreditdeckung) aus. Daher ist das auf dem Kreditwege emittierte Geldvolumen nur in der Größe gehalten, das für die Realisierung der planmäßigen materiellen Prozesse erforderlich ist. In der Praxis tauchen jedoch Schwierigkeiten bei der Kreditierung nach Plan und Objekt auf, die das Geldvolumen über die materielle Deckung hinaus ansteigen lassen. Die oft nicht absetzbaren Überplanbestände sind kreditiert worden. Da kein Verkauf

---

[19] Die Banken dürfen keine eigene Kreditpolitik betreiben. Sie müssen sich an den Kreditplan halten. Verrechnungsvorschriften und Zweckbindung der Kredite wirken in dieser Richtung.

[20] Vgl. dazu die Ausführungen der Politischen Ökonomie.

zu Erlösen führt, können die Betriebe die Kredite nicht abdecken und es entsteht ein ungeplantes Giralgeldvolumen. Diese Art der Kreditschöpfung hat nichts mit der Geldschöpfungsfähigkeit einer Geschäftsbank zu tun. Die Geschäftsbank muß sich nämlich in Höhe dieses ungeplanten Kredits bei der Notenbank refinanzieren. Die Geldschöpfung liegt also hier bei der Zentralbank.

Für die Versicherungen als Kreditquelle läßt sich keine für die Zentralverwaltungswirtschaft gefährliche Geldschöpfungsfähigkeit nachweisen.

Abgesehen von den bisher vorgetragenen Schwierigkeiten bei der Kreditplanung tauchen weitere Probleme auf. U. a. schreibt *Friebe*[21], daß der zentrale Kreditplan in praxi gar nicht auf den Plänen der Betriebe aufbaut, sondern von der Plankommission festgelegt wird. Weiterhin soll die Kreditausreichung vom Nachweis bestätigter Pläne abhängig sein, was in der Praxis oft nicht der Fall ist, weil die Pläne meist kurzfristig geändert werden. Eine Bestätigung der neuen Kreditpläne ist dann zeitlich gar nicht mehr möglich. Vollends versagt die Kreditplanung, wenn Betriebe ihre vorgeschriebenen Eigenmittel (und auch Kredite) durch Verluste verwirtschaftet haben.

Um eine weitere Aufblähung des Kreditvolumens bei der Lagerhaltung zu vermeiden, kam man auf die Idee, die Betriebe nach Richtsätzen mit Krediten zu versorgen. Diese Schematisierung trug den wirklichen Lagerbewegungen zu wenig Rechnung. Bei einer strengen Handhabung der Richtsätze führte das dazu, daß die Betriebe zuviel oder zuwenig Mittel hatten. Logischerweise versuchen die Betriebe, sich außerplanmäßige Finanzierungsquellen zu erschließen. Die Betriebe verfügen bei manchen Produkten teilweise über sehr große Reserven, so daß ein Tausch mit anderen Betrieben möglich ist. Da bei diesen illegalen Kauf- und Verkaufsakten keine Zahlungen über das Banknetz laufen, kann die Bank von diesen Vorgängen nichts erkennen[22, 23].

Folglich können die Betriebe Kredite, die sie für den Einkauf von Produkten hätten verwenden müssen, anderweitig einsetzen. In praxi ließen sich die Kreditrichtlinien nie rigoros durchsetzen. Da der im Plan festgesetzte Lohnfonds meist überschritten[24] wurde, tauchte ein zusätzlicher Kreditbedarf auf. Eine Verweigerung dieser außerplan-

[21] Vgl. *Friebe*, Siegfried: a.a.O., S. 171 ff.

[22] Vgl. *Gutmann*, Gernot: Theorie und Praxis der monetären Planung in der Zentralverwaltungswirtschaft, Stuttgart 1965, S. 203.

[23] Vgl. *Berliner*, Joseph S.: Factory and Manager in the USSR, Cambridge, Mass. 1968, S. 108.

[24] u. a. führten zu rigoros kalkulierte Planansätze, verzögerte Rohstofflieferungen und Nachbesserungen zu Überstunden, die zusätzliche Lohnzahlungen zur Folge hatten.

mäßigen Kredite hätte die Betriebe gezwungen, potentielle Produktionsmöglichkeiten auszulassen, weil die zur Entlohnung notwendigen Mittel gefehlt hätten.

Aus den bisherigen Überlegungen ergibt sich, daß die Qualität der Kreditplanung von der Güte anderer Pläne, wie z. B. des Lohnfonds abhängig ist. Berücksichtigt man die Interdependenzen, die sich auf Grund des Zusammenhangs zwischen Kreditplan, Bilanz der Geldeinnahmen und -ausgaben, Finanzplan der Wirtschaft, Investitionsplan, Außenhandelsplan und Plan der Versicherungen ergeben, so findet man viele offene Stellen, die den Kreditplan als Instrument des Bankenapparates beeinträchtigen können.

Neben der Kontrolle der Kreditquellen behindern Kreditlobby und „weiche" Pläne eine erfolgreiche Kreditpolitik. Dabei stellen die Betriebe ihre Lage schlechter dar als sie realiter ist, und versuchen, analog zu den weichen Plänen in der Produktion, auch solche bei der Finanzplanung durchzusetzen.

Da die Zentrale von zu hoch veranschlagten Kreditbedürfnissen ausgehen kann, macht sie von sich aus Abstriche bei der Bestätigung und Zuteilung. Folglich erhalten die Betriebe, die am besten ihre Reserven verschleiern können, das größte Kreditvolumen.

Bei der Kreditverteilung durch die Plankommission werden zunächst die Schwerpunkte des Volkswirtschaftsplanes bedacht, also jene auf Grund politischer Prioritäten zu fördernden Bereiche der Industrie. Um den verbleibenden Rest des Kreditvolumens setzt dann ein „Tauziehen" der einzelnen Vertreter in der Plankommission für ihre Branchen ein. So verwundert es nicht, daß jene Wirtschaftszweige bei der Kreditplanung bevorzugt werden, die die besten und meisten Vertreter in den politischen Entscheidungsgremien haben.

Zusammenfassend kann man, abgesehen von technischen Unzulänglichkeiten, drei Einwände gegen den Kreditplan als Instrument der Bankarbeit vorbringen[25]:

1. können nicht alle Kreditquellen kontrolliert werden,
2. bestehen zu große Interdependenzen des Kreditplans mit anderen Plänen, deren kurzfristige Änderungen die Wirksamkeit des Kreditplans einschränken,
3. ist der Einfluß der Banken bei der Aufstellung der Kreditpläne zu gering, um Ressortdenken und „weiche" Kreditpläne verhindern zu können.

---

[25] Vgl. *Jenzen,* Jürgen: Erfahrungen aus der Kreditplanung 1962. In: Deutsche Finanzwirtschaft, Berlin 1962, Heft 6, S. G 11 f.

Die Effizienz der Kreditkontrolle steht in engem Zusammenhang mit der Kreditplanung. Da die Kontrolle auf dem Plan aufbaut, kann sie auf keinen Fall besser als dieser sein. Nach *Bosch*[26] ist der Kredit in der Zentralverwaltungswirtschaft ein Mittel der Kontrolle. Er hat mit Vertrauen in die Tüchtigkeit des Kreditnehmers nichts zu tun. Formal zwingt man die Betriebe zur Kreditaufnahme, indem man den Betrieben ein bestimmtes Verhältnis von Eigen- und Fremdkapital vorschreibt. Dadurch werden die Bestände und deren Bewegungen für die Bank ersichtlich. Ferner sollen die Betriebe über die Fristigkeit der Kredite gezwungen werden, die im Plan festgesetzten Produktionsziele einzuhalten[27].

Schumann verdeutlicht die Bankkontrolle an einem Beispiel: „Der VEB muß zur Erfüllung der Planauflagen Kredite in Anspruch nehmen, da er bewußt knapp mit Eigenmitteln ausgestattet wird. Produziert er innerhalb der geplanten Frist und mit dem geplanten Aufwand, so sammeln sich bei der kontoführenden Bank innerhalb der Frist genügend Mittel zur Rückzahlung an. Ist das nicht der Fall, so werden der Bank dadurch Unregelmäßigkeiten im Planablauf signalisiert[28]."

Theoretisch klingt die so durch die Banken durchgeführte Betriebskontrolle ganz erfolgversprechend, doch weisen Klagen aus der Praxis auf schwerwiegende Mängel hin. Da die Kontrolle der Banken an Hand der Kontenbewegungen geschieht, werden die Probleme der Betriebe erst gesehen, wenn sie bereits eingetreten sind. Der ex-post-Charakter der Kontrolle gibt der Bankarbeit einen nur noch konstatierenden Zug, ohne Möglichkeiten, die Schwierigkeiten von vornherein zu beseitigen. Diese Art der Bankkontrolle über den Kredit ist dann zu rechtfertigen, wenn die Zentrale nur einen Informationsgeber in der Bank sieht. Liegt der Schwerpunkt der Bankkontrolle hingegen beim Einwirken auf die Betriebe, so reicht die ex-post-Kontrolle nicht aus. „In der Periode der zentralistischen Gestaltung der Wirtschaftslenkung kommt der Erfassung von Informationen größere Bedeutung zu, während sich infolge der Dezentralisierung der Wirtschaftslenkung der Schwerpunkt der Kontrollfunktion auf die Einwirkung mittels des Kredits und seiner Bedingungen verlagert[29]."

Wo liegen nun weitere Grenzen der Bankkontrolle? Eine Ausweichmöglichkeit, die schon bei den Grenzen der Kreditplanung genannt wurde, stellt der Naturaltausch dar. Hier kann die Bank keinen Ein-

---

[26] Vgl. *Bosch*, Werner: Marktwirtschaft — Befehlswirtschaft, Heidelberg 1960, S. 100.

[27] Vgl. *Friebe*, Siegfried: a.a.O., S. 80.

[28] *Schumann*, Peter: a.a.O., S. 23.

[29] *Fox*, Ursula: a.a.O., S. 40.

blick gewinnen, da durch solche zwischenbetrieblichen Transaktionen keine Finanzbeziehungen ausgelöst werden. Manche Betriebe versuchen sich dem bürokratischen Ablauf der Kreditierung einfach dadurch zu entziehen, daß sie soweit wie möglich die Kreditierung umgehen und folglich auf Expansion verzichten. Hier zeigt sich ein wachstumshemmender Effekt der Kreditkontrolle, der auf das Bestreben der Betriebe nach finanzieller Unabhängigkeit zurückzuführen ist[30]. Ein anderer Grund für die Schwierigkeiten der Kreditkontrolle liegt in der personellen Unterbesetzung der Banken. Viele Kreditinstitute haben gar nicht die nötige Zahl an Mitarbeitern, um die Kontenbewegungen aller Betriebe laufend verfolgen zu können. Die Konzentration der Kontrolle auf wenige Schwerpunktbetriebe vermindert die Wirkung der Kreditkontrolle. Auch haben die Banken selbst durch ihre zu großzügige Gewährung von Vorgriffen auf zukünftige Kredite die Wirkung der Kreditkontrolle im Hinblick auf eine bessere finanzielle Disziplin wieder eingeschränkt[31].

Im Laufe der Jahre hatten die Kreditinstitute immer ausgeklügeltere und bessere Methoden der Kreditkontrolle entwickelt ohne letztlich dem Ziel der Übereinstimmung von Kreditplan und effektiver Kreditinanspruchnahme entscheidend näher zu kommen. Dieses Ziel kann solange nicht erreicht werden, als es in der Wirtschaft Verstöße gibt, die zwangsläufig finanzielle Auswirkungen haben und ebenso zwangsläufig über Kredit finanziert werden müssen. „In unserem Zusammenhang muß beachtet werden, daß die Bank weder die Hauptverantwortung für diese Verstöße trägt, noch die hauptsächlichsten Möglichkeiten für ihre Beseitigung durch den Kredit gegeben sind. Ohne finanzielle Haftung der Betriebe und der VVB für materielle Planwidrigkeiten bleibt der Druck, der mit Hilfe der Limitierung der Vorgriffsverweigerung ausgeübt wird, unzureichend. Ohne Haftung der Betriebe und VVB keine tiefgreifenden ökonomischen Veränderungen. Die Kreditplankontrolle muß ausgehen von der neuen Verantwortung der VVB für die wirtschaftliche Tätigkeit im Rahmen des Planes[32].“

Als Ergebnis bleibt festzuhalten, daß Kreditplanung und -kontrolle nur beschränkt verwendbare bankpolitische Instrumente sind. Die am Ende von Abschnitt II.1. herausgearbeiteten technisch organisatorischen Verbesserungen der Bankarbeit als mögliche Richtung einer Bankreform ist im Bereich der Kreditplanung und Kontrolle nicht erfolgversprechend, da die eigentlichen Schwierigkeiten in der Wirtschaft

---

[30] Vgl. *Garvy*, George: a.a.O., S. 33.

[31] Vgl. Kreditkontrolle mit Pferdefuß. In: Deutsche Finanzwirtschaft, Berlin 1963, Heft 17, S. G 5.

[32] Kreditkontrolle mit Pferdefuß: a.a.O., S. G 7.

liegen und nicht durch eine Umgestaltung des Banksektors allein zu meistern sind.

b) *Die Bargeld- und Warenumsatzplanung*

Der monetäre Kreislauf wird nicht nur mit der Kreditplanung und -kontrolle, sondern auch mit der Bargeld- und Warenumsatzplanung sowie der Aufstellung von Gehaltsstreuungsplänen überwacht. Die Notenbank stellt in Zusammenarbeit mit dem Finanzministerium den Bargeldumsatzplan auf[33], der eine Abstimmung der Geldeinnahmen und -ausgaben der Bevölkerung anstrebt. Ähnlich wie die Kreditplanung geht die Bargeldumsatzplanung von den jährlichen Bargeldanmeldungen der Betriebe aus. Zusammen mit den eigenen Schätzungen stellen die Kreditinstitute Jahresbargeldumsatzpläne auf, die dann von der Notenbank aggregiert werden.

Zu untersuchen wäre nun, inwieweit die Bargeldumsatzplanung als Instrument zur Verteidigung der Geldwertstabilität für die Banken geeignet ist. Dabei bestimmen folgende Faktoren die Qualität der Bargeldplanung:

— Die Verwirklichung der geplanten Geldeingänge der Bank[34].

  Realistisch betrachtet hat die Bank nur geringe Chancen, die Sparer zu hohen Einlagen zu bewegen, es sei denn, es würden neben anderen Sparanreizen höhere Zinsen geboten.

— Die Realisierung der geplanten Bargeldausgaben der Bank.

  Darunter fallen Löhne, Renten und soziale Zuwendungen. Renten und soziale Zuwendungen lassen sich relativ leicht planen. Hingegen treten bei den Löhnen insofern Schwierigkeiten auf, als die geplanten Lohnfonds oft wegen der ungeplanten Überstunden überschritten werden.

— Das Verhalten des privatwirtschaftlichen Teils der mitteldeutschen Wirtschaft.

  Faßt man Bauern, Handwerker, Gewerbetreibende und Freiberufliche zusammen, so entsteht für die an sich weitgehend vergesellschaftete Wirtschaft der DDR ein doch noch relativ großer Bereich, der einen Unsicherheitsfaktor bei der Bargeldplanung darstellt. Dieser Anteil wird zwar mit fortschreitender Sozialisierung der Wirtschaft geringer, sollte aber bei der Planung nicht unterschätzt werden.

— Die Durchsetzung des Devisenmonopols der Notenbank.

---

[33] Vgl. *Ikonnikow*, W. W.: Geld- und Kreditwesen in der UdSSR, Berlin 1954, S. 349.

[34] Vgl. *Dewey*, Charles: Die Planung und Regulierung des Bargeldumlaufs in der Deutschen Demokratischen Republik, Berlin 1956, S. 86 ff.

Große Schwierigkeiten bereitete den Planern der Geldabfluß ins westliche Ausland. Besonders die von Flüchtlingen umgetauschten Bargeldmengen brachten Unsicherheiten für die Planung. Dieses Problem hat sich durch den Mauerbau gelöst, so daß hier keine Schwierigkeiten mehr bei der Bargeldplanung auftauchen.

— Die Verwirklichung der Planansätze in der Konsumgüterproduktion.

Werden die Planansätze nicht erreicht, so steht dem Defizit an Konsumgütern ein materiell nicht gedeckter Bargeldüberhang gegenüber.

— Die effektive Nachfrage der Bevölkerung.

Sollten die Verbraucher Produkte und Dienstleistungen nicht in der geplanten Menge nachfragen, so können Läger entstehen. Den Lägern entsprechen im monetären Bereich Bargeldüberschüsse in der Hand der Verbraucher. Wenn diese Überschüsse nicht in den Banksektor zurückfließen, bilden sich unerwünschte Bargeldhorte bei der Bevölkerung.

— Die Qualität der Konsumgüterproduktion.

Ebenso kann es zu Bargeldüberschüssen kommen, wenn die Qualität der Produktion zu wünschen übrig läßt. Qualitativ schlechte Ware wird vom Konsumenten nicht gekauft und führt im Handel zu Überplanbeständen, sowie möglicherweise zu einem ungeplanten Kaufkraftüberhang, wenn nicht ein zusätzliches Sparen die Differenz kompensiert.

Neben diesen grundsätzlichen Mängeln bestehen praktische bei der Bargeldplanung. Nach *Schroeter*[35] wollen die Planer einen unterplanmäßigen Eingang an Handelserlösen (Bargeld) auf lokalisierbare Stokkungen zurückführen. Diese Lokalisierbarkeit ist zu bezweifeln, da die Kreditinstitute in der Praxis von völlig unzureichenden Erfahrungswerten ausgehen[36]. Auf der anderen Seite aber werden umfangreiche Analysen angefertigt, ohne daß daraus die notwendigen Konsequenzen gezogen werden. Auch hier zeigt sich die ausschließlich konstatierende Arbeit der Banken, die schon bei der Kreditplanung und -kontrolle bemängelt wurde.

Weiterhin muß man die Behauptung, daß die Bargeldplanung von der Relation zwischen Akkumulation, Konsumtion und Lohnfonds ausgeht, skeptisch betrachten[37], denn die dabei stillschweigend unterstellte

---

[35] Vgl. *Schroeter*, Hans-Joachim: a.a.O., S. 141 f.

[36] Vgl. *Buck*, Hannsjörg: Technik ..., a.a.O., Band II, S. 618.

[37] Vgl. *Autorenkollektiv:* Das Finanzsystem der DDR, a.a.O., S. 417.

Konstanz der Bargeldumlaufsgeschwindigkeit kann nur in politisch und versorgungsmäßig ruhigen Zeiten angenommen werden. Die übertriebene Betonung der Bargeldumlaufplanung bei der Herstellung des geld- und güterwirtschaftlichen Gleichgewichts erscheint fragwürdig, solange auf der Giralgeld-Seite die Kreditplanung dauernd versagt und somit der wesentliche Teil des Geldvolumens nicht exakt gesteuert werden kann.

Der Warenumsatzplan wird zwar nicht von den Banken erstellt, ist aber wegen seiner Bedeutung für die Kredit- und Bargeldumsatzplanung zu berücksichtigen. Er wird von den Handelsbetrieben und übergeordneten Organen aufgestellt, wobei die Direktiven von der Partei, die Entwicklungsbedingungen der Produktion und des Kauf- und Warenfonds, die Kennziffern der sozialökonomischen Strukturen, die Ergebnisse der Umsatzanalysen, die Entwicklung der materiellen technischen Basis und anderes mehr berücksichtigt werden müssen.

Eine so ambitiöse Planung würde derzeit die Praxis vor unlösbare Probleme sowohl bei der Materialbeschaffung als auch in personeller Sicht stellen. Die nicht absetzbaren Überplanbestände des Handels sprechen nicht für die Qualität der Warenumsatzplanung. Ein weiterer Grund für das Versagen der Warenumsatzplanung ist in der viel zu schematischen Handhabung der Planung und der ungenügenden Berücksichtigung der Verbraucherwünsche zu sehen. Eine „wissenschaftliche" Planung scheitert letztlich an dem Konsistenzproblem und den Mängeln im Informations- und Kontrollsystem. Für die Banken läßt sich daraus folgern, daß ihre Bargeld- und Kreditplanung wegen der Interdependenzen mit dem Warenumsatzplan von vornherein mit Fehlern belastet ist, wodurch die Wirkung ihrer Planinstrumente herabgemindert wird.

c) Die Lohnfondskontrolle

Zur Wahrung der Geldwertstabilität bedienen sich die Banken der Lohnfondskontrolle. Mit ihr versuchen sie, die geplanten Relationen zwischen kaufkräftiger Nachfrage und Konsumgüterproduktion zu gewährleisten. Sollte die ausgezahlte Lohnsumme den Planansatz übersteigen, so entsteht in Höhe dieser Differenz ein ungeplantes Geldvolumen, das zwar die administrierten Preise nicht in die Höhe treibt, jedoch zu einer verdeckten Inflation führen kann.

Teilweise resultieren diese Überschreitungen aus ungeplanten Überstunden. Man könnte dann einwenden, die Produktion müsse folglich auch größer sein, womit dem Lohnzuwachs eine gleich große Produktionssteigerung gegenüberstehe. Diese Aussage muß eingeschränkt werden, da sich die zusätzlichen Löhne aus den in der Konsumgüterindustrie und den in der Produktionsgüterindustrie geleisteten Überstunden zusammensetzen. Der zusätzlichen ungeplanten Lohnsumme steht also kurzfristig nur der Zuwachs in der Konsumgüterindustrie gegenüber, so daß sich hier Disproportionen ergeben können, die den Geldwert gefährden, wenn nicht ein Teil der zusätzlichen Lohnsumme gespart wird.

Eine andere Ursache der Lohnfondsüberschreitungen wird auf die mangelnde Rationalisierung der Betriebe zurückgeführt. Die Betriebe sollen nach Plan gewisse Rationalisierungsmaßnahmen durchführen, um damit Arbeitszeit einzusparen. Die dadurch eingesparten Löhne werden im Plan nicht mehr ausgewiesen, was bei einer Verzögerung der Rationalisierung zu ungeplanten Lohnfondsüberschreitungen führen muß.

Ähnlich liegt der Fall, wenn zu viele Produktionskapazitäten für Reparaturen von Fehlleistungen gebraucht werden. Wenn beispielsweise Nachbesserungen notwendig sind, führt das zu Lohnfondsüberschreitungen und/oder zu einer geringeren Konsumgüterproduktion. Beides läßt ungeplante Bargeldüberschüsse entstehen.

Daß die Banken das Lohngebaren der Betriebe an Hand der Konten übersehen können, ist unbestritten. Fraglich ist nur, ob die Bank diese Planverstöße nur konstatiert und weitermeldet, oder ob sie eigene Maßnahmen gegen diese Lohnfondsüberschreitungen ergreift. Gegen ein eigenes Vorgehen der Banken könnten volkswirtschaftliche Interessen sprechen, wenn z. B. die Lohnfondsüberschreitungen aus erwünschten Planübererfüllungen resultieren oder wichtige im Plan nicht vorgesehene Nachbesserungen von Produkten nur mit Überstunden durchzuführen sind. Neben den Lohnfonds kontrollieren die Banken auch den Zahlungs- und Verrechnungsverkehr, um die Geldpolitik der Zentralverwaltungswirtschaft zu unterstützen.

d) Der Zahlungs- und Verrechnungsverkehr

Wegen der Vorzüge des bargeldlosen Zahlungsverkehrs und aus lenkungstechnischen und Kontrollgründen wurde der gesamte Verrechnungsverkehr beim Banksystem zentralisiert. Regulierungen, Maßnahmen und Vorschriften im Zahlungs- und Verrechnungsverkehr müssen im Zusammenhang mit der Bargeldumlauf- und Kreditkontrolle gesehen werden. Durch strenge Fristen und Verrechnungsmethoden will man verhindern, daß sich in den Betrieben Bargeld staut und ihnen Dispositionsmöglichkeiten eröffnet. Ebenso soll vermieden werden, daß die Betriebe ihre Waren auf Ziel verkaufen und somit Kreditbeziehungen zwischen den Betrieben entstehen. Auf die einzelnen Fristen und Verrechnungsmöglichkeiten braucht hier wegen der vorhandenen Literatur nicht eingegangen zu werden[38].

Die Zahlungsfristen zwingen den Käufer, die Verbindlichkeiten bis zu einem bestimmten Zeitpunkt abzudecken. Mit der Erteilung der Rechnung wird die Zahlungspflicht ausgelöst. Eine zwischenbetriebliche Kreditierung ist damit fast ausgeschlossen. Jedoch ist die Möglichkeit gegeben, durch Verzögerungen bei der Rechnungserteilung zu einer zwischenbetrieblichen Kreditierung zu kommen. In solchen Fällen kann die Bank nicht eingreifen, weil sie diese Vorgänge an Hand ihrer Konten nicht verfolgen kann.

Der schwerwiegendste Nachteil des Verrechnungssystems lag aber in der administrativen Gängelung der Betriebe. Mit der Rechnungserteilung wurde automatisch die Zahlungspflicht ausgelöst, wodurch bei den Abnehmern keine Veranlassung zur Kontrolle der gelieferten Ware mehr bestand[39]. Bei einer Beanstandung der Lieferung setzte ein zeitraubendes, umständliches Verfahren ein, so daß die Abnehmer von vornherein auf Reklamationen verzichteten und sich ihrerseits auch wenig bemühten, Qualitätserzeugnisse zu liefern. So gesehen hatten die Zahlungsbedingungen einen qualitätsmindernden Effekt.

Auch von der Seite der Produktions- und Lieferzeit waren die Zahlungsfristen viel zu schematisch konzipiert. Sie entsprachen weder den Unterschiedlichkeiten des Produktionsrhythmus, noch denen der Liefer- und Versandzeiten. Hier wären notwendige Differenzierungen erforderlich gewesen[40]. Dem aber stand ein zu hoher Arbeitsaufwand entgegen[41]. Auch wurde befürchtet, daß eine größere Unterteilung der Zahlungsfristen weniger gesamtwirtschaftlichen Zielen gedient hätte, als von den Betrieben zur Verbesserung ihrer eigenen Liquidität und Rentabilität ausgenutzt worden wäre[42].

Obwohl die Nachteile des starren Verrechnungssystems in der DDR hinlänglich bekannt waren, gab es eigentlich gar keine Alternative zum praktizierten Verrechnungsverfahren, wenn man die Kreditkontrolle nicht ganz aus der Hand geben wollte. Ohne Vorschriften hätten die Betriebe unter den damaligen Voraussetzungen von sich aus nicht auf

---

[38] Vgl. *Schumann*, Peter: Das Recht ..., a.a.O., S. 57 ff.; *Schroeter*, Hans-Joachim: Die Deutsche Notenbank ..., a.a.O., S. 193 ff.

[39] Vgl. *Buck*, Hannsjörg: Wirtschaftsreformen und Rationalisierung des Finanzsystems. In: SBZ-Archiv, Köln 1965, S. 269.

[40] Vgl. *Finger*, Herbert u. a.: Kredit und Zins im System der Eigenerwirtschaftung der Industrie, Berlin 1968, S. 122.

[41] Vgl. *Schmieder*, Gerhart u. a.: Neue Verrechnungsverfahren ab 1. Januar 1965. In: Deutsche Finanzwirtschaft, Berlin 1964, Heft 21, S. 6.

[42] Vgl. *Schmieder*, Gerhart: Der Stein des Anstoßes: Zahlungsfristen. In: Deutsche Finanzwirtschaft, Berlin 1965, Heft 19, S. 16.

eine schnelle Abrechnung und Verringerung des Kreditvolumens in der Volkswirtschaft hingearbeitet. Daß die Betriebe veranlaßt werden könnten, im eigenen Interesse kurze Zahlungsfristen einzuhalten, wurde erst bei der Diskussion um die Einführung des Neuen ökonomischen Systems berücksichtigt. Hier sollten die Betriebe durch Zinsersparnisse bzw. -belastungen zu dem von den Zahlungsfristen verfolgten Verhalten stimuliert werden.

Wie eng eine Regelung der Zahlungsfristen mit den Zielen der Geldpolitik der DDR-Wirtschaft verknüpft ist, soll folgende Überlegung zeigen. Dürften alle Betriebe je nach Wunsch ihre Lieferantenverbindlichkeiten um eine Woche verlängern, so entstünde ein riesiger zusätzlicher Kreditbedarf, der den Betrieben einen gewissen Dispositionsspielraum eröffnen würde. Gleichzeitig würden sich Ausweichmöglichkeiten ergeben, wenn die anderen Kreditquellen erschöpft sind. Diese Lösung widerspricht den Intentionen der Kreditplanung und -kontrolle. Die Banken wären dann nicht mehr so leicht in der Lage, das Kreditgebaren der Betriebe zu kontrollieren und die Betriebe könnten ihre Zahlungsdisziplin je nach Liquiditätslage verändern.

Schroeter[43] sieht trotz der Nachteile des Verrechnungs- und Zahlungssystems einen Vorteil darin, daß das ungeplante Kreditvolumen nicht außerhalb des Bankensystems entsteht, sondern in das Banksystem verlagert wird. Die Ursachen für die Kreditüberschreitungen werden damit zwar nicht beseitigt, jedoch erhält man einen wesentlich besseren Überblick über das Ausmaß des ungeplanten Kreditvolumens, zumal die Betriebe bis 1964 verpflichtet waren, bei den Banken das Sonderkonto „überfällige Kredite" in Anspruch zu nehmen.

Zusammenfassend läßt sich sagen, daß das Instrumentarium des Zahlungs- und Verrechnungsverkehrs zwar die Betriebe formal zur Einhaltung der Zahlungsfristen zwingt, jedoch keinen ökonomischen Druck ausübt. Als Instrumentarium ist die Kredit- und Lohnfondskontrolle nur geeignet, ungeplante Ereignisse transparent zu machen. Ein wirksames Mittel zur Vermeidung von Planabweichungen ist den Banken damit jedoch nicht gegeben worden. Abschließend wäre noch das Zins- und Sanktionsinstrumentarium zu untersuchen.

e) Die Zinsen und die Sanktionen

Betrachtet man das Zinsinstrument der Zentralverwaltungswirtschaft, so fällt zunächst die geringe Höhe der Haben- und Sollzinsen auf[44]. Es ist deshalb zu vermuten, daß die niedrigen Kreditzinsen nicht zu einer

[43] Vgl. *Schroeter*, Hans-Joachim: a.a.O., S. 224 f.

[44] Die Sollzinsen bewegten sich zwischen 1,8 und 5 Prozent und waren nach Branchen gestaffelt.

sparsamen Verwendung des Fremdkapitals zwingen. „Der geringe Anteil der Kreditzinsen an den Selbstkosten und folglich die geringe Beeinflussung von Gewinn und persönlicher materieller ‚Interessiertheit' zeigen vielmehr, daß die Wirkung des Kreditzinses unzureichend ist. Auch eine generelle Erhöhung des Kreditzinses könnte die Wirkung nicht wesentlich erhöhen[45]." Diese allgemein gehaltene These müßte modifiziert werden, da in Branchen mit mäßigen Gewinnen eine geringe Zinserhöhung größere Auswirkungen auf die Gewinnlage hat als in Zweigen mit hohen Gewinnen. Eine sparsame Kapitalverwendung liegt in den gewinnschwachen Betrieben näher, denn sie werden alles versuchen, um nicht in das optisch ungünstige Bild eines Verlustbetriebes zu geraten.

Ob aber eine Branche oder ein Betrieb gut verdienen, hängt von den staatlich festgesetzten Preisen der Produkte ab. Ein generell für alle Betriebe geltender, höherer Zinssatz würde manche Betriebe in die Verlustzone bringen, weil die genehmigten Preise zu gering sind. Schon aus diesem Grunde konnte die DDR-Wirtschaft nicht mit einem generell hohen Zins operieren, es sei denn, man hätte den Betrieben mit Subventionen geholfen.

Die Struktur der Umlaufmittelfinanzierung sprach gegen einen zu forcierten Ausbau des Zinsinstrumentes. Manche Unternehmen wiesen infolge ihrer guten Eigenkapitalausstattung eine relativ günstige Eigen-Fremdkapitalrelation im Umlaufmittelbereich auf, während andere ihre Umlaufmittel mit relativ viel Fremdkapital finanzieren mußten. Ebenso unterschieden sich die Proportionen zwischen Umlaufmittel- und Anlagebereich bei verschiedenen Branchen. Welche Betriebe von einem hohen Fremdkapitalzins benachteiligt worden wären, ist leicht ersichtlich. Man kann auch sagen, daß ein allgemein hoher Zins im Umlaufmittelbereich die Vergleichbarkeit von Branchen mit niedrigen Preisen und Gewinnspannen und Branchen mit hohen Preisen und Gewinnspannen noch mehr eingeschränkt hätte. Ein an den individuellen Gewinnspannen und Kapitalverhältnissen orientierter Zins hätte sich günstiger auf die Kreditaufnahme ausgewirkt.

Das Zinsinstrument war nicht zur Verteidigung der durch die verdeckte Inflation permanent gefährdeten Geldwertstabilität geeignet. Ebenso wenig konnte der Zins auf die Betriebe einen ernstzunehmen-

---

Vergleicht man den Zins mit dem für langfristige Kredite üblichen Satz in den westlichen Ländern, so liegt er in der Zentralverwaltungswirtschaft wesentlich niedriger, obwohl man von einem ungefähr gleich großen Kapitalbedarf ausgehen kann.

[45] *Steudtner*, H.-Ch.: Der Zins in der Umlaufmittelsphäre und die Möglichkeit differenzierter Zinssätze. In: Deutsche Finanzwirtschaft, Berlin 1966, Heft 10, S. G 6.

den Druck zur Kostensenkung ausüben. Die Betriebe konnten immer auf ihre politisch bedingte Rentabilität und ihre nicht ökonomisch begründete Kapitalstruktur verweisen.

Man könnte der bisherigen Argumentation entgegenhalten, sie gehe von der falschen Prämisse zinsabhängiger Kapitalnachfrage aus. Es habe sich in der Marktwirtschaft gezeigt, daß besonders der öffentliche Kapitalbedarf zinsunelastisch ist. Dies müsse besonders in der Zentralverwaltungswirtschaft und deren Unternehmen gelten. Falls dieser Einwand stichhaltig ist, wäre der Erfolg einer aktivierten Zinspolitik fraglich. Konkrete Aussagen über die Zinsempfindlichkeit der Kapitalnachfrage zur Umlaufmittelfinanzierung in der Zentralverwaltungswirtschaft ließen sich nur auf Grund empirischer Untersuchungen machen. Tests in dieser Richtung liegen derzeit nicht vor, so daß es bei allen Vorbehalten angebracht erscheint, von der Hypothese auszugehen, die Investitionstätigkeit der Zentralverwaltungswirtschaft könne mit dem Zins beeinflußt werden.

Ebenso wie die Zinsen sollen die Sanktionen eine sparsame Kapitalverwendung unterstützen. Im einzelnen handelt es sich um folgende Varianten des Sanktionsinstruments:

1. Kredit- und Verfügungseinschränkungen
   a) Sperrung von Umlaufmitteln und die Kündigung von Richtsatzplankrediten,
   b) Einschränkung der Kontenverfügungsmöglichkeiten,
   c) Kreditverweigerungen,
   d) Krediteinstellung.
2. Anwendung des Akkreditivverfahrens
3. Strafzinszahlungen

Rein formal lassen sich alle Sanktionen anwenden, doch fragt es sich, ob ihr Einsatz Erfolg verspricht oder zu zusätzlichen Belastungen führt, die die Lage der betreffenden Betriebe noch verschlechtern. Auch bleibt offen, ob nicht Betriebe getroffen werden, die die Planwidrigkeiten gar nicht verursacht haben.

Bei der Beantwortung der ersten Teilfrage muß an das schon früher Gesagte angeknüpft werden. Die Anwendung von Sanktionen kann dazu führen, daß die Schwierigkeiten der Betriebe noch vergrößert werden. Sinnvoll wären Sanktionen nur dann, wenn die Bank genau weiß, daß der Betrieb Reserven zurückhält und bei normaler Anstrengung besser arbeiten könnte. Erfolgversprechend wären auch Androhungen von Sanktionen bei einer sich anbahnenden schlechten Geschäftsentwicklung. Doch ist das für die Bank nur teilweise möglich, da sie an Hand der Konten nicht die zukünftige Entwicklung beurteilen kann, sondern erst die Schwierigkeiten der Betriebe feststellt, wenn sie schon eingetreten sind.

Zur zweiten Teilfrage läßt sich sagen, daß Sanktionen, wenn sie überhaupt eingesetzt wurden, nicht durchgreifen konnten, weil die Betriebe ihnen auswichen. Sie kompensierten die Strafzinsen durch Einsparungen bei den geplanten Kreditzinsen. Hinzu kam, daß die Strafzinsen nicht hoch genug waren, um die Betriebe zu durchgreifenden Verbesserungen zu zwingen. Letztlich waren die Sanktionen wirkungslos, weil sie nicht eng genug mit dem materiellen Interesse der Betriebsführung und der Belegschaft verbunden waren, wenn man vom Managerrisiko des Direktors einmal absieht.

Die letzte Teilfrage verlangt von den Banken, vor der Anwendung von Sanktionen zu prüfen, ob die Schwierigkeiten im Betrieb selber liegen oder ob sie sich durch Zulieferer ergeben. Würden im letzten Fall Sanktionen ergriffen, so hätte die Bank gar nicht den die Probleme verursachenden Betrieb getroffen. Aus Kenntnis dieser Zusammenhänge haben die Kreditinstitute oft gezögert, Sanktionsmaßnahmen zu ergreifen, weil ihnen von den Betrieben immer entgegengehalten wurde, daß sie die Planwidrigkeiten gar nicht zu vertreten hätten.

Abschließend bleibt festzustellen, daß das Instrumentarium der Sanktionen formal zwar ausreicht, wegen der oben beschriebenen Nachteile aber nur unter Vorbehalt einsetzbar ist. Betrachtet man in diesem Zusammenhang noch einmal die anderen Instrumente, wie den Zahlungs- und Verrechnungsverkehr, die Lohnfondskontrolle, den Bargeld- und Warenumsatzplan und die Kreditplanung und -kontrolle, so verfügt das Banksystem zwar über ein umfangreiches Instrumentarium, das aber im Verhältnis zu seiner Wirksamkeit zu aufwendig ist. Sein Nachteil liegt in der Begrenzung auf Informations- und Kontrollaufgaben. Dort, wo — wie z. B. bei Sanktionen — die Bank aktiv in den Wirtschaftsprozeß eingreifen könnte, ist der Spielraum der Instrumente zu gering. Hinzu kommt, daß die Betriebe sich teilweise der Wirkung der Instrumente entziehen können.

Die Möglichkeit der Banken, von sich aus die Geldwertstabilität zu verteidigen, sind wegen ihrer mangelnden Autonomie sehr gering. Die Banken können die Planer immer nur auf die Gefährdung des Geldwertes aufmerksam machen, wenn sie eine gesamtwirtschaftliche Überschreitung der Kreditpläne feststellen. Würden die Planungsinstanzen dann die Pläne revidieren und das planmäßige Kreditvolumen im Ausmaß der Kreditüberschreitungen verringern, bestünde keine Gefahr für den Geldwert. Die Chancen der Banken, durch Intensivierung des Spargeschäftes höhere Ersparnisse zu erzielen, sind relativ gering, da die DDR sowieso schon eine relativ hohe Sparquote hat. Von der hohen Sparquote könnte man auf Inflationstendenzen schließen, wenn die Bevölkerung Teile ihres Einkommens nur wegen mangelnder Konsummöglichkeiten spart. So gesehen benötigt die Zentralverwaltungswirtschaft sowjetischen Typs das Sparwesen, um eine Inflation zu verdekken. Welches Ausmaß sie hat, ließe sich nur durch eine Preisfreigabe und einen ungehinderten Konsum der Bevölkerung feststellen.

3. Die konzeptionellen und strukturellen Schwächen des Banksystems

a) Die ideologischen Schwierigkeiten bei Geld, Kredit und Zins

Neben der Schwäche der bankpolitischen Instrumente behindern strukturelle und konzeptionelle Mängel des Kreditsystems die Arbeit der Banken.

Als konzeptioneller Nachteil erwies sich z. B. die aus ideologischen Gründen bedingte Ablehnung des Zinses[46]. Wo er gezahlt wurde, läßt er sich rein pragmatisch erklären. So gewährte man dem Sparer Zinsen, um ihn zu veranlassen, seine Ersparnisse dem staatlichen Bankensystem zur Verfügung zu stellen. Soweit in der Wirtschaft Zinsen verrechnet wurden, muß deren Wirksamkeit bezweifelt werden, da der Druck infolge der geringen Zinshöhe viel zu niedrig war. Bis Anfang der sechziger Jahre blieben Zinsen bei der Investitionsrechnung unberücksichtigt. Kapitalkosten und Gewinne wurden wegen der ideologischen Verketzerung des Zinses nicht voneinander getrennt[47].

Die Politische Ökonomie sieht den Zins als Teil des Profits an, den der Kapitalist für das geliehene Kapital zahlt. Leihkapital sei zinstragendes Kapital und die Quelle des Zinses sei der Mehrwert[48]. Im Sozialismus werde der Zins hingegen nicht aus dem Mehrwert gezahlt, sondern aus dem Reineinkommen des Betriebes. Mit diesem dialektischen Kunstgriff rechtfertigte man die Existenz des Zinses in der Zentralverwaltungswirtschaft.

Die niedrigen Zinsen sind als Folge dieser Vernachlässigung anzusehen. Sie hielten die Zinssumme niedrig und damit auch den Einfluß auf das Betriebsergebnis. Zusätzlich minderte z. T. die ungenügende

---

[46] Vgl. *Grossman*, Gregory: Union of Soviet Socialist Republic. In: Banking Systems. Hrsg. Beckart, New York 1954, S. 766.

[47] Vgl. *Meimberg*, Rudolf: Finanzielle Reformen und Tendenzen in sozialistischen Volkswirtschaften. In: Finanz- und Geldpolitik im Umbruch. Hrsg. Haller, Recktenwald, Mainz 1969, S. 400.

[48] Vgl. Politische Ökonomie, Berlin 1964, S. 178.

Verknüpfung des Betriebsergebnisses mit dem materiellen Interesse der Belegschaft[49] die an sich schon geringe Wirkung des Zinses. Hohe Zinsbelastungen tangierten nicht die Entlohnung und bewirkten deshalb auch keine sparsame Verwendung des Kapitals. Ebenso konnte der Zins nicht die Zersplitterung der Investitionen verhindern, weil keine Veranlassung bestand, Investitionen in geringerer Zahl zu beginnen und dafür schneller durchzuführen. Vielmehr wurde an vielen Projekten mit geringem Tempo bei hoher Kapitalbindung gleichzeitig gearbeitet. Das Resultat waren lange Ausreifezeiten, die von den Betrieben oft verzögert wurden, um möglichst lange höheren Planauflagen zu entgehen.

Die sich aus der Marx'schen Mehrwertlehre ergebenden ideologischen Hemmnisse verhinderten einen ökonomisch sinnvollen Einsatz und Ausbau des Zinsinstrumentariums. Eine Entideologisierung des Zinses wäre eine wesentliche Vorbedingung für die Beseitigung der ideologisch bedingten Schwächen der Kreditwirtschaft. Eine solche Veränderung würde damit einen Grundlagenwandel für das gesamte Bankwesen mit sich bringen.

Ähnliche Nachteile brachte auch die ideologisch gefärbte Geldauffassung mit sich. Sie hatte eine strenge Trennung von Bar- und Buchgeld zur Folge und lief praktisch auf eine Administration des Bargeldvolumens hinaus[50]. Während man die Fragen der Buchgeldzirkulation nur aus technisch-organisatorischer Sicht behandelte und damit weitgehend vernachlässigte, maß man dem Problem des Bargeldumlaufes wesentlich größere Bedeutung zu, obwohl dieses von ökonomisch geringerer Wirkung war. Das führte schließlich zu einer Nichtbeachtung der ökonomischen Wirkungen des bargeldlosen Zahlungsverkehrs. „So kam es zu dem Widerspruch, daß zwar eine Scheu vor einer ökonomisch gerechtfertigten Erweiterung des Bargeldvolumens bestand, jedoch die Veränderungen in der Höhe des Buchgeldvolumens — obwohl quantitativ von viel größerer Bedeutung — in ihrer währungspolitischen Konsequenz zu wenig beachtet wurden[51]."

Die orthodoxe Geldtheorie ging von einer strengen materiellen Deckung der Kredite aus. In der Phase der naturalen Planung hatte sie

---

[49] Man könnte einwenden, in der Marktwirtschaft bestehe auch keine stärkere Verknüpfung zwischen Betriebsergebnis und materiellem Interesse der Belegschaft. Hier wäre jedoch zu berücksichtigen, daß einerseits die starke Ideologisierung und andererseits der Aufstieg unqualifizierter Parteifunktionäre in Führungspositionen der Wirtschaft hemmend auf die Arbeitslust wirken können.

[50] Vgl. *Klingenberg*, Elfriede: Zum Verhältnis Verrechnungsordnung und 5. DB. In: Deutsche Finanzwirtschaft, Berlin 1964, Heft 22, S. G 8 f.

[51] *Kühne*, Harald-Dietrich: Das Verhältnis zwischen Geldumlauf und Finanzen. In: Deutsche Finanzwirtschaft, Berlin 1964, Heft 18, S. 8.

durchaus ihre Berechtigung, da hier nicht Geld allein ausschlaggebend war, sondern die Bezugsgenehmigungen eine ebenso große Rolle spielten. Je mehr die Bedeutung der naturalen Planung, der Planauflagen, der Planindikatoren und der Bezugsberechtigungen durch die monetäre Planung verdrängt wurde, desto größer wurde die Bedeutung der Giralgeldsphäre als potentieller Störfaktor für den geplanten Ablauf der Wirtschaft[52].

Die ideologischen Nachwirkungen der marxistisch-leninistischen Geldtheorie von der Überflüssigkeit des Geldes standen einer realistischen Einschätzung des Geldwesens entgegen. So glaubte man zunächst nach der Oktoberrevolution, mit einer reinen Naturalplanung auszukommen und ganz auf das Geldwesen verzichten zu können. Die aus praktischen Gründen doch nicht vorgenommene Beseitigung des Geldwesens konnte den Verlust eines Teils der Geldfunktionen nicht verhindern[53].

Die Politische Ökonomie erkennt zwar die Funktionen des Geldes als Wertmaßstab an, doch ist die dazu erforderliche Bedingung der freien Preisbildung nicht erfüllt. Die Tauschmittelfunktion übt das Geld auch nur in dem Umfang aus, wie dem Geldvolumen ein entsprechendes Güterangebot gegenübersteht. Da sich Güterangebot und Geldvolumen in der DDR nicht entsprechen, kann man sagen, daß das Geld nur partiell die Tauschmittelfunktion ausübt.

Eine Reform des Geld- und Kreditwesens müßte auch eine Überprüfung der Geldauffassung einschließen. Investitionsrechnungen würden erst dann realistisch, wenn die Preise frei beweglich sind und das Geld somit wirklich seine Wertmaßfunktion ausüben könnte. Der hier aufgezeigte Zusammenhang von Geld- und Preisreform bestätigt wieder die Interdependenz der Teilordnungen und die These, daß eine Bankreform mit adäquaten Veränderungen in der Wirtschaft verbunden sein muß.

b) Die Finanzierung über den Staatshaushalt

Neben den ideologischen Mängeln bestand ein struktureller Nachteil im Kreditsystem in Form der Finanzierung über den Staatshaushalt. Diese Zuschüsse an die Wirtschaft waren zweckgebunden und nicht rückzahlbar[54]. Wegen ihrer Unverzinslichkeit waren die Zuschüsse sehr begehrt. Auf die Betriebe wurde bei dieser Finanzierungsart weder

---

[52] Vgl. *Keese*, Dietmar: Die Funktionen des Kredits bei der Dezentralisierung sozialistischer Volkswirtschaften. In: Jahrbuch der Wirtschaft Osteuropas. München - Wien 1970, S. 338 f.

[53] Vgl. *Hedtkamp*, Günter: Finanzsystem und Geldwesen. In: Osteuropa-Handbuch, Band: Sowjetunion, Teil: Wirtschaft, Köln 1965, S. 272 f.

[54] Vgl. *Pohl*, Reinhard und *Ruban*, Maria-Elisabeth: Das Banksystem ..., a.a.O., S. 225.

durch Zinszahlungsverpflichtungen noch durch Kapitalrückzahlungen ein ökonomischer Druck zur Kostensenkung ausgeübt. Bevor die Betriebe Mittel aus dem Staatshaushalt in Anspruch nehmen konnten, mußten sie ihre Eigenmittel, wie Amortisationen und Gewinnanteile einsetzen[55]. Die Betriebe versuchten infolgedessen, ihre Finanzierungsquellen als ausgeschöpft hinzustellen, um möglichst schnell unverzinsliche Staatshaushaltszuweisungen zu erhalten.

In der Praxis führte das zu dem Bestreben der Betriebe, sich „ihren Anteil" aus den Staatshaushaltszuschüssen zu sichern. Solche Praktiken wurden selbst dann beobachtet, wenn die Betriebe ihre Investitionsprogramme längst beendet hatten. Die Nachteile sind logischerweise um so schwerwiegender, je größer der Anteil des Staatshaushalts an dem gesamten Finanzierungsvolumen der Wirtschaft ist. „Der Anteil der Staatshaushaltsfinanzierung betrug 1963 in Bulgarien und in der mongolischen Volksrepublik 74 Prozent, in der CSSR (1959—1962) 61 bis 68 Prozent, in Ungarn und Rumänien (1961) 63 Prozent, in der DDR und in Polen (1962) 58 Prozent[56]. Daß bei solchen Relationen die Nachteile der Staatshaushaltsfinanzierung besonders groß sind, liegt auf der Hand.

Der eigentliche Grund für das Festhalten an der Staatshaushaltsfinanzierung ist wohl in der dadurch gebotenen Zentralisierungsmöglichkeit der Finanzierung der Wirtschaft zu sehen. Will man die genannten Nachteile vermeiden, so müßte man sich zu einer Veränderung der Finanzierungsstruktur entschließen. Das würde eine Verlagerung von der Staatshaushaltsfinanzierung zur Selbstfinanzierung aus Gewinnen und Amortisationen und Fremdfinanzierung aus Krediten verlangen, was sich gleichzeitig in einer Dezentralisierung der Finanzierung niederschlagen würde[57]. Dieses wiederum würde die politische Bereitschaft zur gesamtwirtschaftlichen Dezentralisierung voraussetzen.

c) Der Inspektionscharakter des Banksystems

Im Zusammenhang mit der Staatshaushaltsfinanzierung treten Nachteile auf, die sich aus der Zweckbindung der Mittel ergeben.

Die Staatshaushaltszuschüsse werden über die Banken weitergeleitet, die gleichzeitig die bestimmungsgemäße Verwendung der Mittel überwachen. Aus der Zweckbindung der Mittel erwächst der Bank die Aufgabe, als Wahrer der Budgetgrundsätze der qualitativen und quantita-

[55] Vgl. *Autorenkollektiv:* Die Finanzen der Industrie, Berlin 1966, S. 275.

[56] Vgl. RGW — Experten berieten über Investitionsprobleme. In: Deutsche Finanzwirtschaft, Berlin 1964, Heft 7, S. G 5.

[57] Vgl. *Lang,* Sibylle-May und *Ruban,* Maria-Elisabeth: Veränderungen im Banksystem der DDR. In: Vierteljahrshefte zur Wirtschaftsforschung, Berlin 1968, S. 406.

tiven Spezialität zu fungieren. So gesehen erfüllt die Bank der Zentralverwaltungswirtschaft Aufgaben, die in der Marktwirtschaft von den Rechnungshöfen ausgeübt werden. Es ist verständlich, daß sich bei dieser Aufgabenstellung ein stark administratives Element in der Bankarbeit durchsetzen muß.

Viel entscheidender für den Wandel von der Geschäftsbank zur Inspektionsbank war die Übertragung der Kontrolle der Wirtschaft. Die Banken brauchten nicht mehr aus eigener Initiative Kreditgeschäfte abzuschließen, sondern nur noch nach Plan Kredite ausreichen und die Planmäßigkeit der Produktion überwachen. Eigene Überlegungen, Risikoerwägungen, Liquiditätsanalysen und dergleichen wurden überflüssig. Die spezifisch ökonomischen Fähigkeiten und Möglichkeiten der Banken mußten folglich verkümmern. Statt guter Bankkaufleute wurden Verwaltungsfachleute eingesetzt, die sich über die Kreditvergabe und andere Bankgeschäfte wenig Gedanken machten.

Der Nachteil dieser Entwicklung zeigte sich auch in der mangelhaften Fähigkeit der Planbehörde, die Betriebe zu beurteilen. Den natürlichen Vorsprung, den die Banken durch ihren dauernden Kontakt mit den Betrieben hatten, konnten die Planbehörden nicht ausgleichen. Unterstützt wurde die Tendenz, die Banken nicht mehr eigenverantwortlich entscheiden zu lassen, durch die Animosität der Partei gegenüber der Macht der Banken.

Daß hier bei einer erfolgversprechenden Wirtschaftsreform durchgreifende Änderungen erfolgen müssen, ist eine unbedingte Voraussetzung. Die Banken müssen weniger administrieren und mehr ökonomisch gerechtfertigte eigene Entscheidungen treffen. So wäre z. B. die Zweckbindung der Mittel aufzuheben, um eine flexiblere Verwendung der Kreditmittel zu erreichen. Gleichzeitig müßte den Banken mehr Einfluß bei der Vergabe von Krediten eingeräumt werden.

d) Die Nachteile der Fondswirtschaft

Im Zusammenhang mit der zu starken Administration und Zweckbindung in der Kreditwirtschaft müssen die Nachteile der Fondswirtschaft gesehen werden. Den Betrieben stehen neben den schon genannten Finanzierungsquellen eine Anzahl von „operativen“ Fonds zur Verfügung. Unter operativen Fonds versteht man Mittel, die von den Betrieben und anderen Organen selbständig gebildet und verwaltet werden und der Finanzierung von Maßnahmen außerhalb des Investitionsplanes dienen. Ende 1963 gab es in der DDR zwölf verschiedene Fonds, die sich folgendermaßen aufteilten[58]:

[58] Vgl. *Schilling*, Gerhard: Weniger Fonds — mehr Wirkung. In: Deutsche Finanzwirtschaft, Berlin 1963, Heft 11, Seite F 2.

A. Betriebliche Fonds und Fonds, die von den Betrieben nach eigenem Ermessen in Anspruch genommen werden konnten:

1. Planmäßige Umlaufmittel,
2. Siebenjahresplanfonds,
3. Fonds Neue Technik,
4. Einsparungen an Investitionsmitteln,
5. Betriebsprämienfonds,
6. Rationalisierungskredite.

B. Fonds der wirtschaftsleitenden Organe:

7. Sonderfonds

C. Fonds der örtlichen Organe der Staatsmacht:

8. Fonds der Bezirke,
9. Haushaltsreserven,
10. Mehreinnahmen und Einsparungen der örtlichen Haushalte,
11. Rücklagenfonds der Volksvertretungen,
12. Mittel des Nationalen Aufbauwerkes (NAW)

Diese Fonds weisen die üblichen Nachteile der „Töpfchen-Wirtschaft" auf, als da sind:

— Die Zersplitterung der Mittel,
— der schlechte Überblick über die schon ausgegebenen und die noch zur Verfügung stehenden Mittel,
— die damit verbundene Mehrarbeit,
— die Beeinträchtigung des rationellen Mitteleinsatzes,
— die Tendenz zur Aufstellung „weicher" Pläne, die aus der Koppelung der Fondsbildung an bestimmte Kennziffern herrührt. (Werden die Kennziffern nicht erreicht, so kann der Fonds auch keine Mittel bilden. Das führt in der Praxis dazu, daß die Betriebe niedrigere Kennziffern beantragen, was sich wiederum in niedrigeren Plansätzen bzw. „weichen" Plänen niederschlägt.)
— Die Eigendynamik der Fondsentwicklung. (Die Fonds hatten sich teilweise so dynamisch entwickelt, daß den Betrieben eigentlich viel zu umfangreiche Finanzierungsmittel zur Verfügung standen. Dieses Verhalten wurde besonders bei leicht erreichbaren Kennziffern beobachtet.)

Für eine Bankenreform wäre daraus eine Reduzierung der Fonds zu folgern, denn sonst böten sich den Betrieben zu viele Ausweichmöglichkeiten, die die Wirkung der Bankarbeit beeinträchtigen.

e) Die Trennung der Investitions- und Umlaufmittelfinanzierung

Neben der Staatshaushaltsfinanzierung erwies sich auch die Trennung von Investitions- und Umlaufmittelfinanzierung als strukturelles Hemmnis bei der Kreditversorgung der Wirtschaft.

Die Deutsche Notenbank hatte die Aufgabe, die laufende Produktion der Wirtschaft zu kreditieren. Der Schwerpunkt ihres Kreditgeschäftes lag also bei der Umlaufmittelfinanzierung. Die Deutsche Investitionsbank hingegen war für die Kreditierung der Investitionen zuständig. Ihr Schwerpunkt lag folglich bei der Anlagenfinanzierung[59].

Als unzweckmäßig erwies sich die Trennung wegen der Doppelarbeit der beiden Bankinstitute. Sowohl Investitions- als auch Notenbank mußten die Betriebe kontrollieren. Dabei kam es notgedrungen zu Arbeitsüberschneidungen und zu Leerlauf. In der Praxis wurde oft die schlechte Zusammenarbeit zwischen der Notenbank und der Investitionsbank bemängelt. Teilweise führte das dazu, daß die Betriebe in manchen Bereichen überhaupt nicht kontrolliert wurden.

Da normalerweise bei Kreditwürdigkeitsprüfungen oder Betriebsanalysen Umlauf- und Anlagemittel nicht isoliert voneinander beurteilt werden können, liegt eine Kreditversorgung aus „einer Hand“ nahe. Damit ließe sich die Qualität der Bankarbeit verbessern und auch Personal einsparen.

Weiterhin könnte sich eine um ihre Geschäftsbankfunktionen entlastete Notenbank besser den eigentlichen Zentralbankaufgaben widmen und vielleicht aus der Distanz zur Wirtschaft erfolgreicher dem Kreditautomatismus entgegentreten.

f) Der Kreditautomatismus

Das RE- und das FE-Verrechnungsverfahren sorgte für eine quasiautomatische Refinanzierung der Lieferanten[60]. Demzufolge kann es zwischen den Wirtschaftsunternehmen nie zu einer Verschuldung. Konnten die Käufer den von ihren Konten abgebuchten Betrag nicht fristgerecht abdecken, so wurde er von den Banken automatisch auf das Sonderkonto „überfällige Kredite“ umgebucht[61]. Die Umbuchung hatte die Erhebung von Strafzinsen zur Folge.

---

[59] Vgl. *Buck*, Hannsjörg: Reform des Banksystems. In: SBZ-Archiv, Köln 1968, S. 14.

[60] Vgl. *Geissler:* An der Schwelle . . ., a.a.O., S. 5.

[61] Vgl. *Buck*, Hannsjörg: Technik . . ., a.a.O., Band II, S. 646.

Bei der Wirkungsweise des Kreditmechanismus in der DDR führt *Heinicke*[62] u. a. folgende Punkte an:

1. Die überfälligen Plankredite werden nur abgedeckt, wenn die Betriebe allen anderen Zahlungsverpflichtungen nachkommen. Es soll vermieden werden, daß die Betriebe erst ihre überfälligen Kredite abdecken und sich dann bei ihren Lieferanten verschulden. Gleichzeitig will man ungewünschte zwischenbetriebliche Kreditbeziehungen verhindern. Die Planwidrigkeiten sind bei dem Betrieb auszuweisen, der sie verursacht hat. Ob das allerdings in vollem Umfang möglich ist, muß bezweifelt werden, denn wenn ein Betrieb zur Kreditüberziehung gezwungen ist, liegt es oft an fehlenden Zulieferungen, die für Produktion und Absatz und damit letztlich zur Kredittilgung erforderlich sind. In diesen Fällen zeigt die Kreditüberziehung nicht den verursachenden Betrieb an, sondern das Unternehmen, auf das die Planwidrigkeiten weitergewälzt wurden.

   Die Ausschaltung der zwischenbetrieblichen Kreditbeziehungen wurde als großer Vorteil angesehen, wobei allerdings der Verlust der Einflußnahme von Betrieb zu Betrieb übersehen wurde[63].

2. Die Abdeckung der überfälligen Kredite erfolgt erst, wenn die zugrunde liegenden Planwidrigkeiten beseitigt sind. Da sie aber oft nicht behebbar waren, wuchs der Betrag der überfälligen Kredite mehr und mehr.

3. Die Banken gewähren Vorgriffskredite, wenn die Betriebe Maßnahmen zur Beseitigung der Mißstände nachweisen. In der Praxis erteilten die Banken die Vorgriffe recht großzügig, so daß die Wirkung einer möglichen Verweigerung gering war.

4. Überbrückungsdarlehen werden mit der Auflage erteilt, daß die Betriebe die Ausfälle wieder aufholen. In Wirklichkeit erfüllte sich diese Hoffnung nicht, da die Betriebe nur in ungenügendem Umfang mit eigenen Mitteln für die Planausfälle haften mußten. Im Gegensatz zu ihrer Aufgabe förderten die Überbrückungsdarlehen sogar die Tendenz zur Mißwirtschaft, weil die Betriebe in der Regel mit neuen Überbrückungsdarlehen rechnen konnten.

Die Überlegungen führen zu dem Ergebnis, daß die Finanzierung im Rahmen des Kreditplanes für die Banken gar nicht möglich war. Denn „gegenwärtig kann die Bank, trotz eifrigster Bemühungen der Mitarbeiter, den Kreditplan nicht erfüllen, wenn es in der Wirtschaft Verstöße gegen ökonomische Gesetze gibt, die zu finanziellen Planwidrig-

---

[62] Vgl. *Heinicke,* Walter und *Finger,* Herbert: Höhere Wirksamkeit von Kredit und Zins. In: Deutsche Finanzwirtschaft, Berlin 1963, Heft 5, S. G 3.

[63] Vgl. *Geissler:* a.a.O., S. 7.

keiten führen. Dieses Grundübel hat seine Wurzel keinesfalls allein in kreditpolitischen Inkonsequenzen unsererseits, sondern vor allem in der ungenügenden Nutzung der wirtschaftlichen Rechnungsführung. Dies hat dazu geführt, daß eine Haftung der Betriebe und der VVB, d. h. der eigentlichen Verantwortlichen für die Lösung der Planaufgaben nicht mehr vorhanden war"[64]. Hier liegt der tiefere Grund für das Versagen der Kreditpolitik. Solange die Banken denjenigen, der die Planwidrigkeiten verursacht, nicht haftbar machen können, besteht keine Aussicht auf Einhaltung des Kreditplanes. Das Managerrisiko allein reicht hier nicht aus.

Eigentlich kann gar nicht das Kreditsystem für das überplanmäßige Kreditvolumen verantwortlich gemacht werden. Die Formulierung *Heinickes*, daß das Kreditsystem in seiner Wirksamkeit nie höher sein kann, als das Gesamtsystem der Planung, Leitung und Finanzierung der Volkswirtschaft[65], weist darauf hin, daß bei einer Bankreform nicht nur die Neuordnung der Kreditvergabe, sondern auch die Verbesserung der Finanzierungsformen, insbesondere der betrieblichen Haftung, entscheidend ist.

Die These, daß eine erfolgreiche Bankreform mit einer Wirtschaftsreform verbunden sein muß, wird hier wieder bestätigt. Bevor nun auf die Änderungen im Bankwesen während der Experimentierphase eingegangen wird, sollen die Wirtschaftsreformen im Rahmen des neuen ökonomischen Systems behandelt werden. Damit wäre dann der neue Datenkranz für den Wirkungsbereich der bankpolitischen Instrumente abgesteckt.

---

[64] *Geissler:* a.a.O., S. 7.

[65] Vgl. *Heinicke,* Walter und *Finger,* Herbert: Höhere Wirksamkeit ..., a.a.O., S. G 2.

V. Die Wirtschaftsreform der DDR

1. Die Schwerpunkte der Wirtschaftsreform

a) Die ökonomischen Hebel

Die ab 1963 im Rahmen des neuen ökonomischen Systems durchgeführten Reformen hatten im wesentlichen zum Ziel, durch den Einbau von ökonomischen Hebeln die Effektivität der Wirtschaft zu steigern. Diese Hebel sollten die wirtschaftspolitischen Ziele mit dem materiellen Interesse des einzelnen verbinden und eine größere Rentabilität der Wirtschaft herbeiführen[1]. Mit der Verlagerung von der güterwirtschaftlichen Planung zur finanzwirtschaftlichen Steuerung wollte man den Übergang von der extensiven Wachstumsphase zum Wachstum einer relativ vollbeschäftigten Wirtschaft mit relativ ausgeschöpften Produktionsmöglichkeiten einleiten. Eine monetäre Steuerung bedurfte eines Instrumentes, wozu sich eine Reaktivierung des bankpolitischen Instrumentariums und eine Erweiterung der Bankaufgaben anbot.

Eines der finanzwirtschaftlichen Instrumente ist der Gewinn. Im System der ökonomischen Hebel fällt ihm die zentrale Stellung zu[2], weil alle anderen Hebel mit ihm direkt oder indirekt verbunden sind. In den Richtlinien des neuen ökonomischen Systems wird der Gewinn zur Beurteilung der ökonomischen Leistung herangezogen. Da leistungsfähige Betriebe schnell expandieren, wurde die Selbstfinanzierung aus Gewinnen als Finanzierungsquelle für betriebliches Wachstum gewählt. Weiterhin ist er Grundlage für die Prämien[3, 4]. Über sie wird das materielle Interesse des einzelnen angesprochen und damit der Gewinn gesteigert. Dieser ist wiederum nur über eine qualitativ und quantitativ verbesserte Produktion zu erhöhen. Damit wäre das eigentliche Ziel des neuen ökonomischen Systems erreicht.

---

[1] Vgl. *Geissler:* a.a.O., S. 10.

[2] Vgl. Richtlinien für das neue ökonomische System der Planung und Leitung der Volkswirtschaft, Berlin 1963, S. 53 ff.

[3] Vgl. *Matho,* Fred: Ware-Geld-Beziehungen im neuen ökonomischen System, Berlin 1965, S. 126.

[4] Vgl. *Apel,* Erich und *Mittag,* Günter: Neues ökonomisches System und Investitionspolitik, Berlin 1965, S. 34.

Um den Gewinn wirklich zum zentralen Instrument[5, 6] im System der ökonomischen Hebel zu machen, sind folgende Voraussetzungen zu schaffen[7]:

— Eine Preisreform muß die falschen Proportionen im Preisgefüge der Wirtschaft beseitigen. Sie ist die Voraussetzung für ökonomische Gewinnrelationen.

— Eine Neubewertung der Anlagemittel muß durchgeführt werden, um in den Kostenrechnungen besser den anteiligen Wertverzehr der jeweiligen Produktion ausdrücken zu können.

— Die Umstellung auf wirtschaftlich begründete Abschreibungssätze dient ebenfalls der Verbesserung der Kostenrechnung.

— Eine Verzinsungspflicht für das eingesetzte Kapital soll Fehlleitungen von Investitionskapitalien verhindern.

— Die Einführung ökonomisch gerechtfertigter Zahlungsfristen und der Wegfall des Zahlungs- und Überweisungsmechanismus kann den Abnehmern die Möglichkeit geben, die Qualität der Lieferungen in einem angemessenen Zeitraum zu prüfen.

— Die Beseitigung der Gewinnabführungspflicht würde einerseits den Betrieben einen größeren Anreiz geben, ihre Gewinne und damit die Produktion zu steigern, andererseits würden damit die Nachteile der Finanzierung über den Staatshaushalt entfallen.

Wenn zumindest diese Bedingungen erfüllt sind, hat der Gewinn eine größere Aussagefähigkeit und kann besser als Leistungskriterium Verwendung finden. Die Qualität der Bankarbeit hängt also auch davon ab, inwieweit es gelingt, einen adäquaten Gewinn für die Bewertung der Bankleistung zu ermitteln.

Der Gewinn sollte durch den Einbau weiterer ökonomischer Hebel unterstützt werden. Im einzelnen handelt es sich um die Preise, Löhne und Gehälter, Kredite und Zinsen[8]. Sie wirken direkt aus dem Wirtschaftsablauf heraus auf die Betriebe. Hinzu tritt eine weitere Hebelgruppe, die sich auf Grund staatlicher Weisungen ergibt. Darunter fallen: Verfügungsfonds, Fonds Technik, Gewinnverwendungsfonds, Produktionsfondsabgaben, Produktionsabgaben, Haushaltsabführungen, Lohnfonds, Prämienfonds, Kultur- und Sozialfonds, Gewinnzu- und

---

[5] Vgl. *Hahn*, Rainer: Der Gewinn als ökonomischer Hebel, Berlin 1966, S. 23 ff.

[6] Vgl. *Apel*, Erich und *Mittag*, Günter: Planmäßige Wirtschaftsführung und ökonomische Hebel, Berlin 1964, S. 74 f.

[7] Vgl. Richtlinien für ..., a.a.O., S. 54 f.

[8] Vgl. *Hahn*, Rainer: Der Gewinn ..., a.a.O., S. 18 ff.

-abschläge u. a. Diese administrativen Hebel kommen nur auf Grund von Verordnungen und Rechtsnormen zur Wirkung. Sie haben im Verhältnis zu der ersten Gruppe nur eine dienende Funktion.

Auf Grund der Vielzahl von Hebeln liegt es nahe, daß sich bei ihrer Ausgestaltung Spannungen im Gesamtsystem ergeben. Beispielsweise kann sich die Wirkung der Produktionsfondsabgabe mit der des Zinses so kumulieren, daß der Betrieb insgesamt zu stark belastet wird. Hier kommt es darauf an, daß die Wirkungen untereinander ausbalanciert werden.

Die Banken haben die Aufgabe, die Hebel der ersten Gruppe möglichst stark zur Geltung zu bringen und die Wirkung der zweiten so zu dosieren, daß die der ersten Gruppe unterstützt wird[9]. Im NÖS haben die Banken über die Finanzbeziehungen die allgemeinen Bedingungen für die Anwendung der ökonomischen Hebel zu organisieren. Über den Kredit schaffen sie die finanzielle Grundlage für die Anwendung der Hebel im Investitionsbereich in dem Maß, wie die Staatshaushalts- durch die Kreditfinanzierung ersetzt wird, gleichzeitig üben sie via Kredit Druck auf alle jene Betriebe aus, die vom Plan abweichen. Und über den Kredit in Verbindung mit dem Zinsinstrument stimuliert die Bank die Aufdeckung und den Einsatz von Produktionsreserven. Mit dem Zins beeinflussen die Banken den Gewinn und berühren damit das materielle Interesse der Belegschaft und Betriebsleiter[10].

b) Die Dezentralisierung der Planungs- und Kontrollbefugnisse

Eine zweite Reformrichtung zielte auf eine stärkere Dezentralisierung des Planungs- und Entscheidungsprozesses. Es sollten die Auswüchse der Zentralisation durch eine dezentrale Entscheidungsfindung, eine Stärkung der Betriebsleiterposition, eine Schwächung der Bürokratie und ein größeres Gewicht der Experten beseitigt werden.

Indem man den größeren Instanzen nur noch die Rahmenplanung bei der Aufstellung der Volkswirtschaftspläne überließ, konnte man den verbleibenden Planungsraum nach unten verlagern. An der Detailplanung wurden die einzelnen Betriebe beteiligt, die sich aber mit den VVB abstimmen mußten[11].

---

[9] Vgl. *Szereiks*, Erhard: Ständig analysieren: Was mindert die Hebelkraft von Kredit und Zins? In: Deutsche Finanzwirtschaft, Berlin 1966, Heft 6, S. G 6.

[10] Vgl. *Neubauer*, Peter: Das „Prinzip der materiellen Interessiertheit", Diss. Göttingen 1967, S. 132 ff.

[11] Vgl. *Wrangel*, Georg von: Wird der Ostblock kapitalistisch? München 1966, S. 115.

Garvy sieht die Dezentralisationsmaßnahmen auf dem Hintergrund einer dauernden Auseinandersetzung von Zentralisation und Dezentralisation. „In a broader sense they represent the never-ending search for the ‚centralization-decentralization-balance', which has been an important aspect of the various organizational changes in the Soviet economy over the last decade and which has had reverberations in the other countries of Eastern Europe[12]."

Stellt man zwischen Dezentralisation der Wirtschaftsplanung und Bankwesen eine Verbindung her, so ergibt sich auf Grund der These, daß die güterwirtschaftliche und die monetäre Planung interdependent sind, zwangsläufig die Notwendigkeit, auch im Kreditwesen zu dezentralisieren. Das heißt, daß die zentralen Instanzen nur noch die Höhe des gesamten Kreditvolumens und seine Aufteilung auf die einzelnen Wirtschaftszweige festlegen. Den Banken als Repräsentanten der unteren Instanzen würde die Aufgabe zufallen, die Mittel innerhalb des Planes nach eigenem Ermessen zu verteilen.

c) *Die Verselbständigung der VVB*

Im Zusammenhang mit der Dezentralisierung der Wirtschaft steht die Verselbständigung der VVB. Ihnen fallen im neuen ökonomischen System folgende Aufgaben zu[13]:

- Die Bedarfsermittlung zur Sicherung einer nachfragegerechten Produktion.
- Die Stimulierung des technischen Fortschritts und seine Anwendung in den einzelnen Wirtschaftszweigen.
- Die eigenverantwortliche Durchführung von Absatz- und Exportmaßnahmen.
- Eine relativ selbständige Durchführung von Investitionen und Reinvestitionen.
- Das Treffen selbständiger Finanzentscheidungen, die sich aus der Verfügungsmacht über die eigenen Fonds ergeben.

Die beiden letzten Aufgaben sind wegen ihrer finanzwirtschaftlichen Folgen für die Arbeit der Kreditwirtschaft von Bedeutung. Neben den neuen VVB mußten deshalb als Pendant auf der Finanzierungsseite entsprechende Bankinstitute geschaffen werden. „Als kreditwirtschaftliche Spezialinstitute der VVB wurden besondere Filialen der Staatsbank gegründet. Die sogenannten Industriebankfilialen, eine Art Haus-

[12] *Garvy*, George: a.a.O., S. 109 f.

[13] Vgl. Richtlinien für das neue ..., a.a.O., S. 75 ff.

bank der Industrievereinigungen"[14], die neben der Kreditversorgung der VVB auch die Aufgaben der Deutschen Notenbank als Kassenvollzugsorgane des Staatshaushalts übernahmen.

Abschließend sei bemerkt, daß die Verselbständigung der VVB nicht bis zur völligen Autonomie ging. Exakter müßte man von einem begrenzten Entscheidungsspielraum sprechen, da die Autonomie der Betriebe dort endet, wo der Plan verbindliche Ziele nennt. Die hier gemachte Einschränkung müßte dann auch für die Kreditwirtschaft, insbesondere die Industrie-Bankfilialen, gelten.

d) Die Verlagerung zu produktionsorientierten Organisationsstrukturen

Die neu entstandenen VVB machten eine andere Gewichtung des bisherigen produktions-territorialen Organisationsprinzips der Wirtschaft erforderlich. Die frühere Betonung der territorialen Komponente wurde ab 1963 infolge der Zusammenfassung verschiedener Branchen zu sozialistischen Konzernen zugunsten der produktionsorientierten Lenkung verändert.

Verständlicherweise mußten sich dadurch Umstellungen im Banksystem ergeben, doch sprachen auch Gründe für die Beibehaltung des Territorialprinzips im Banksystem. *Heinicke* und *Finger* führen hierzu an, daß[15]:

1. die Geldbewegungen nach territorialen Gesichtspunkten erfolgen, weil die verschiedenen Industriezweige wegen ihrer Kooperation untereinander Geldverrechnungen tätigen;
2. eine Abstimmung des territorialen Geldumlaufs mit dem territorialen Warenfonds erforderlich ist.

Für die Einführung des Produktionsprinzips im Bankensystem sprechen:

1. „Die Bankorganisation nach dem Produktionsprinzip gestattet eine bessere Beurteilung und ökonomische Einwirkung auf die Betriebe und VVB zur planmäßigen Gestaltung der Geldemission[16]."
2. Die Banken können besser auf die Ausnutzung des technischen Fortschritts drängen, wenn sie sich auf die Probleme bestimmter Industriezweige spezialisieren.

---

[14] Vgl. *Buck*, Hannsjörg: Wirtschaftsreformen ..., a.a.O., S. 220.

[15] Vgl. *Heinicke*, Walter und *Finger*, Herbert: Die Stellung der Staatsbank im System der Planung, Leitung und Finanzierung. In: Deutsche Finanzwirtschaft, Berlin 1963, Heft 9, Seite G 3.

[16] Ebenda, S. G 20.

Nach *Heinicke* sollte das Bankwesen grundsätzlich nach dem Territorialprinzip unter Berücksichtigung des Produktionsprinzips aufgebaut sein. Die Praxis trug dem auch Rechnung, indem sie das alte Organisationsprinzip beibehielt und die Industrie-Bankfilialen einführte, um so die Vorteile des Produktionsprinzips im Banksektor auszunutzen.

2. Die Reform des Finanzsystems als Teil der Wirtschaftsreformen

Die Einführung des neuen ökonomischen Systems mit seinen Hebeln, der Dezentralisierung, der Teilautonomie der VVB und dem Produktionsprinzip brachte einige Reformen im Finanzsystem mit sich. Sie sind teilweise als Folgen und/oder Voraussetzungen der Wirtschaftsreformen zu verstehen.

Das „einheitliche sozialistische Finanzsystem“ der DDR setzt sich aus folgenden Bestandteilen zusammen[17, 18]:

— dem Staatshaushalt,

— dem System der Finanzen der sozialistischen Wirtschaft,

— dem Kreditsystem und

— dem Versicherungssystem.

Schroeter[19] nennt als weiteren Bestandteil das Abgabewesen, das sich aber auch unter dem Staatshaushalt einordnen läßt. Mit dem Begriff des einheitlichen sozialistischen Finanzsystems verbindet man die Zusammenfassung aller finanzwirtschaftlichen Einrichtungen und Maßnahmen auf dem Gebiet von Währung, Kredit, Sparen, Haushalt und Preisen unter der Regie des Ministeriums der Finanzen[20].

Die Veränderungen des einheitlichen sozialistischen Finanzsystems bezogen sich im wesentlichen auf die Finanzierungsverlagerung vom Staatshaushalt auf die Selbst- und Kreditfinanzierung und die Umwandlung der VVB zu Organen der wirtschaftlichen Rechnungsführung, d. h. zu Unternehmenskomplexen, die für die Deckung der Selbstkosten und die Erwirtschaftung eines Gewinns verantwortlich sind[21]. Im Kreditsystem wurde die kurzfristige Finanzierung umgestellt und eine Verzinsung des Kapitals durch die Produktionsfondsabgabe vorgesehen.

---

[17] Vgl. *Brümmer*, Dieter: Das sozialistische Finanzsystem und die Finanzen der demokratischen Massenorganisationen. In: Die Deutsche Finanzwirtschaft, Berlin 1963, Heft 7, S. S 17.

[18] Vgl. *Autorenkollektiv*, Das Finanzsystem ..., a.a.O., S. 47.

[19] Vgl. *Schroeter*, Hans-Joachim: a.a.O., S. 84.

[20] Vgl. Vierter Tätigkeitsbericht: a.a.O., S. 193.

[21] Vgl. *Buck*, Hannsjörg: Wirtschaftsreformen ..., a.a.O., S. 219.

3. Die Bankreform als Teil der Reform des Finanzsystems

So wie die Umgestaltung des gesamten Finanzsystems ein Teil der Wirtschaftsreform ist, kann die Reorganisation des Banksystems als Teil der Umgestaltung des gesamten Finanzwesens aufgefaßt werden. Somit ist die Bankreform gleichzeitig Folge und/oder Voraussetzung der Wirtschaftsreform. Nach *Buck* ergeben sich aus der Reform der Finanzwirtschaft folgende Schwerpunkte für die Bankreform[22]:

— Die Zusammenarbeit mit den VVB
— Die Neuordnung der Investitionsfinanzierung
— Einige Änderungen in der kurzfristigen Finanzierung
— Die Umgestaltung des Zahlungs- und Verrechnungsverkehrs.
— Die Experimente mit der Produktionsfondsabgabe

Der letzte Punkt weist auf die Experimentierphase im Banksektor nach 1963 hin. Sie ist einerseits Ausdruck der Unsicherheit und Unklarheit über die neue Wirtschaftskonzeption, andererseits zeigt sie aber auch, daß man versucht, zu einem geschlossenen System ökonomischer Hebel zu gelangen.

[22] Ebenda, S. 219.

VI. Die Experimentierphase im Banksektor (1963 bis 1967)

1. Die Bedeutung der Experimentierphase

Unter Punkt IV. 1 a) war die auf *Schroeter* zurückgehende Dreiteilung der Bankentwicklung von 1945—1963 erwähnt worden[1]. Dieser Einteilung folgend könnte man als vierte Etappe den Zeitraum von 1963 bis 1967 hinzufügen und sie als „Experimentierphase“ bezeichnen. Experimentierphase deshalb, weil man erst Erfahrungen mit den Wirkungen der ökonomischen Hebel in ausgewählten Betrieben sammeln wollte. Mit diesen Erkenntnissen, die vor allem die Banken bei ihrer täglichen Arbeit mit den Betrieben zu gewinnen hatten, wollte man zu endgültigen Regelungen und der Gestaltung eines neuen Wirtschaftskonzepts gelangen. Experimentierphase könnte man aber auch deshalb sagen, weil man eingesehen hatte, daß das bisherige Planungs- und Leitungssystem mit seinem bürokratischen Zwang nicht mehr beibehalten werden konnte. Man wollte sich von dem eingefahrenen System lösen, wußte aber nicht, welches neue System man an seine Stelle setzen sollte, ohne dabei wesentliche ideologische Dogmen aufzugeben. So gesehen, blieb es zunächst bei der Durchführung verschiedener Experimente, die man dann auswerten konnte.

Die Experimente zur Weiterentwicklung des Kreditsystems sollten im Rahmen eines qualitativ weiterentwickelten Planungs-, Leitungs- und Finanzierungssystems der Volkswirtschaft erfolgen[2]. *Heinicke* und *Finger* stellten in der wissenschaftlichen Diskussion folgende Forderungen an ein neues Finanzierungssystem, womit sie gleichzeitig die Zielrichtung der Experimente der Bank festlegten[3]:

— Eine größere Wirksamkeit des Kreditsystems durch eine qualitativ bessere Planung.

---

[1] Die Verstaatlichungsphase, die Zentralisierungsphase und die Phase der praktischen Verbesserungen.

[2] Vgl. *Heinicke*, Walter und *Finger*, Herbert: Bedingungen und Grundsätze für den Wirkungsmechanismus des Kredites und des Zinses. In: Deutsche Finanzwirtschaft, Berlin 1963, Heft 6, S. G 1.

[3] Vgl. *Dietrich*, Helmut: Die Verantwortung der Deutschen Notenbank im neuen ökonomischen System. In: Deutsche Finanzwirtschaft, Berlin 1964, Heft 22, S. G 16.

— Die Berücksichtigung des materiellen Interesses bei allen Finanzierungsvorgängen[4].

— Die Beschränkung der Planung auf globale Zusammenhänge, um den Betrieben genügend Spielraum zu lassen.

— Die Verbesserung der Kreditplanung[5].

— Eine Verrechnungsverkehrsabwicklung, die den Abnehmern bessere ökonomische Einwirkungsmöglichkeiten auf die Qualität der Lieferungen gestattete.

— Den verstärkten Ausbau der Notenbank zum Finanzkontrollorgan des Staates.

— Die stärkere Berücksichtigung währungspolitischer Zusammenhänge bei der Zusammenarbeit im Rat für gegenseitige Wirtschaftshilfe.

— Die Einschränkung des Kreditautomatismus.

— Die Überprüfung einer Wiedereinführung der zwischenbetrieblichen Kreditierung.

Die letzte Forderung rüttelt wohl am stärksten an der bis dahin gängigen Auffassung von Aufgabe und Funktion des Kredits. Hier ist jedoch eine Warnung angebracht. In der westlichen Literatur findet man sehr unterschiedliche Darstellungen und Beurteilungen der Wirtschaftsreformen in Osteuropa. Manche Autoren zeichnen zu optimistische Bilder, weil sie nicht klar genug zwischen Reformvorschlägen und -diskussion, den daraus folgenden gesetzlichen Maßnahmen und Verordnungen und der Durchführung in der Praxis trennen.

Entscheidend für die Beurteilung der Experimentierphase ist allein, was wirklich an Experimenten und Reformen in der Praxis durchgesetzt wurde. Im folgenden Teil der Arbeit soll jedoch nicht auf die Wiedergabe von Anregungen und Vorschlägen verzichtet werden, obwohl dieses Anlaß zu möglichen Mißverständnissen geben könnte.

2. Die Kreditpolitik

a) Die Grundzüge der neuen Kreditpolitik

Bei der Kreditierung von Investitionen unterscheidet *Knauthe*[6] sechs Varianten:

[4] Vgl. *Polaschewski*, E. und *Gieseler*, G.: Experimente zur Produktionsfondsabgabe — auch Sache der Bank. In: Deutsche Finanzwirtschaft, Berlin 1965, Heft 6, S. G 5.

[5] Vgl. Der Beitrag des Kreditsystems zur Bilanzierung der Volkswirtschaft. In: Deutsche Finanzwirtschaft, Berlin 1963, Heft 13, S. G 6.

[6] Vgl. *Knauthe*, Erhart: Formen und Methoden der Kreditierung von Investitionen. In: Deutsche Finanzwirtschaft, Berlin 1963, Heft 11, S. F 16 f.

1. Eine Kreditfinanzierung tritt nur ein, wenn die Haushaltsmittel nicht ausreichen. „Bestimmte ökonomische Erwartungen sind in diesem Fall an die Kreditfinanzierung nicht geknöpft[7]."

2. Eine besondere Kreditierung der Investitionsdurchführung mit dem Ziel, den Zeitraum vom Beginn der Investitionen bis zur Inbetriebnahme zu verkürzen. Dieser Forderung kommt besondere Bedeutung zu, weil Investitionen in der DDR und anderen Volksdemokratien zwei- bis dreimal solange dauerten wie in westlichen Marktwirtschaften. Nach der Fertigstellung der Investitionen könnten die Kredite durch langfristige konsolidiert werden, wobei die kurzfristigen Investitionskredite bei Einhaltung der Termine zinslos sein sollten. Bei einer Überschreitung wären sie jedoch mit Strafzinsen auszustatten, die vom ausführenden Betrieb zu zahlen wären.

3. Eine Kreditierung der Investitionen mit dem Ziel, den Nutzeffekt nach Inbetriebnahme kontrollieren zu können, indem der Kredit aus dem Nutzeffekt (Gewinn) zu tilgen ist.

4. Eine Kreditierung, um die an sich erst später zur Verfügung stehende Finanzierungsquelle zeitweilig zu ersetzen. Diese Art der Kreditierung war in der DDR vorherrschend. Sie muß aber scharf von der unter Punkt 3. genannten Variante unterschieden werden, welche sich nur am Gewinn orientiert. Die Variante 3 wurde vor 1963 in der DDR noch nicht angewandt.

5. Eine Kreditierung der Investitionen, weil die als Finanzierungsquelle eingesetzten planmäßigen Mittel (Amortisationen, Gewinnanteile) nicht oder nicht rechtzeitig erwirtschaftet wurden. Dieses Kreditverfahren führte schließlich zum Kreditautomatismus.

6. Die Kreditierung von zusätzlichen, im Plan nicht vorgesehenen Investitionen. Hierzu wurden vor allem die Rationalisierungskredite eingesetzt, die den Betrieben eine gewisse Unabhängigkeit vom Plan einräumten.

Die Methoden 1, 4, 5 und 6 wurden vor 1963 in der DDR angewandt. Die zweite und dritte Variante wurde erst nach 1963 in ausgewählten Experimentierbetrieben erprobt. Beispielsweise kreditierte man vom Zeitpunkt der Rechnungsbezahlung bis zur Aufstellung der Maschine, von der Aufstellung bis zur Inbetriebnahme und von dieser bis zur Erreichung des Nutzeffekts (drei Monate nach Inbetriebnahme)[8].

Die Experimente fanden ihren ersten Niederschlag in der Kreditverordnung vom 1. 6. 1964 und in der Investitionsverordnung vom

---

[7] Ebenda, S. F 16.

[8] Vgl. *Knauthe*, Erhart: Formen ..., a.a.O., S. F 17.

25. 9. 1964[9]. Gemäß § 28 der Investitionsverordnung stehen den Betrieben zur Vorbereitung und Durchführung von Investitionen Teile des Amortisationsaufkommens, des Nettogewinns und die Kredite zur Verfügung.

Um die Ziele der zweiten und dritten Kreditmethode durchzusetzen, legt die Kreditverordnung fest, daß die Kreditgewährung an einen Vertrag mit entsprechenden Bedingungen zu knüpfen ist[10]. Für die Praxis bedeutet dies, Stundungen und Kredite nicht mehr ohne vertragliche Vereinbarungen und Festlegung der Sanktionen zu gewähren[11]. Eine breitere Differenzierung der Kredite sollte für eine größere Beweglichkeit bei der Kreditgewährung sorgen, da der Kreditplan als wichtigste Finanzierungsgrundlage den Verlauf der Produktion und Investition nicht im Detail berücksichtigen konnte. Die Stellung der Industrie-Bankfilialen wurde insoweit gestärkt, als sie das Recht erhielten, die Quartalspläne der VVB endgültig zu bestätigen[12].

Weiterhin sollten die Banken die Zinssätze nach ökonomischen Gesichtspunkten differenzieren und gegebenenfalls das Sanktionsinstrumentarium konsequent einsetzen. Der Einfluß der Bank auf die Betriebe, die ständig oder zeitweilig zu Planverstößen neigen, wurde erhöht. Man gruppierte deshalb die Betriebe nach der Häufigkeit der Planverstöße. Die Banken konnten sich dann besonders den Betrieben widmen, die permanent gegen den Plan verstießen[13].

Die Verselbständigung der VVB dokumentiert sich durch die Änderung der Kreditverordnung, die die Kreditbeziehungen zwischen VVB und Notenbank neu ordnet. Früher gab es zwischen beiden keine Kreditbeziehungen, da die Kredite direkt an die VEB ausgereicht wurden. Jetzt mußte dem eigenen Finanzierungsbedarf der VVB Rechnung getragen werden. Außerdem wollte man die Führungsaufgabe der VVB stärken, indem man einen Teil des Finanzierungsvolumens nicht mehr direkt an die VEB, sondern indirekt über die VVB vergab. Der VVB wurde damit die Möglichkeit gegeben, innerhalb des sozialistischen Konzerns den Kredit als ökonomischen Hebel einzusetzen. Somit stellt die neue Kreditverordnung gleichzeitig eine Voraussetzung für die Entfaltung des Systems der ökonomischen Hebel dar.

---

[9] Vgl. Gesetzblatt der Deutschen Demokratischen Republik 1964, Teil II, Nr. 95, S. 785 ff.

[10] Vgl. *Stahlberg*, Siegfried und *Hage*, Joachim: Zur Kreditverordnung — aus der Sicht eines Betriebes. In: Deutsche Finanzwirtschaft, Berlin 1964, Heft 67, S. G 2.

[11] Vgl. *Buck*, Hannsjörg: Wirtschaftsreformen . . ., a.a.O., S. 268.

[12] Vgl. *Schoder*, Erich: Neue Kreditbestimmungen für die zentralgeleitete volkseigene Industrie. In: Deutsche Finanzwirtschaft, Berlin 1964, Heft 10, S. 13.

[13] Vgl. Neue Kredit-Verordnung in Sichtweite. In: Deutsche Finanzwirtschaft, Berlin 1964, Heft 4, S. G 6.

Als Novum ist die Einführung einer Kreditreserve anzusehen, über deren Verwendung ausschließlich der Generaldirektor der VVB entscheidet. Die Kreditverordnung verlangt vom Generaldirektor, die Mittel nur für Finanzierungsvorgänge im Umlaufmittelbereich einzusetzen.

Im ganzen gesehen steigt mit der neuen Kreditpolitik die Bedeutung des Kredits bei der Kapitalbildung in dem Maß, wie es gelingt, die externe Finanzierung über Zuschüsse aus dem Staatshaushalt durch Kredite abzulösen. Bei dieser Entwicklung wird der Kredit nicht nur Investitionsprojekte finanzieren, sondern auch kurzfristige Kreditbedürfnisse und Mängel überbrücken, die sich aus der internen Finanzierung ergeben[14].

Nach den Grundzügen der Kreditpolitik sollen nun Einzelheiten im Vordergrund stehen. Ein Urteil über die Grenzen und Möglichkeiten der Kreditpolitik verlangt zunächst eine Untersuchung der vorhandenen Kreditarten.

b) *Die Kreditarten*

Um später die Kreditarten besser abgrenzen und zuordnen zu können, soll ein Strukturbild vorangestellt werden. Man könnte wie folgt gliedern[15]:

1. nach dem Einsatz des Kredits im Produktionsbereich:
   a) Grundmittelbereich
   b) Umlaufmittelbereich
2. nach dem Kreditzweck:
   a) Investitionskredit
   b) Umlaufmittelkredit
3. nach der Stellung im Plan:
   a) Planmäßige Kredite
   b) zusätzliche Kredite
4. nach volkswirtschaftlichen Gesichtspunkten:
   a) Kredite zur Finanzierung volkswirtschaftlich erwünschter Prozesse
   b) Kredite zur Überbrückung zeitweiliger Liquiditätsschwierigkeiten

---

[14] Vgl. *Garvy*, George: a.a.O., S. 113.

[15] Vgl. *Schoder*, Erich: Die Gliederung der Kredite nach Kreditarten. In: Deutsche Finanzwirtschaft, Berlin 1969, Heft 2, S. G 1 f.

Der *Richtsatzplankredit* ist als kurzfristiger Kredit konzipiert und kommt nach Ausschöpfung der Eigenmittel zum Einsatz. Durch die Kreditgewährung erhält die Bank einen Einblick in die Umlaufmittelausnutzung der Betriebe. Nach 1963 veränderte sich das Verhältnis von Eigenkapital und Richtsatzplankredit zugunsten des Kredits, weil die Zuführungen aus dem Staatshaushalt für Umlaufmittelerhöhungen ausblieben.

Schwierigkeiten bei der Richtsatzplankreditierung bereitete die Berücksichtigung der Umlaufmittelschwankungen. Ein weiteres Problem stellte die Richtsatzplanlimitierung durch die Banken dar. Sanken die Bestände, so sank auch der Richtsatzplankredit, wurden die Planbestände aufgefüllt, so stieg auch der Richtsatzplankredit. In der Praxis stellten die Banken oft fest, daß Überplanbestände, die eigentlich mit außerplanmäßigen Mitteln hätten finanziert werden müssen, durch planmäßige Richtsatzplankredite finanziert wurden, indem man die Mittel durch Unterplanbestände bei anderen Posten freimachte[16]. Die Banken stoßen hier auf evidente Kontrollschwierigkeiten[17]. Gleichzeitig bedeutet das auch eine Einschränkung der Kontrollfunktion des Richtsatzplankredits.

Es läßt sich folglich sagen, daß sich der Richtsatzplankredit als kurzfristiger Umlaufmittelkredit schlecht anpaßt und infolge seiner Objektgebundenheit nicht flexibel genug ist.

Der *Saisonkredit* ist ebenfalls kurzfristig und dient der Finanzierung saisonabhängiger Produktion. Die Ausreichung und Tilgung dieser Kreditart erfolgt auf der Grundlage von Saisonfinanzierungsplänen, die von den Betrieben im Rahmen der Umlaufmittel- und Kreditplanung aufgestellt werden. Die Kreditfristen richten sich nach der geplanten Verarbeitung oder nach dem vorgesehenen Verkauf der Bestände, oder aber sie entsprechen dem saisonbedingten Produktionsverlauf[18]. Bedeutung haben die Saisonkredite vor allem für die Arbeit der Deutschen Landwirtschaftsbank. Wegen ihres gesamtwirtschaftlich geringen Volumens entstehen aber keine sonderlichen Probleme.

Der *Forderungskredit* wird als kurzfristiger Lieferanten- oder Verrechnungskredit bezeichnet. Er wird den Betrieben als Plankredit zur Finanzierung ihrer Forderungen und Leistungen gewährt. Seine Lauf-

---

[16] Vgl. *Götze,* Werner: Einige Probleme des Richtsatzplankredites. In: Deutsche Finanzwirtschaft, Berlin 1964, Heft 18, S. G 12.

[17] Dies mag als Beispiel für die Problematik einer Synchronisation von materiellen und finanziellen Prozessen dienen. *Geissler* verweist in seinem richtungsweisenden Aufsatz auf die schwierige Planungsarbeit der Bank, die bei der Parallelplanung von materiellen und finanziellen Prozessen entsteht. Vgl. *Geissler,* a.a.O., S. 12.

[18] Vgl. *Autorenkollektiv:* Das Finanzsystem . . ., a.a.O., S. 487.

zeit bestimmt sich nach der Abwicklungsdauer des bargeldlosen Zahlungsverkehrs. Längerfristige Finanzierungsbedürfnisse soll er nicht abdecken, da sonst der Einblick der Bank in die finanzielle Lage der Betriebe gestört würde und zusätzliche Finanzierungsmöglichkeiten entstünden.

Der Forderungskredit kann gewährt werden:

a) in Höhe des Rechnungsbetrages der einzelnen Forderungen,
b) global in Höhe der durchschnittlich vorhandenen ständigen Forderungen eines Betriebes,
c) durch automatische Finanzierung der Forderungen, indem der Rechnungsbetrag dem Verkäufer durch die Bank sofort gutgeschrieben und der Verkäufer gleichzeitig belastet wird.

Die zuletzt genannte Form wurde im Zuge der Kreditneuordnung abgeschafft, um den Betrieben wieder die Verantwortung für den Forderungseingang zu überlassen. Die Beseitigung des Rechnungseinzugsverfahrens ist in direktem Zusammenhang mit der Abschaffung der RE-Kredite (Rechnungseinzugskredite) zu sehen[19].

Die unter b) aufgeführte Methode eignet sich gut zur Finanzierung einer kontinuierlichen Produktion. „Die Bildung zusätzlicher Finanzierungsquellen wird zwar eingeengt, jedoch können sie nach wie vor auftreten, nämlich, wenn die Rechnung vor der vereinbarten Zahlungsfrist bezahlt wird, oder wenn der Umsatz nicht — wie vorgesehen — kontinuierlich ist[20].“ Die Methode a) hat den Nachteil, daß sich der Kontrolle entgegenwirkende zusätzliche Finanzierungsquellen bilden, wenn die Rechnung vor Ablauf der vereinbarten Frist beglichen wird[21].

Die Banken stellten häufig eine unzulässige Inanspruchnahme von Forderungskrediten fest, die aus Überziehungen der vereinbarten Zahlungsfristen resultierten. Oft war das Mahnungswesen nicht ordnungsgemäß organisiert und die Rechnungslegung insbesondere an den Monatsenden nicht kontinuierlich[22]. Diese Praxis schwächte die Wirkung der ökonomischen Hebel Kredit und Zins erheblich[23].

Der *Vorzugskredit* ist ein kurzfristiger, im volkswirtschaftlichen Interesse stehender Zusatzkredit, der zur Finanzierung von zeitweilig

---

[19] Vgl. *Autorenkollektiv:* Das Finanzsystem ..., a.a.O., S. 487.

[20] *Ebert,* Kurt: Vorschläge zur Methode der Forderungskredite. In: Deutsche Finanzwirtschaft, Berlin 1965, Heft 14, S. G 2.

[21] Vgl. ebenda, S. G 3.

[22] Vgl. *Wiedermann,* Klaus-Dieter: Forderungskredite — Stiefkind der Bankarbeit? In: Deutsche Finanzwirtschaft, Berlin 1969, Heft 12, S. G 20.

[23] Vgl. *Hernes,* Siegfried: Die Forderungsfinanzierung nach der Verrechnungs-Verordnung. In: Deutsche Finanzwirtschaft, Berlin 1965, Heft 14, S. G 4.

erhöhten, über den Plan hinausgehenden Umlaufmittelbedürfnissen dient. Hierzu zählen z. B. Bestände, die zur Erfüllung bzw. Übererfüllung der staatlichen Aufgaben dienen, sowie Bestände, die sich durch Entscheidungen übergeordneter Organe, durch Veränderungen der staatlichen Aufgaben, vorzeitigem oder stoßweisem Anfall von Importen und durch methodische Veränderungen in der Planung und Abrechnung ergeben. Die Bank soll bei der Überprüfung der Notwendigkeit solcher Bestandshaltungen von den zuständigen Organen entsprechende Bestätigungen einholen. Die Kreditfrist soll so bemessen sein, wie es die Voraussetzungen der Vorzugskreditgewährung verlangen.

In der Praxis wurde oft die Tatsache bemängelt, daß die Industrie-Bankfilialen die örtlichen Notenbankniederlassungen anwiesen, Vorzugskredite auszugeben, obwohl sich die Notenbankfilialen aus ökonomischen Gründen gegen die Gewährung von Vorzugskrediten ausgesprochen hatten[24]. Wenn die Industrie-Bankfilialen solche Weisungen geben können, muß man sich fragen, warum sonst die Verantwortung der Bank für den Abschluß von Kreditverträgen so betont wird, zumal hier durch das Weisungsrecht die Hebelwirkung von vornherein eingeschränkt wird.

Ein zusätzliches Problem für die Banken bringt die Auslegung der Kreditverordnung bei der Vergabe von Vorzugskrediten. Problemlos ist § 7 Abs. 1, denn die Banken können relativ leicht beurteilen, ob es sich um Bestände zur Erfüllung bzw. Übererfüllung staatlicher Aufgaben handelt. Problematisch wird aber die Beurteilung von Maßnahmen im volkswirtschaftlichen Interesse (§ 7 Abs. II). Hier ist die Bank zweifellos überfordert. Um selbständig fundierte Entscheidungen treffen zu können, müßte die Bank gesamtwirtschaftliche cost-benefit-Analysen erstellen, wozu sie weder personell noch instrumentell in der Lage ist[25].

Der *Zwischenkredit* ist ein kurzfristiger Zusatzkredit, der an volkseigene Betriebe und VVB vergeben wird, um Maßnahmen im volkswirtschaftlichen Interesse zu einem Zeitpunkt zu ermöglichen, an dem die zur Finanzierung vorgesehenen regulären Mittel noch nicht zur Verfügung stehen. Die Tilgung des Zwischenkredits erfolgt aus den für die Finanzierung der kreditierten Maßnahmen gesetzlich vorgesehenen Fonds.

Problematisch erscheint der Zwischenkredit wegen seiner schlechten Abgrenzbarkeit gegenüber anderen Kreditarten, wie beispielsweise

---

[24] Vgl. *Below*, Harri: Da sind noch Steine aus dem Weg zu räumen. In: Deutsche Finanzwirtschaft, Berlin 1964, Heft 20, S. G 6.

[25] Vgl. *Schoder*, Erich: Die Kreditverordnung Industrie in der Praxis (II). In: Deutsche Finanzwirtschaft, Berlin 1965, Heft 13, S. G 2.

dem Vorzugs- oder Sonderkredit. Die Bank dürfte hier oft vor der Frage stehen, welchen Kredit sie anwenden soll.

Der *Sonderkredit* wird zur Finanzierung zeitweilig vorhandener, planwidriger Bestände ausgereicht[26]. Er wird für planwidrige Bestände an Material, unvollendeter Produktion und Fertigerzeugnissen ausgegeben, die in absehbarer Zeit in den planmäßigen Bestandsumschlag einbezogen werden. Nicht benötigte Bestände können durch den Sonderkredit kurzfristig finanziert werden, wenn sie dem Großhandel angeboten werden bzw. vom bestandshaltenden Betrieb selbst verkauft werden. Entsprechend den Ursachen für den zusätzlichen Finanzbedarf sind die Bedingungen für die Gewährung, Tilgung und Verzinsung der Sonderkredite in den Verträgen gesondert festzulegen. Dabei sollten in der Regel die Fristen dieser Kredite für die Fertigerzeugnisse drei Monate, für andere Bestände zwölf Monate nicht überschreiten. Die Banken sollten die Sonderkreditgewährung so gestalten, daß nach kürzester Zeit wieder planmäßige Verhältnisse bei den Kreditnehmern eintreten.

Sonderkredite zeichnen sich also durch härtere Konditionen aus. Sie enthalten aber noch keine Sanktionen, die erst bei Betrieben mit permanenten Planverstößen anzuwenden sind. Die Vergabe von Sonderkrediten kann somit als erste Alarmstufe sowohl für den Betrieb als auch für die Bank angesehen werden.

Der *Zahlungskredit* ist ebenfalls zusätzlich und kurzfristiger Natur. Er wird den Betrieben der volkseigenen Wirtschaft zur Aufrechterhaltung ihrer Zahlungsfähigkeit bei kurzfristigen Liquiditätsschwierigkeiten zur Verfügung gestellt. Der Zahlungskredit darf nur für fällige Verbindlichkeiten aus Warenlieferungen und Leistungen sowie für Bruttolöhne verwendet werden und wird auf Grund einzelner Kreditanträge bzw. im Rahmen eines vereinbarten Limits gewährt. Bei Betrieben mit schlechter Kreditdisziplin soll die Gewährung von Zahlungskrediten von dem Nachweis abhängig gemacht werden, daß sie die notwendigen Bedingungen für die Wiederherstellung ihrer Zahlungsfähigkeit erfüllen. Bei ernsten oder dauerhaften Zahlungsschwierigkeiten ist eine Gewährung von Zahlungskrediten ausgeschlossen.

Der *Überbrückungskredit* wird als kurzfristiger Zusatzkredit zur Abdeckung zeitweiliger Finanzbedürfnisse an die VVB (früher die VEB) ausgereicht. Die von der Industriebankfiliale gewährten Mittel verteilt die VVB nach eigenem Ermessen auf die verschiedenen Betriebe, wobei sie die Überbrückungskreditgewährung an die Vorlage von Aufholplänen der Betriebe bindet.

---

[26] Vgl. *Sawitzki*, Eberhard: Das Geld- und Kreditwesen in Mitteldeutschland, Frankfurt 1964, S. 49.

Heinicke[27] vertritt die These, daß die Überbrückungskredite zur Festigung der wirtschaftlichen Rechnungsführung in den Betrieben dienen. Sie verwirklichten den Grundsatz, Planschulden der Betriebe nicht mehr vom Staat tragen zu lassen. Damit würden sie zur Sicherung der staatlichen Akkumulation beitragen. Dieser These muß insoweit widersprochen werden, als der Staat jetzt von vornherein ein gewisses Kontingent für die Überbrückungskredite reserviert. Somit verzichtet er nicht mehr ex post, sondern ex ante auf die Möglichkeit, diese Mittel anderweitig einzusetzen und Gewinne zu erzielen. Die Verluste, die durch die Überbrückungskredite vermieden werden sollen, werden jetzt praktisch vorher in den Kreditplan eingearbeitet.

Der *Liquiditätskredit* ähnelt stark dem Überbrückungskredit. Er soll nur in bedrohlichen Situationen ausgereicht werden, vor allem wenn in den Betrieben schwerwiegende Mängel bei der Planerfüllung bestehen, so daß elementare Kreditvoraussetzungen nicht mehr erfüllt sind. Die VVB überbrückt in diesen Fällen mit selbst aufgenommenen Liquiditätskrediten die Finanzierungsschwierigkeiten ihrer Betriebe und verbindet diese finanziellen Unterstützungen mit entsprechenden Auflagen.

Die Zwischenschaltung der VVB soll einerseits deren finanzielle Verantwortlichkeit stärken und andererseits der Bank bei erfolglosem Einsatz der Kredite eine Rückgriffsmöglichkeit bei der VVB einräumen. Ob dieses Vorgehen effektiv ist, muß bezweifelt werden, denn das Nebeneinander von finanziellen Einwirkungen durch Bank und VVB kann deren Wirkung bei schlechter Zusammenarbeit beeinträchtigen. Auch könnte bei den Betrieben die Tendenz gefördert werden, die betrieblichen Schwierigkeiten auf die VVB zu wälzen.

Der *Rationalisierungskredit* wird i. d. R. auf drei Jahre begrenzt für kurzfristig erforderliche Rationalisierungsmaßnahmen außerhalb des Investitionsplans gewährt, soweit die „materielle Sicherung" (Investitionsgüter, Baukapazitäten usw.) des Investitionsvorhabens gewährleistet ist. Die Tilgung hat aus dem zusätzlichen Gewinn zu erfolgen, der aus den Kosteneinsparungen oder dem Mehrgewinn erzielt wird. Die Höhe des Zinses ist entsprechend der Tilgungsdauer gestaffelt. Bei Verstößen gegen den in den Kreditverträgen vereinbarten Tilgungsverlauf kann die Bank zusätzliche Zinsen erheben.

Der Rationalisierungskredit unterscheidet sich wesentlich vom Gros der anderen Kredite, weil er kein Plankredit ist. Zwar wird das Gesamtvolumen für die Rationalisierung geplant, doch nicht der Umfang an Rationalisierungsmaßnahmen und -krediten, die dem einzelnen Betrieb zur Verfügung stehen. Alleiniges Vergabekriterium ist der Nach-

[27] Vgl. *Autorenkollektiv:* Das Finanzsystem . . ., a.a.O., S. 489.

weis des betrieblichen Nutzens. Damit wird der Initiative der Betriebsleiter im Rahmen der zulässigen Rationalisierungsmaßnahmen freie Entfaltungsmöglichkeit gegeben[28].

Man könnte den Rationalisierungskredit als das flexible Element in der starren Planung der Wirtschaft ansehen. Je größer das Rationalisierungskreditvolumen ist, desto flexibler kann die Kreditierung der Wirtschaft gehandhabt werden und desto mehr kann die Bank kaufmännischen Gesichtspunkten bei der Beurteilung von Kreditanträgen Rechnung tragen.

Die besondere Bedeutung des Rationalisierungskredits liegt in seiner Aufgabe, die Anwendung des technischen Fortschritts zu fördern und damit die Produktivität der Wirtschaft zu steigern. Weil man erkannte, daß hier besonders bei den Betrieben mit staatlicher Beteiligung (BSB) Reserven zu mobilisieren waren, vergab man Kleinmechanisierungskredite[29], wobei den BSB im Gegensatz zur volkseigenen Industrie 4,75 % statt 1,8 % Zinsen belastet wurden.

Ein zusätzliches Problem ergibt sich aus der Abgrenzung von Rationalisierungsmaßnahmen auf der einen Seite und Ersatz- und Erweiterungsinvestitionen auf der anderen Seite[30]. Solange eine Bank nicht in der Lage ist, diese verschiedenen Investitionsarten scharf voneinander zu trennen, kann die Möglichkeit nicht ausgeschlossen werden, daß Mittel für Rationalisierungsmaßnahmen genehmigt werden, die in Wirklichkeit gar keine sind.

Eine mehr grundsätzliche Frage ist die Existenz der Rationalisierungskredite. Sind sie nicht Ausdruck einer Investitionspolitik, die es nicht verstand, eine im Vergleich zu marktwirtschaftlich orientierten Ländern ähnlich umfangreiche Anwendung des technischen Fortschritts in der Produktion zu gewährleisten? Der extrem niedrige Zinssatz von 1,8 % kann nur so gedeutet werden, daß man den Betrieben einen sehr großen Anreiz einräumen mußte, um andere systembedingte Nachteile wieder auszugleichen. Systembedingt sind die Nachteile, weil die Betriebe oft eine Kreditaufnahme verzögerten, um höheren Planansätzen nach der Rationalisierung zu entgehen. Gegebene Planansätze bedeuteten für die Betriebe eine gewisse Sicherheit, während neue Planansätze neue Unsicherheitsmomente in die Betriebsführung brachten.

Es wäre falsch, den Rationalisierungskredit der Zentralverwaltungswirtschaft mit der Zinssubvention der Marktwirtschaft zu vergleichen.

---

[28] Vgl. *Schilke*, Werner: Rationalisierungskredite zur Erfüllung oder Übererfüllung der Planziele? In: Deutsche Finanzwirtschaft, Berlin 1965, Heft 15, S. G 2.

[29] Vgl. *Reuschel*, Hans-Dieter: Rationalisierungskredite, Berlin 1966, S. 123 f.

[30] Vgl. *Ladwig*, E.: Zur Kreditfinanzierung von Investitionen. In: Wirtschaftswissenschaft, Berlin 1965, Heft 18, S. 15.

Beispielsweise sind die der Landwirtschaft der Bundesrepublik gewährten Zinssubventionen zur Rationalisierung gedacht, um die Strukturnachteile der Landwirtschaft, also einer einzelnen Branche, zu ändern, während die Rationalisierungskredite in der DDR allen Sektoren zur Verfügung stehen. Man könnte hierin eine wesentlich konsequentere und zielstrebigere Förderung des technischen Fortschritts als in der Marktwirtschaft erblicken. Für alle Teile der Wirtschaft bestehe damit ein ständiger Anreiz zur Rationalisierung. Hier wäre zu fragen, ob sich gesamtwirtschaftliche Rationalisierungseffekte nicht ohne Zinsverzicht erzielen lassen. Wie in der Marktwirtschaft könnte auf gesamtwirtschaftliche Subventionen verzichtet werden, wenn ein ständiger Konkurrenzdruck zu Rationalisierungsmaßnahmen zwingen würde. In der Marktwirtschaft dient der Rationalisierungskredit also der forcierten Anwendung des technischen Fortschritts in besonderen Zweigen, wohingegen er in der Zentralverwaltungswirtschaft global angewendet wird und nicht strukturelle, sondern systembedingte Nachteile auszugleichen hat.

Ein weiterer Unterschied ist in der Einsatzfrist des Rationalisierungskredits zu sehen. In der Marktwirtschaft wird er in der Regel solange gewährt, wie die strukturellen Nachteile vorhanden sind. Im Gegensatz dazu hat die Zentralverwaltungswirtschaft den Rationalisierungskredit im Rahmen des neuen ökonomischen Systems als Dauereinrichtung geplant.

Der *Devisenkredit* kann als Erscheinungsform des Rationalisierungskredits gedeutet werden[31]. Devisenkredite werden bewilligt, wenn dadurch der geplante Export gesteigert wird oder Importe später eingespart werden können. Es werden dadurch also zusätzliche Deviseneinnahmen erzielt bzw. zukünftige Devisenausgaben eingespart.

Die Devisenkredite haben eine auf zwölf Monate befristete Laufzeit und sind zum Import von Maschinen, Anlagen und Lizenzen zweckgebunden. Die Tilgung erfolgt aus den zusätzlichen Exporterlösen. Vor der Ausreichung des Devisenkredits muß die Bank prüfen, ob die angegebenen Exportsteigerungen bzw. Importsenkungen nicht sowieso schon Gegenstand des Jahres- bzw. des Perspektivplanes sind[32].

Problematisch erscheint die Begrenzung des Devisenkredits auf zwölf Monate, weil deswegen Anlagegüter oder Lizenzen nicht in großem Umfang importiert werden können. Normalerweise müssen die Anlagen erst geliefert werden. Hinzu tritt eine gewisse Installierungs- und Anlaufzeit, so daß sich im verbleibenden Rest der Jahresfrist keine nen-

---

[31] Vgl. *Reuschel*, Hans-Dieter: Rationalisierungskredite, a.a.O., S. 126.

[32] Vgl. *Tuttlies*, Friedhelm und *Schubert*, Hellmut: Zusätzliche Exporte durch Devisenkredite. In: Die Wirtschaft, Berlin 1965, Heft 15, S. 21.

nenswerten Zusatzexporte zur Abdeckung des Devisenkredits verwirklichen lassen.

Die scharfe Reglementierung des Devisenkredits resultiert aus der Devisenknappheit der DDR-Wirtschaft[33]. Da dieses auch in allen anderen Volksdemokratien wegen des großen Importbedarfs der Fall ist, könnte man auch hier von einem systemtypischen Kredit sprechen, der die Produktivität der Wirtschaft steigern soll, aber dieses Ziel unter das Primat des Zahlungsbilanzgleichgewichts stellt.

Weil man feststellte, daß der einjährige Devisenkredit der Wirtschaft keine wesentlichen Impulse gab, ging man 1966 zur langfristigen Kreditierung über[34]. Hiermit eröffnete sich den Betrieben theoretisch die Möglichkeit, dringend benötigte Investitionsgüter im westlichen Ausland zu kaufen. Doch wurde der Fortschritt durch die Bedingung wieder eingeschränkt, daß durch langfristige Devisenkredite finanzierte Importe mit einem langfristigen Zahlungsziel verbunden sein müssen. Die Chance langfristige Devisenkredite zu erhalten, hing also von der Bereitschaft westlicher Lieferanten ab, langfristige Zahlungsziele einzuräumen. Da sich die westlichen Firmen bei ihren Großexporten in den Osten an den Bürgschaftsmöglichkeiten orientieren[35], war der langfristige Devisenkredit nur für relativ kleine Importe bzw. in dem Maße verwendbar, wie Regierungen des Westens Bürgschaftsverpflichtungen übernehmen wollten. Die Wirksamkeit des langfristigen Devisenkredits war demzufolge von den politischen Beziehungen und dem Bestreben der westlichen Regierungen abhängig, ihrer eigenen Wirtschaft durch günstige Konditionen große Exportaufträge zu sichern.

Im Zusammenhang mit den Devisenkrediten ist die Verbindung volks- und betriebswirtschaftlicher Zielsetzung erwähnenswert. Man hatte mit sogenannten Valutaanrechten einen Anreiz geschaffen, überplanmäßige Exporte und Importeinsparungen durchzuführen, indem man den Betrieben 50 % der Deviseneinsparungen zur Verfügung stellte.

Nach der Darstellung der einzelnen Kreditarten kann nun nach ihren Lenkungsfunktionen gefragt werden. Schon die Vielzahl der Kreditarten läßt vermuten, daß sie sich gegenseitig behindern und widersprechen. Beispielsweise stehen für in Liquiditätsschwierigkeiten geratene Betriebe neben den Sonder- und Zahlungskrediten der Banken

[33] Vgl. *Georgino,* Willi: Devisenrentabilität und wirtschaftliche Rechnungsführung. In: Deutsche Finanzwirtschaft, Berlin 1963, Heft 4, S. 13 f.

[34] Vgl. *Tuttlies,* Friedhelm und *Schubert,* Hellmut: Eigenerwirtschaftung von Valutamitteln zur effektvollen Gestaltung der Außenwirtschaftsbeziehungen. In: Deutsche Finanzwirtschaft, Berlin 1966, Heft 23, S. G 2.

[35] Hier sind beispielsweise die durch einen interministeriellen Ausschuß genehmigten Hermesbürgschaften zu nennen.

Kreditart	Einsatz im Produktionsbereich		Kreditzweck		Stellung im Plan		volkswirtschaftliche Bedeutung	
	Grund- mittelbereich	Umlauf- mittelbereich	Investitions- kredit	Umlaufmittel- kredit	planmäß. Kredit	zusätzl. Kredit	im volkswirtsch. Interesse	Liquiditätshilfe
Richtsatzplankredit		+		+	+		+	
Saisonkredit		+		+	+		+	
Forderungskredit		+		+	+		+	
Vorzugskredit		+		+		+	+	
Zwischenkredit	+	+	+	+		+	+	
Sonderkredit		+		+		+		+
Zahlungskredit	(+)	+	(+)	+		+		+
Überbrückungskredit	(+)	+	(+)	+		+		+
Liquiditätskredit		+		+		+		+
Rationalisierungskredit	+	+	+	+		+	+	
Devisenkredit	+		+			+	+	

+ regelt die Zuordnung.
(+) läßt eine eingeschränkte Zuordnung zur 2. Alternative zu.

die Überbrückungs- und Liquiditätskredite der VVB zur Verfügung. Je nach Geschicklichkeit des Betriebsleiters wird der Betrieb den mit den geringsten Auflagen verbundenen Kredit erhalten. Man könnte allerdings auch gegenteiliger Meinung sein und von der Vielzahl der Kredite auf ein wohl abgestimmtes lückenloses Kreditsystem schließen, das besser als einige wenige, nur grob handhabbare Kreditarten ist.

Kästner[36] meint jedoch, die bisherige Finanzierungspraxis zeige, daß die Unzahl der Kredite den Betrieben zu viele Möglichkeiten offen lasse, die Liquidität zu manipulieren. Hier sind u. a. zu nennen[37]: Unterplanbestände in Positionen, die die Produktion nicht unmittelbar gefährden; verzögerte Begleichung von Verbindlichkeiten aller Art; verspätete Zuführung von Gewinnanteilen auf Sonderkonten für die Gewinnverwendung; Einnahmen für zukünftige Abrechnungszeiträume, die nicht zweckgebunden gehalten werden und zusätzliche Kredite und Geldmittel der VVB, die nicht sofort oder nicht vollständig für den vorgesehenen Zweck eingesetzt werden. An dieser Stelle wären auch die Möglichkeiten der Liquiditätsmanipulationen mit den verschiedenen Krediten einzuordnen. Populär gesprochen könnte man das ganze Kreditsystem als „Verschiebebahnhof" bezeichnen, was besonders aus der Massierung der Kredite im Umlaufmittelbereich ersichtlich ist (vgl. Schaubild S. 84). *Kästner* fährt fort, daß zu einem beachtlichen Umfang von der Manipulation Gebrauch gemacht wird[38]. In acht untersuchten Betrieben seien Überfinanzierungen von 15 bis 46 Prozent aufgedeckt worden. Sollten sich diese Zahlen verallgemeinern lassen, so kann daraus nur der Schluß gezogen werden, daß die große Differenzierung der Kreditarten kaum positive Auswirkungen hat.

Weiterhin wird die Hebelkraft des Kredits durch die unterschiedliche Vergabeweise der einzelnen Kreditinstitute beeinträchtigt. In der Fachliteratur wird oft berichtet, daß sich die einzelnen Filialen aus Mangel an Kreditvergabevorschriften nicht klar darüber sind, wann sie die einzelnen Kredite anwenden sollen. Abgesehen davon erfordert ein so abgestuftes Kreditsystem von den Mitarbeitern der Bank ein sehr differenzierendes ökonomisches Urteilsvermögen, was nach Expertenmeinung nicht vorhanden ist.

Die Vielzahl der Kredite könnte man insofern als systemtypisch bezeichnen, als die Zentralverwaltungswirtschaft trotz der Lockerungstendenzen in der Wirtschaft mit möglichst genauen Vorschriften und

---

[36] Vgl. *Kästner*, Joachim: Finanzielle Überbrückung von Liquiditätsschwierigkeiten in volkseigenen Industriebetrieben. In: Deutsche Finanzwirtschaft, Berlin 1967, Heft 6, S. F 17.

[37] Vgl. ebenda, S. F 18.

[38] Vgl. ebenda, S. F 17.

Anordnungen für jeden ökonomischen Prozeß einen entsprechenden Kredit vorschreiben möchte. Somit ist der Entscheidungsspielraum der Bank von vornherein begrenzt, da der zu verwendende Kredit schon festgelegt ist. Dies ist wieder ein Beispiel für die Diskrepanz zwischen Zentralisierungs- und Dezentralisierungstendenzen. Die Dezentralisierung zeigt sich im formal erweiterten Entscheidungsspielraum der Banken, doch wird dieser durch die zentrale Festlegung der Kreditarten wieder eingeschränkt.

Man könnte auch die These vertreten, daß die Vielzahl der Kredite als Folge der Experimente in Wirtschaft und Kreditwesen zu deuten ist. Weil man untersuchen wollte, welche Kreditarten und Konditionen am besten der Planerfüllung dienen, glaubt man, mit möglichst vielen Kreditarten experimentieren zu müssen. Durch sie wollte man die Hebelwirkung eines Normalkredits verstärken oder mildern. So wollte man nicht durch einen einheitlichen Kredit mit einem einheitlichen Zinssatz die Rationalisierungstendenzen bremsen, sondern forcieren und die Belastung durch den Zins bei Verstößen gegen den Plan gegenüber der normalen Belastung empfindlich steigern.

Eine weitere Erklärung für die Vielzahl der Kreditarten könnte man in der Aushilfsfunktion des sozialistischen Kredits sehen. Denn für viele Schwierigkeiten im Produktionsprozeß steht eine spezielle Kreditart bereit, um den gestörten Einklang von materiellem und finanziellem Ablauf wieder herzustellen. Als Beispiel war schon der Rationalisierungskredit genannt worden, der die Schwierigkeiten bei der Anpassung an den technischen Fortschritt beheben sollte. Ebenso ist der Devisenkredit mit seiner Aufgabe der Außenhandelsintensivierung zu sehen. Er soll die Zahlungsbilanzschwierigkeiten lösen und die Exporttätigkeit steigern. Ähnliche Aushilfsfunktionen erfüllen auch andere Kredite.

Die unterschiedliche Eigenkapitalausstattung der Betriebe im Umlaufmittelbereich schränkt den gewünschten Druck zu einer sparsamen Kapitalverwendung insofern ein, als die mit relativ hohem Eigenmittelanteil ausgestatteten Betriebe dem Zinsdruck des Kredits besser ausweichen können wie über wenig Eigenkapital verfügende Unternehmen.

Man kann also zusammenfassen, daß die neue Kreditpolitik bezüglich der Vielzahl der Kredite nicht die erforderliche „Flurbereinigung" gebracht hat. Eine Reduzierung oder flexiblere Handhabung wäre erforderlich gewesen, um den bürokratischen Ablauf der Bankarbeit noch mehr zu verringern und den ökonomischen Entscheidungsspielraum zu vergrößern. Doch bleibt hervorzuheben, daß man in der Kreditplanung realistischer geworden ist. Aus dem Schaubild ist ersichtlich, daß acht von elf Kreditarten als Zusatzkredite konzipiert sind. Damit wird klar, daß man von der strengen Verplanung des Gesamtkreditvolumens abgekommen ist und mit der Bereitstellung der Zusatzkredite zugibt, nicht jeden Prozeß im voraus planen zu können. Die alte Praxis des Umbuchens auf das Konto überfällige Kredite ist damit zugunsten einer realistischeren Kreditpolitik aufgegeben worden.

c) Der Wandel der Kreditfunktionen

In den reinen Typen der Zentralverwaltungs- bzw. Marktwirtschaft sind die Kreditfunktionen grundverschieden. Die reine Zentralverwaltungswirtschaft kann die Impulse des kommerziellen Kredits nicht zulassen, solange sie nicht Divergenzen im Produktions- und Finanzbereich schaffen will. Der Kredit übt deshalb keine Lenkungs-[39] und Ausgleichsfunktionen aus. Statt der Kaufkraft- bzw. Kapitalübertragungsfunktion, die sich an der Tüchtigkeit des Kreditnehmers orientiert, steht die Zwangsfinanzierung im Vordergrund. Anstelle der Produktions-, Umsatz- und Absatzsteigerungsfunktion steht die Kontrollfunktion[40]. Die DDR-Wirtschaft verkörperte aber nie ganz den Typ der reinen Zentralverwaltungswirtschaft, da sie noch in geringem Maße marktwirtschaftliche Elemente beinhaltete. Deshalb übte auch der Kredit noch gewisse rudimentäre marktwirtschaftliche Lenkungsfunktionen aus[41].

Zu den zentralverwaltungswirtschaftlichen Kreditfunktionen zählt man[42]:

1. die Geldschöpfungsfunktion,
2. die Einkommens- und Umverteilungsfunktion,
3. die Kontroll- bzw. Zwangsfinanzierungsfunktion,
4. die Klassenkampffunktion.

Die Geldschöpfungsfunktion liegt in der Bedeutung des Kredits als Zahlungsmittel. Durch die Kreditauszahlung bzw. -rückzahlung wird das Kreditvolumen geändert. Für seine Lohnzahlungen verwendet der Betrieb einen Kredit. Durch die Lohnauszahlung verwandelt sich Giralgeld in Bargeld. Der Betrieb vertreibt seine Produkte über den Handel, der den Haushalten wieder das Bargeld im Austausch gegen die Produkte entzieht. Da der Handel das Bargeld bei der Staatsbank zu hin-

---

[39] Wenn man einmal davon absieht, daß der Kredit im Sinne des Planes lenkt.

[40] Vgl. *Friebe*, Siegfried: a.a.O., S. 65 ff.

[41] Vgl. ebenda, S. 4 f.

[42] Die beiden ersten Funktionen sind systemindifferent und gelten folglich auch in der Marktwirtschaft, während die beiden letzten systembezogen sind.

terlegen hat, entsteht wieder Buchgeld, womit die produzierenden Betriebe ihre Giralgeldverbindlichkeiten bei der Staatsbank saldieren. Die Umverteilungs- und Einkommensfunktion[43, 44] steht im Zusammenhang mit der Festlegung der Konsum-Investitions-Proportionen. An Hand der Bewegung auf den Konten kann die Bank den Verlauf der Produktion kontrollieren. Voraussetzung dafür ist der Zwang zur Kreditaufnahme. Durch die Vorschrift, einen Teil der Umlaufmittel durch Kredit zu finanzieren, wird dieser Bedingung entsprochen. Mit der Verweigerung von Krediten kann die Bank das Wachstum privater Unternehmen verhindern oder sie sogar ganz ruinieren. Damit ist die Aufgabe des Kredits als Klassenkampfmittel skizziert.

Bis zur Einführung des neuen ökonomischen Systems standen diese vier Funktionen im Vordergrund. Die geplante Produktion konnte wegen systembedingter Nachteile nicht verwirklicht werden, zusätzliche Kredite mußten deshalb oft ausgereicht werden. Unter diesem Gesichtspunkt könnte man die Aushilfsaufgabe als systemtypische Kreditfunktion hinzufügen[45].

Mit der Einführung des neuen ökonomischen Systems und den damit verbundenen Dezentralisierungstendenzen, sowie dem erweiterten Entscheidungsspielraum der Banken wurden zwei neue Kreditfunktionen eingeführt, nämlich:

1. die Stimulierungsfunktion und
2. die Elastizitätsfunktion[46].

Diese Funktionen sind für den Kredit der reinen Zentralverwaltungswirtschaft nicht typisch und spiegeln die graduelle Verlagerung des Wirtschaftssystems in Richtung Marktwirtschaft wider.

---

[43] Vgl. *Goldhahn*, Eberhard: Sozialistische Geschäftsbeziehungen zwischen Bank und Betrieb, Berlin 1969, S. 32.

[44] *Buck* unterscheidet zwischen einer endgültigen und einer vorübergehenden Umverteilung. Bei der ersteren steht die Finanzierung von Planaufgaben und die Abdeckung von Verlusten im Vordergrund. Bei der letzteren handelt es sich um die Vergabe von Rationalisierungs-, Zusatz- und Überbrückungskrediten. Vgl. *Buck*, Hannsjörg: Technik ..., a.a.O., Band 2, S. 542.

[45] *Keese* unterscheidet zwei Möglichkeiten. Im ersten Fall sind die Planverstöße so groß, daß der Betrieb sie aus eigener Kraft nicht überwinden und auch den Kredit nicht zurückzahlen kann. Der Aushilfskredit müßte dann in einen nicht zurückzahlbaren Zuschuß verwandelt werden und gewährt nur die weitere Lebensfähigkeit des Betriebes. Im zweiten Fall kann man von einem echten Kredit sprechen, da der Betrieb mit Hilfe des Aushilfskredits bei anschließender Tilgung die Störungen aus eigener Kraft beseitigt. Vgl. *Keese*, Dietmar: Die Funktionen ..., a.a.O., S. 344 f.

[46] *Buck* meint, daß vor allem der kurzfristige Kredit eine Elastizitätsfunktion ausübe, wenn er zur Beseitigung von Planstörungen und zur Überwindung der durch die Verbindlichkeit der Pläne auftretenden Starrheit im Wirtschaftsablauf dient. Vgl. *Buck*, Hannsjörg: Technik ..., a.a.O., Band 2, S. 636.

Die Stimulierungsfunktion des Kredits entstand durch die Aufwertung des Kredits zum ökonomischen Hebel[47]. Die Koppelung des Kredits mit der materiellen Interessiertheit soll die Betriebe zur Produktionssteigerung stimulieren. In umgekehrter Richtung soll die Stimulierungsfunktion bei Planverstößen und unökonomischem Verhalten wirken, indem Strafzinsen erhoben werden oder Zusatzkredite mit höheren Zinssätzen ausgestattet werden.

Die neue Elastizitätsfunktion des Kredits kann als Reaktion auf die Nachteile der starren Kreditplanungspraxis aufgefaßt werden. Die Banken sollten den Kredit nun mehr nach eigenem Ermessen einsetzen und nicht wie früher nur Vollzugsorgan des Staates sein. Die Elastizitätsfunktion kommt in den neuen Zusatzkrediten zum Ausdruck, die nun nicht mehr zu dem von vornherein total verplanten Kreditvolumen gehören. Der Grad der Elastizität des Kreditsystems wird aber nicht von der Vielzahl der Kreditarten bestimmt, sondern von der Relation zwischen Plan- und Zusatzkrediten. Je größer der Anteil der Zusatzkredite am Gesamtkreditvolumen ist, desto elastischer ist auch das Kreditsystem.

Nach 1963 versuchte man neben den vier alten auch die beiden neuen Kreditfunktionen in gleichem Maß zur Geltung zu bringen[48, 49]. Schwierigkeiten bei einer derart ambitiösen Zielsetzung sind verständlich, wenn man sich vor Augen hält, daß Zwangsfinanzierungs- und Kontrollfunktion auf der einen Seite und Elastizitäts- und Stimulierungsfunktion auf der anderen Seite in einem Konkurrenzverhältnis stehen.

Wird nämlich mit Hilfe des Kredits kontrolliert, so hemmt dies zwangsläufig die Eigeninitiative der Betriebe und bremst damit die Stimulierungsfunktion. Oder versucht man die Zwangsfinanzierungsfunktion durchzusetzen, so wird in gleichem Umfang die Elastizitätsfunktion ausgeschaltet. Weitere Konfliktfälle ließen sich konstruieren.

---

[47] Vgl. *Goldhahn,* Eberhard: a.a.O., S. 32.

[48] Die Klassenkampffunktion konnte mehr in den Hintergrund treten, da die wichtigsten Industriewerke bereits verstaatlicht bzw. die Betriebe mit staatlicher Beteiligung finanziell sowieso vom Staat abhängig waren. Ebenso war die Kollektivierung der Landwirtschaft mit Hilfe der Kreditpolitik abgeschlossen. („Die umfassende Entwicklung der Kreditgenossenschaften, die in der ersten Etappe der Übergangsperiode in den meisten sozialistischen Ländern stattfand, trug dazu bei, die Bauern auf den Eintritt in die Produktionsgenossenschaften vorzubereiten. In den sozialistischen Ländern leisteten die Banken beim Prozeß der Vergenossenschaftung der individuellen Bauernwirtschaft umfassende Hilfe." Vgl. Sozialistisches Weltwirtschaftssystem, Berlin 1967, Bd. I, S. 358).

[49] Vgl. Forschungsbeirat für Fragen der Wiedervereinigung Deutschlands, Fünfter Tätigkeitsbericht, Berlin und Bonn 1969, S. 366.

d) Die Wirkungsmöglichkeiten des Kredits

Im Zusammenhang mit dem Kredit sollen die Wechselwirkungen mit dem Preissystem, der materiellen Haftung, dem technischen Fortschritt, dem Verrechnungssystem, den weiteren Kreditquellen und der Objektgebundenheit des Kredits beleuchtet werden.

Der Kredit kann nur in dem Maß Steuerungsfunktion entfalten, wie die Betriebe über die Preise ökonomisch begründete Gewinne und Verluste erzielen. Gewinne wirken als Anreiz, die Produktion zu steigern und Kredit aufzunehmen. Verluste bewirken ceteris-paribus eine Produktionseinschränkung und damit eine verminderte Kreditaufnahme. Soll nun der Kredit seiner Elastizitäts- und Stimulierungsfunktion gerecht werden, so dürfen nicht festgesetzte Preise Gewinne und Verluste und damit die Kreditnachfrage bestimmen, sondern durch Angebot und Nachfrage gefundene Preise.

Berücksichtigt man die dreijährige Dauer der Industriepreisreformen, so wird klar, daß frühestens vier Jahre nach der Verkündigung des neuen ökonomischen Systems die ökonomischen Hebel von der Preisdeterminante her voll wirken konnten. Weiterhin wirkten einige Faktoren einer kompromißlosen Preisreform entgegen und minderten somit deren Wirkung. Hier wäre u. a. anzuführen, daß:

1. eine Industriepreisreform durchgeführt wurde, die nur einen Teil des Sozialprodukts erfaßte;
2. schon vor Abschluß der Preisreformen ein Teil der Preise wieder reformbedürftig war[50] und
3. die Bevölkerung im Konsumbereich möglichst von den Auswirkungen der Industriepreisreform nicht betroffen werden sollte.

Besonders der letzte Punkt verdeutlicht, daß die Preisreform ein politisches Problem ist. „Zwar bestritt die SED seit Beginn der Reform jegliche Auswirkung auf die Konsumgüterpreise, mußte sich aber nun aus verschiedenen Gründen Mitte 1966 zu sogenannten Preisregulierungen ... bei einer Reihe von Konsumgütern entschließen[51].“ Bei einer konsequenten Industriepreisreform mußten anschließend auch die Konsumgüterpreise steigen. Aus den relativ geringen Konsumgüterpreisänderungen läßt sich der Schluß ziehen, daß die Industriepreisreformen nicht gründlich genug waren, da stark erhöhten Industriepreisen letztlich steigende Lebenshaltungskosten folgen müssen, wenn man nicht bewußt auf Einnahmen verzichtet.

---

[50] Vgl. Forschungsbeirat ..., Fünfter Tätigkeitsbericht: a.a.O., S. 54.

[51] Ebenda, S. 51.

Die Industriepreisreformen dürfen nicht als Übergang zu einem marktwirtschaftlichen Preissystem aufgefaßt werden, denn sie wurden immer durch politische Vorstellungen geprägt und begrenzt. Aus diesem Grunde stellt die Rentabilität eines Betriebes nach wie vor eine politische Rentabilität dar, die aber mehr auf marktgerechten Kosten und Preisen aufbaut als dies früher der Fall war.

Der Erkenntnis, daß die ökonomischen Hebel und vor allem der Kredit nicht wie gedacht zur Wirkung kamen, folgten — wenn auch erst 1968/69 — Vorschläge für weitergehende Preisreformen[52]. „Unter dem Gesichtspunkt der perspektivischen Entwicklung der ökonomischen Hebel kristallisierte sich besonders der Preis und hier vor allem die Preisdynamik als wichtigste Wirkungsbedingung für den Kredit heraus[53].“ *Finger/Tannert* argumentieren, daß bei der Gestaltung des Kredits die Wirkungen der Preisdynamik auf den Kredit und die Rückwirkungen des Kredits auf die Preise berücksichtigt werden müssen[54]. In ihrem Artikel skizzieren sie Probleme der Preisdynamik, des gesamtwirtschaftlichen Kreditvolumens und die sich daraus ergebenden Möglichkeiten einer aktiven Kreditpolitik. Die beiden Autoren konkretisieren ihre Vorstellungen in Zusammenarbeit mit *Mann* ein Jahr später: „Die notwendige Preisdynamik ist mit zwei Instrumenten zu sichern, nämlich

a) durch die Preisprognose, die perspektivische und die kurzfristige Preisplanung und
b) durch die flexible Anwendung der verschiedenen Preisformen sowie von Preiszu- und -abschlägen[55].“

Entscheidend ist hier der gedankliche Durchbruch zu einer Preisdynamik, die sogar die Marktbedingungen berücksichtigen soll.

Nachdrücklich setzt sich der Diskussionskreis um *Mann* für eine bessere Verbindung von Kreditierung und Preisdynamik ein. „Zur planmäßigen Ausnutzung des Kredits im ökonomischen System des Sozialismus sind Preise, die den Produktions- und Marktbedingungen entsprechen, eine Grundbedingung. Die darauf basierende Preisdynamik bildet eine Einheit mit den Zielen hinsichtlich der Profilierung des Kredits und der Geschäftsbanktätigkeit[56].“

---

[52] Vgl. *Finger*, Herbert und *Tannert*, Karl-Heinz: Zur Ausnutzung des Kredits unter den Bedingungen dynamischer Preise. In: Deutsche Finanzwirtschaft, Berlin 1968, Heft 5, S. G 1 ff.

[53] Ebenda, S. G 1.

[54] Ebenda, S. G 1.

[55] *Mann*, Helmut: Der Zusammenhang zwischen dynamischen Industriepreisen, Gewinn, Kredit, Staatshaushalt und staatlichen Reserven. In: Deutsche Finanzwirtschaft, Berlin 1969, Heft 4, S. 19.

[56] Ebenda, S. 22.

Es läßt sich also sagen, daß der Kredit in der Experimentierphase nicht im gewünschten Maß entwickelt werden konnte, weil die praktizierte Preisbildung nicht die Voraussetzungen für eine Durchsetzung der Stimulierungsfunktion bot.

Die Verknüpfung von Kredit und materieller Haftung ist ebenso entscheidend für die Entfaltung des Kredits wie die Gestaltung des Preissystems. Die neue Kreditpolitik versuchte die Nachteile des Kreditautomatismus zu beseitigen, indem sie die Kreditaufnahme mit einer materiellen Haftung der Betriebe verbinden wollte. Zwar bestand schon vorher eine gewisse Verbindung zwischen Gewinn und Verlust und den betrieblichen Fonds, doch war sie zu schwach, um bei Planverstößen spürbaren ökonomischen Druck auszuüben.

1963 wurden von einem Wissenschaftlerteam folgende Thesen über den Zusammenhang von Kredit und materieller Haftung formuliert[57]:

- Bei Verletzung ökonomischer Gesetze müssen die Geldfonds der Betriebe zur Deckung der entstandenen Geldschulden herangezogen werden. Ergänzend sollen auf betrieblicher Seite die Schulden mit den Bankguthaben saldiert werden.
- Die betriebliche Haftung soll durch eine finanzielle Mithaftung der übergeordneten Organe gestärkt werden.

Auf diesen Thesen aufbauend, wurde folgende Stufenleiter zur Ausnutzung der materiellen Haftung vorgeschlagen[58]:

- Wenn die Betriebe ihre planmäßigen Mittel und Zusatzkredite ausgeschöpft haben, müssen sie ihre betrieblichen Fonds für die Schuldentilgung einsetzen. Daneben können sie sich auch an die VVB wenden und um deren Kredithilfe bitten.
- Hat die VVB die eigenen Mittel eingesetzt, so kann sie einen Zusatzkredit bei der Industrie-Bankfiliale beanspruchen.
- Sind beide Möglichkeiten ausgenutzt, so soll die Bank nicht wie bisher die Kredite automatisch ausreichen, sondern es erst zur zwischenbetrieblichen Verschuldung kommen lassen, um den zwischenbetrieblichen Druck erzieherisch wirken zu lassen.

Der Gedanke der zwischenbetrieblichen Verschuldung ist nicht überzeugend zu Ende geführt worden, denn durch die Kreditverweigerung der Bank bringt der verursachende Betrieb andere Betriebe in Schwierigkeiten. Wie diese aber ökonomischen Druck ausüben sollen, wenn

---

[57] Vgl. Thesen über die Rolle des Kredits und der Staatsbank. In: Deutsche Finanzwirtschaft, Berlin 1963, Heft 11, S. G 1.

[58] *Geissler:* An der Schwelle . . ., a.a.O., S. 11.

keine Zugriffsmöglichkeiten in das Vermögen des verursachenden Betriebs bestehen, bleibt offen.

In der Praxis führt das dazu, daß der verursachende Betrieb seine Finanzierungsschwierigkeiten auf seine Lieferanten überträgt, die dann ihrerseits zur Aufnahme eines Zusatzkredits gezwungen sind. Letztlich wird der Planverstoß also doch kreditiert, nur nicht mehr wie früher beim verursachenden Betrieb, sondern bei irgendeinem mit diesem Betrieb in Geschäftsverbindungen stehenden Unternehmen. Ähnlich verhält es sich mit der Zwischenschaltung der VVB. Hier wird der betriebliche Planverstoß nur auf eine höhere Ebene verlagert. Auch auf dieser Ebene wird er via Kredit abgefangen. Erfolgversprechend kann die Zwischenschaltung der VVB nur dann sein, wenn sie in der Lage ist, die VEB so zu beraten, daß planwidrige Prozesse von vornherein vermieden werden. Die Einbeziehung der VVB stellt also an sich keine Lösung der wirtschaftlichen Schwierigkeiten dar. Gegen die VVB als Finanzierungsorgan und Mithafter wird der Einwand erhoben, daß sich die VVB zu Hausbanken der VEB entwickeln könnten und somit eine für Bank und VVB unübersichtliche Finanzierungssituation entstehen könnte.

Obwohl die neue Kreditpolitik gewisse Erfolge bei der Bekämpfung der automatischen Kreditgewährung erzielte, hat sich gegenüber der Situation vor der Einführung des neuen ökonomischen Systems im Prinzip nichts geändert. Das hatte seinen Grund in der mangelnden Bereitschaft, das Problem der Betriebsilliquidität und des Konkurses zur Befriedigung der Gläubiger zu diskutieren und durchzusetzen. „Dieses mit Mängeln behaftete Kredithaftungssystem mußte eine relativ weiche und z. T. automatische Kreditpolitik zur Folge haben[59].“ So gesehen ist es verständlich, daß die Kreditpolitik der Banken nicht in erster Linie darauf gerichtet war, den auftretenden Geldmangel eines Betriebes als solchen wirken zu lassen, sondern versuchte, alle Planverstöße möglichst schnell unter Kreditkontrolle zu bringen[60].

Im ganzen stellt die Zwischenschaltung der VVB als Finanzierungsinstrument und Haftungsträger und die stärkere Berücksichtigung des materiellen Interesses einen Fortschritt dar. Jedoch bleibt das aus ideologischen und systembedingten Vorbehalten ungelöste Konkursproblem ein Hemmschuh für die volle Entwicklung der Kreditwirkungen. In der Ablehnung der Konkurswiedereinführung zeigt sich das Wesentliche

---

[59] *Aehlig,* Thorelf: Finanzielle Haftung muß volkswirtschaftliche Effektivität des Krediteinsatzes sichern helfen. In: Deutsche Finanzwirtschaft, Berlin 1967, Heft 13, S. G 1.

[60] Vgl. *Giebner,* Joachim: Wie ist die Kreditgewährung durch die Bank zu verändern? In: Deutsche Finanzwirtschaft, Berlin 1967, Heft 7, S. G 6.

der Experimentierphase, nämlich daß die Bereitschaft zu Reformen nur so weit geht, wie für unabdingbar erachtete Grundsätze des Systems nicht berührt werden. Der Reformwille bezieht sich im Grunde immer nur auf technische Verbesserungen des Systems, wie z. B. die Zwischenschaltung der VVB und die Einführung der zwischenbetrieblichen Erziehung zur Kreditdisziplin zeigen. Von der neuen Kreditpolitik erwartete man auch eine Modernisierung und eine Anpassung der Wirtschaft an das technische Weltniveau[61]. Zur Ausnutzung des technischen Fortschritts empfahl man, den Kredit so zu gestalten, daß ein Überplangewinn und damit eine zusätzliche Akkumulation möglich ist und zwar durch:

— eine Ausdehnung der Rationalisierungskredite,
— eine vorzeitige Bereitstellung von planmäßigen Krediten,
— eine Vorfinanzierung von Aufwendungen für die Einführung von neuen Produkten und
— eine Vermehrung der Umlaufmittelkredite, wenn dadurch optimale Losgrößen und Bestellmengen erreicht werden.

Zweifellos brachten die hier angeführten Maßnahmen Impulse für eine forcierte Anwendung des technischen Fortschritts in den Betrieben, doch muß man sich fragen, ob die Kreditpolitik das geeignete Mittel ist, um diese systembedingten Schwächen wie z. B. die zögernde Anwendung des technischen Fortschritts zu beseitigen.

Ein weiterer Grund für die späte Nutzung des technischen Fortschritts liegt in dem ökonomisch falschen Abschreibungssystem[62]. Die unrealistischen Abschreibungsquoten[63] bewirkten, daß die an sich schon wenig aussagefähigen Gewinn- und Verlustrechnungen noch mehr entstellt wurden und das Betriebsergebnis zu günstig dargestellt wurde. Volkswirtschaftlich äußerte sich das in einem Kapitalverzehr und einer übermäßig langen Nutzung der Kapitalgüter. Die ökonomisch optimalen Ersatzzeitpunkte wurden damit hinausgeschoben, womit wiederum aufwendige Reparaturen, lange Brachzeiten, Produktionsausfälle und Qualitätsminderungen verbunden waren. Durch die zu geringen Abschreibungen entstanden falsche Kostenrechnungen, die bei der Preisfestsetzung wieder zu falschen Preisen führten.

---

[61] Vgl. Zur Rolle des Kredits und der Staatsbank. In: Deutsche Finanzwirtschaft, Berlin 1963, Heft 12, S. G 1.

[62] Vgl. *Schmidt*, Manfred: Zur Problematik des wirtschaftspolitischen Inhalts und der Berechnung der Produktionsfondsabgabe. In: Wirtschaftswissenschaft, Berlin 1964, S. 278.

[63] Vgl. *Hoffmann*, Alfred: Warum Produktionsfondsabgabe? In: Die Wirtschaft, Berlin 1963, Heft 28, S. 12.

Die Anwendung des technischen Fortschritts wurde auch durch die zu erwartenden höheren Planauflagen gehemmt. Wie schon erwähnt, führte das u. a. zur Verzögerung des Investitionsbeginns und zur bewußten Verlängerung der Ausreifezeiten. Auf diese Weise wollte man möglichst lange die Erhöhung der Planansätze vor sich herschieben.

Der Wettbewerb zwischen den Betrieben als wesentlicher, die Anwendung des technischen Fortschritts stimulierender Faktor fehlte in der DDR-Wirtschaft so gut wie überhaupt. Hier brachte die Möglichkeit einer selbständigen Vertragspartnerwahl zwar gewisse Fortschritte, doch wurde der Wettbewerbskampf nie so intensiv wie auf westlichen Märkten geführt. Das mag seine Ursache u. a. in dem relativ kleinen Markt der DDR und damit auch in der geringen Anbieterzahl, der aus Devisenmangel nicht vorhandenen Auslandskonkurrenz und der fehlenden Marktforschung und Werbung haben[64]. Den Konkurrenzkampf westlicher Firmen im Sinne eines Marktanteilkampfes hat es in der DDR nie gegeben. Daher waren die Firmen auch nicht gezwungen, durch die Einführung technischer Neuerungen einen Vorsprung gegenüber der Konkurrenz zu erzielen[65].

Das wohl entscheidende Hindernis für den technischen Fortschritt war vor 1963 die zinslose Bezuschussung aus dem Staatshaushalt. Somit entfiel in den Investitionsrechnungen der Zins als Bestimmungsfaktor für die optimale Nutzungsdauer von Investitionen[66]. Die Betriebe hatten deshalb keine Anhaltspunkte, die den Zeitpunkt ökonomischer Unwirtschaftlichkeit technisch noch nutzbarer Produktionsmittel anzeigten.

Das letztgenannte Argument verlor mit der Reaktivierung des Zinses, der Einführung der Produktionsfondsabgabe und der Verminderung der zinslosen Staatshaushaltszuschüsse mehr und mehr an Bedeutung[67]. Ebenso wurden die Verzerrungen, die sich durch die falschen Abschreibungssätze ergeben hatten, gemildert, indem eine Anlagenneubewertung vorgenommen und die Abschreibungssätze realistischer festgesetzt wurden. Es bleiben also die Scheu vor höheren Planansätzen und die Nachteile des ungenügenden Wettbewerbs. Diese jedoch mit stimulie-

---

[64] Neuere Theoretiker wie Kantzenbach sehen in der geringen Anbieterzahl und der Marktgröße nicht unbedingt ein negatives Indiz für die Intensität des Wettbewerbs.

[65] Von der Wettbewerbsdeterminante her dürfte Jugoslawien mit seinem System des Konkurrenzsozialismus günstigere Voraussetzungen für die Anwendung des technischen Fortschritts haben.

[66] Vgl. *Schneider*, Erich: Wirtschaftlichkeitsrechnung, 7. verb. und erw. Auflage, Tübingen - Zürich 1968, S. 78 ff.

[67] Vgl. *Müller*, Roland: Aussonderungen von Grundmitteln, Berlin 1969, sowie die hier angegebene Literatur.

renden Niedrigzinskrediten ausgleichen zu wollen, erscheint zu kostspielig[68]. Derartige Zinssubventionen können als systemkonforme Maßnahmen interpretiert werden, denn die einzige Alternative wäre die bewußte Herbeiführung des Wettbewerbs, die Stärkung des Marktes und eine Beseitigung der Planansätze gewesen. Das aber hätte die politische Bereitschaft zu einer stärkeren Orientierung am marktwirtschaftlichen System erfordert.

Aus dieser Perspektive ist die neue Kreditpolitik mit ihrer Subventionierung von Modernisierungsmaßnahmen und der Unterstützung des technischen Fortschritts eine systemtypische Maßnahme zur Beseitigung systemtypischer Nachteile; dies bestätigt die These von der Aushilfsfunktion des sozialistischen Kredits. Man versucht nämlich bei systemtypischen Schwierigkeiten, die Nachteile mittels neuer Spezialkredite zu mildern.

Für den Erfolg der neuen Kreditpolitik ist nicht nur entscheidend, Verschiebungen zwischen den Kreditarten zu vermeiden, sondern auch die Inanspruchnahme anderer Kredite zu verhindern. Solche Möglichkeiten bieten sich innerhalb eines sozialistischen Industriekonzerns (VVB).

Durch konzerninterne Manipulationen kann man Liquidität und Gewinne so verlagern, daß ein völlig anderes Bild der einzelnen VEB entsteht. Beispielsweise käme es zu einer Verlagerung von Gewinnen und Verlusten einzelner Konzernbetriebe, wenn die gutverdienenden VEB bewußt hohe Einkaufspreise zahlen[69, 70] und somit die eigene Gewinnsituation schlechter darstellen. Damit könnten sie gleichzeitig zu erwartenden höheren Planauflagen und höheren Gewinnabführungen entgehen. Demgegenüber würde die Situation des schlechter verdienenden Betriebes besser dargestellt und eine mögliche Aufnahme von Zusatzkrediten oder die Anwendungen von Sanktionsmaßnahmen durch die Bank verhindert. Daß auf diese Weise für die Banken unübersichtliche Finanzierungssituationen durch das Nebeneinander von Bank und VVB entstehen, ist nicht von der Hand zu weisen.

Ebenso wie Gewinnverlagerungen vor der Kreditinanspruchnahme bewahren, können zwischenbetriebliche Liquiditätsverlagerungen die Wirksamkeit der Kreditkontrolle einschränken. Ein VEB könnte bei-

---

[68] Hier wären beispielsweise die Rationalisierungs- und die Devisenkredite zu nennen, ebenso die Mittel aus dem Plan neue Technik.

[69] Dieses könnte mit der Abrede verbunden sein, daß bei einer umgekehrten Gewinn- und Verlustsituation im folgenden Jahre bewußt niedrige Preise verrechnet werden, bzw. andere materielle oder immaterielle Vorteile gewährt werden.

[70] Die Möglichkeiten sind allerdings durch den Preisspielraum der Betriebe begrenzt.

spielsweise eine mit strengen Kontrollen verbundene Zahlungskreditaufnahme vermeiden, indem ein anderer VEB vor Ablauf der vereinbarten Frist zahlt, bzw. die Rechnungserteilung verschiebt und damit der Fälligkeitstermin indirekt hinausgeschoben wird. Von dieser Möglichkeit dürfte allerdings kaum Gebrauch gemacht werden, da sie unter Strafe steht.

Eine andere Möglichkeit, zusätzliche Finanzierungsquellen zu erschließen, bieten bewußt zu hoch veranschlagte Bestände an Einsatzmaterial, unvollendeter Produktion und Fertigerzeugnissen. „Liegen die Istwerte darunter, werden eigene Mittel frei. Sie bilden zusätzliche Finanzierungsquellen und reduzieren die Kreditinanspruchnahme“[71] und damit die Kontrollmöglichkeit der Bank. Oder man bewertet die ständigen Aktiva zu hoch und die ständigen Passiva zu niedrig. „Dadurch entstehen ebenfalls zusätzliche Finanzierungsquellen, die unter Umständen die Kreditfinanzierung völlig ausschalten[72].“ Hier bleibt der Bank fast keine Kontrollmöglichkeit mehr.

Wie wirkt in diesem Zusammenhang die Kreditreserve auf die Kontrollmöglichkeiten der Bank?

Unter der Kreditreserve versteht man Kreditlimits, die der Verfügung des Generaldirektors unterstehen und der Umlaufmittelfinanzierung dienen. Die Mittel werden vom Generaldirektor der VVB unter jeweils individuell festgelegten Bedingungen an die einzelnen VEB ausgereicht.

Die Einführung der Kreditreserve läßt sich aus dem Verlangen nach größerer Elastizität im Kreditsystem erklären[73, 74].

Man suchte nach einem Mittel, um Planwidrigkeiten im Umlaufmittelbereich abzufangen. In der Wahl der Kreditreserve kommt daher wieder die systemtypische Aushilfsfunktion des Kredits zum Ausdruck.

Eigentlich unterscheidet sich die Kreditreserve nicht von der früheren Praxis des Umbuchens auf das Konto „überfällige Kredite“. Neu ist hier nur die Verbindung von Kredit und speziellen Auflagen. Der Vorteil der Methode liegt in der Möglichkeit des Generaldirektors, sich schwerpunktmäßig um die planwidrig arbeitenden Betriebe zu küm-

---

[71] *Ebert,* Kurt: Vorschläge zur Methode der Forderungskredite. In: Deutsche Finanzwirtschaft, Berlin 1965, Heft 14, S. G 2.

[72] Ebenda, S. G 2.

[73] Vgl. *Braune,* Hans-Joachim: Kreditreserve als Leitungsinstrument. In: Deutsche Finanzwirtschaft, Berlin 1963, Heft 14, S. G 10.

[74] Vgl. *Ohnsorge,* Manfred: Dies entbehrlich — jenes noch unklar — Aus der Praxis gewonnene Überlegungen zur Kreditplanung und Kreditreserve. In: Deutsche Finanzwirtschaft, Berlin 1964, Heft 8, S. G 10.

mern[75]. Das hätte sich aber genauso mit den Banken erreichen lassen. Da man die Vergabe der Kreditreserve nicht den Banken überließ, könnte daraus gefolgert werden, daß man ihnen weniger ökonomisches Urteilsvermögen zutraut als den Generaldirektoren. Um eine unkontrollierte Vergabe der Kreditreserven durch den Generaldirektor zu vermeiden, richtete man im Kreditplan ein Limit ein.

Unklar bleibt dann, warum die Banken einen aus der Kreditreserve genehmigten Kredit verweigern können. Es besteht die Gefahr, daß ein zusätzlicher Kreditfonds der Banken entsteht, wenn diese letztlich doch über die Kreditreserve entscheiden können. Ökonomisch hätte solch ein Verfahren keinen Sinn. Außerdem würde der gleiche Kreditvorgang bei Bank und VVB zu Doppelarbeit führen.

Die Gefahr einer Kapitalverschwendung im früheren Ausmaß ist relativ gering, da die Betriebe den Gang zum Generaldirektor scheuen und erfahrungsgemäß lieber mit strengen Kontrollen verbundene Sonderkredite aufnehmen[76]. Außerdem ist der Fonds des Generaldirektors begrenzt, so daß er ohnehin nur die schwierigsten Fälle aus der Kreditreserve decken kann[77].

Das Ziel der Kreditreserven, eine höhere Beweglichkeit in das Kreditsystem zu bringen, wird zwar zu Anfang des Jahres erreicht, doch kehrt sich der Erfolg zum Jahresende immer mehr ins Gegenteil um, weil neue Planwidrigkeiten nicht berücksichtigt werden[78]. Dadurch wird nach *Ohnsorge* die Verantwortlichkeit des Betriebsleiters gemindert und gleichzeitig jede finanzielle Abweichung dem Generaldirektor zur Entscheidung übertragen.

Die Mängel[79] der Kreditreserve führten schließlich zu ihrer völligen Beseitigung. „Es hatte sich herausgestellt, daß die eigenverantwortliche Kreditgewährung durch die VVB die kontrollierende und stimulierende Tätigkeit der Banken erheblich zu stören vermochte. Wenn z. B. die Bank durch knappe und kurz befristete Kreditierung ökonomischen Druck auf den Betrieb ausüben wollte ..., so konnte diese Hebelwirkung durch großzügige Kreditierung aus der Kreditreserve vereitelt werden[80].“ Die vorab gestellte Frage nach den Kontroll- und Kredit-

---

[75] Vgl. *Steinit:* Die finanziellen Fonds der VVB. In: Deutsche Finanzwirtschaft, Berlin 1963, Heft 19, S. 7.

[76] Die Betriebe versuchen, möglichst viele Kredite ohne spezielle Auflagen und Konditionen zu erhalten. Den kontrollierenden Kredittypen gehen sie aus dem Weg.

[77] Vgl. *Schindler:* Aus Erfahrungen mit der Kreditreserve. In: Deutsche Finanzwirtschaft, Berlin 1964, Heft 3, S. F 16.

[78] Vgl. *Schindler:* Aus Erfahrung ..., a.a.O., S. F 16.

[79] Vgl. *Lehmann,* Erich: Die Kreditreserve als ökonomischer Hebel. In: Deutsche Finanzwirtschaft, Berlin 1963, Heft 12, S. 9.

[80] *Schumann,* Peter: a.a.O., S. 35.

wirkungsmöglichkeiten im Zusammenhang mit der Kreditreserve wäre damit beantwortet.

Nachdem die Kreditarten, -funktionen und -wirkungsmöglichkeiten dargestellt wurden, sollen die Instrumente der Kreditpolitik untersucht werden. Insbesondere interessieren hier die Änderungen im Rahmen des neuen ökonomischen Systems.

e) Die Instrumente der Kreditpolitik

Ein schwerwiegender Nachteil ergab sich aus der ungenügenden Einflußmöglichkeit der Banken bei der Kreditplanung und -kontrolle. Nach 1963 versuchte man die Verantwortung der Banken auf diesem Gebiet zu stärken[81, 82]. Jedoch wirkte sich das eigene bürokratische Vorgehen[83] der Banken hemmend aus. Bei der Prüfung der von den VEB eingereichten Quartalskreditpläne hielten sich die Banken zu stark an die Verordnungen und die innerbetrieblichen Kommentare der Deutschen Notenbank[84], obwohl hier ein individuelles Vorgehen angebracht war. Aus der Praxis wurde der Notenbank vorgeworfen, daß sie den Aufgaben der Kreditplanung nicht gewachsen sei[85], und daß sie bei der Aufstellung der Kreditpläne nicht in der Lage sei, den qualitativen und quantitativen Unterschied der Kreditarten genau zu beachten[86].

Kritisiert wurde auch die geringe Exaktheit, mit der die Kreditplanung betrieben wurde. So verwundert es nicht, wenn neue wissenschaftliche Kennziffern gefordert werden[87], die ähnliche Aussagen wie die Investitionsrechnung zulassen.

Goetze[88] sieht im Jahreskreditplan nur noch ein planungstechnisches Rudiment, auf das man nicht verzichtet, weil auch in anderen Bereichen Jahrespläne erstellt werden. Hinzu kommt, daß der Jahreskredit-

---

[81] Vgl. *Müller,* Werner: Erhöhte Verantwortung für den Kreditplan. In: Deutsche Finanzwirtschaft, Berlin 1963, Heft 7, S. G 7.

[82] Vgl. *Brück,* Franz: Die Funktion ..., a.a.O., S. 179 ff.

[83] Vgl. *Ohnsorge,* Manfred: Dies entbehrlich ..., a.a.O., S. G 10.

[84] Vgl. *Hunstock,* Diethelm: Zur Kreditplanung im neuen ökonomischen System. Berlin 1965, S. 158 ff.

[85] Vgl. *Rönitz,* Klaus: Noch keine Goldmedaille für die Notenbank. In: Deutsche Finanzwirtschaft, Berlin 1964, Heft 4, S. G 11.

[86] Das würde das Ergebnis der Untersuchung über die Vielzahl der Kredite unterstreichen.

[87] Vgl. Wie geht es mit der Kreditplanung weiter? In: Deutsche Finanzwirtschaft, Berlin 1963, Heft 24, S. G 1.

[88] Vgl. *Goetze,* Werner: Kreditplanung und Kreditgewährung. In: Deutsche Finanzwirtschaft, Berlin 1965, Heft 24, S. G 4.

plan nicht ernst genommen wird, weil im Gegensatz zu den recht häufigen Änderungen der Richtsatzpläne im laufenden Planjahr der Jahreskreditplan nicht geändert wird. Etwas günstiger sieht das Bild bei den Quartalskreditplänen aus[89]. Sie erfüllen zumindest in den ersten drei Quartalen die zugedachte operative Aufgabe, da in diesem Zeitraum der Jahreskreditplan meist unbeachtet bleibt und erst im letzten Quartal versucht wird, eine Übereinstimmung zwischen allen Quartalskreditplänen und dem Jahreskreditplan herbeizuführen. *Hunstock*[90] zieht hieraus den Schluß, daß die Begrenzungsfunktion des Jahreskreditplans auf betrieblicher Ebene am wenigsten möglich ist und erst auf höheren Leitungsebenen wirksam werden kann.

Schuld an dem erfolglosen Bemühen, die Kreditplanung im Rahmen des neuen ökonomischen Systems zu verbessern, war die ausschließliche Konzentration der Bankarbeit auf die Quartals- und Jahreskreditplanung, die zwar die vorhandenen Überplanbestände zu beseitigen versuchte, jedoch neu entstehende außerplanmäßige Bestände nicht berücksichtigte[91].

Mit der Einleitung der zweiten Etappe des neuen ökonomischen Systems trat bei den Hauptaufgaben der Bank eine Verschiebung ein. Die bisher vernachlässigten Prognosen und die Perspektivplanung wurden auch von der Bank in stärkerem Maß gefordert. Im Rahmen der Perspektivplanung sollten die Banken eigene Vorschläge für die Finanzierungsprojekte und den Ausbau des Systems der ökonomischen Hebel machen[92]. Weiterhin sollten sie bei der Aufstellung der Perspektivpläne der VVB und bei der Planung und Berechnung der perspektivischen Entwicklung des Kreditvolumens, der Geldeinnahmen und -ausgaben der Bevölkerung und der bei der Bevölkerung umlaufenden Geldmenge mitwirken.

Will man sich ein Urteil über die Fortschritte der Perspektiv- bzw. der langfristigen Kreditplanung bilden, so müßte man genau feststellen, wie groß der Einfluß der Banken bei deren Aufstellung ist. Eine derartige Ermittlung dürfte jedoch auf größere Schwierigkeiten stoßen. Feststehen dürfte aber, daß durch die Beteiligung der Bank an der Aufstellung langfristiger Wirtschaftspläne mehr ökonomischen Gesichtspunkten Rechnung getragen werden kann als früher.

---

[89] Ebenda, S. G 4.

[90] Vgl. *Hunstock*, Diethelm: Zur Kreditplanung . . ., a.a.O., S. 128 ff.

[91] Vgl. *Papke*, Conrad: Kontrolle aus Finanzierungsfunktion ableiten. In: Deutsche Finanzwirtschaft, Berlin 1964, Heft 9, S. G 1.

[92] Vgl. *Lehmann*, Günter: Aufgaben der Deutschen Notenbank bei der Perspektivplanung. In: Deutsche Finanzwirtschaft, Berlin 1965, Heft 1, S. G 2.

Oft stoßen die Banken auch bei den übrigen an der Planung beteiligten Instanzen auf Widerstände. So stellt z. B. *Herrmann* fest[93], daß die Finanzabteilungen bei den Räten der Kreise zu langwierig arbeiten, mangelhaft über die Aufgaben der Finanzierungsorgane bei der Perspektivplanung unterrichtet sind oder schlechthin gar kein Interesse haben. Wenn diese Planungsinstanzen schlecht bei der Perspektivplanung mitarbeiten, kann auch die Bank die Perspektivpläne nicht mehr ausreichend gestalten.

Entscheidend für die Güte der Kreditplanung sind die Nutzeffektsnachweise und -berechnungen. Unter der Nutzeffektsmaximierung versteht man, mit einem bestimmten Einsatz einen möglichst hohen Ertrag zu erzielen. Im Rahmen des Nutzennachweises bei Rationalisierungskrediten kritisiert *Schilke*[94], daß keine Klarheit darüber besteht, wie der Nutzen nachgewiesen werden soll. Weder die 1. Durchführungsbestimmung noch die Arbeitsrichtlinien der Deutschen Notenbank sagen hierüber etwas aus. Die Qualität der Kreditplanung wäre von dieser Seite her noch sehr verbesserungsfähig.

Wolf[95] macht darauf aufmerksam, daß es keine Möglichkeit gibt, den exakten Nutzennachweis einer bestimmten Finanzierungsform zu erbringen. Die Problematik des Nutzennachweises wird also durch das Fehlen einer Investitionstheorie im Sinne westlicher Wirtschaftswissenschaft hervorgerufen. Zwar kennt die Zentralverwaltungswirtschaft eine ganze Anzahl von Nutzeffektskriterien, wie Kennziffern über Aufwendungen, Kapazitäten, Arbeitsproduktivität u. a., doch fehlt es wegen der Negierung des Zinses an einer geschlossenen Investitionstheorie, die es ermöglicht, den Nutzen einer Maßnahme in „Heller und Pfennig" zu ermitteln.

Die Kreditplanung der Banken stößt hier nach wie vor aus Mangel geeigneter Investitionsauswahlkriterien auf eine Grenze. Zwar kann man gewisse Fortschritte bei der Kreditplanung nicht übersehen, doch liegen die eigentlichen Kernprobleme der Kreditpolitik nicht in der Kreditplanung, sondern in der Kredithaftung und dem Konkursproblem oder dem Übergang zu einem System, das das Kreditvolumen der Wirtschaft mit Mindestreserven- oder Zinsveränderungen steuert. Hier würden sich eher Ansatzpunkte zum Abbau der Überplanbestände, zu einer größeren Rechenhaftigkeit bei der Kapitalverwendung und zur Verstärkung der Hebelwirkung ergeben.

---

[93] Vgl. *Herrmann*, Hans: Die Initiative blieb aus. In: Deutsche Finanzwirtschaft, Berlin 1965, Heft 2, S. 19.

[94] Vgl. *Schilke*, Werner: Klar abgegrenzte Finanzierungsquellen. In: Deutsche Finanzwirtschaft, Berlin 1965, Heft 16, S. G 16.

[95] Vgl. *Wolf*, Paul: Probleme der industriezweigtypischen Kreditfinanzierung. In: Deutsche Finanzwirtschaft, Berlin 1966, Heft 9, S. G 4.

Im Rahmen des neuen ökonomischen Systems wurde der Kreditvertrag als Mittel der Kreditpolitik wiederentdeckt. Die Zentralverwaltungswirtschaft benötigt nicht systemnotwendig den Kreditvertrag zwischen Kreditnehmer und -geber, der dem Kapitalgeber im Konkursfall oder bei Vertragsverletzungen eine Befriedigung ermöglichen soll, da in diesem System hoheitliche Befehle ausreichen[96]. Es hat sich aber gezeigt, daß im Plan nicht alles detailliert erfaßt werden kann, so daß man die Vorzüge des Kreditvertrages wieder neu entdeckte. Er erlaubte es gleichsam, die im Kreditplan nicht vorhandene „Feinplanung" festzulegen. Ordnungstheoretisch gesehen drückt die Reaktivierung des Kreditvertrages als Ordnungsmittel eine Konzession an eine Wirtschaftsform mit größeren Freiheitsgraden aus. Das bedeutet wiederum, daß innerhalb der Gesetze und Vorschriften zwischen Bank und Betrieb eigenverantwortlich auf dem Verhandlungswege Konditionen festgelegt werden können.

Die Kreditverträge sind die Ansatzpunkte für die Anwendung und die individuelle Gestaltung der ökonomischen Hebel[97]. Es werden dabei Kredithöhe, -zweck, -deckungsobjekt, -frist, Verzinsung, die an die Kreditgewährung geknüpften Bedingungen sowie die Art des Nachweises über die Kreditvoraussetzungen festgelegt. Die Banken haben hier einen gewissen Spielraum und können durch ihre Initiative ökonomischen Gesichtspunkten Rechnung tragen.

In der Praxis verlangen die Banken einen ständigen Nutzennachweis über die von ihnen kreditierten Projekte. In den Verträgen werden die Termine festgelegt, zu denen solche Nachweise seitens des Kreditnehmers zu erbringen sind. In der Regel wird die Häufigkeit des Nutzennachweises von der Kredithöhe und der Kreditdisziplin abhängig gemacht[98]. In den Vertragsbedingungen schlägt sich indirekt die Bonität des Kreditnehmers nieder. Das Kreditgeschäft in der DDR hat aus dieser Perspektive also kaufmännische Züge angenommen.

Der Ausbau des Vertragssystems zum ökonomischen Hebel in Verbindung mit der Vertragsstrafe schlug sich in der Wirtschaft in einer Neugestaltung der Vertragsstrafenberechnung nieder. „Während bisher für die Dauer des Verzuges einheitlich 0,05 Prozent je Tag vom Wert des Vertragsgegenstandes als Berechnungsgrundlage vorgesehen waren, wird künftig jeweils nach Ablauf von 30 Tagen stufenweise über die ersten drei Monate hinweg eine progressive Steigerung des vorgesehenen Prozentsatzes wirksam[99]."

---

[96] Vgl. *Schumann*, Peter: a.a.O., S. 94.

[97] Vgl. *Schumann*, Peter: a.a.O., S. 95.

[98] Vgl. *Reuschel*, Hans-Dieter: Rationalisierungskredite ..., a.a.O., S. 103.

[99] Vgl. *Haase*, Karl: Vertragsstrafenberechnung neu geregelt. In: Deutsche Finanzwirtschaft, Berlin 1964, Heft 20, S. 19.

Im großen und ganzen wurde zumindest formal eine bessere Gestaltung der Kreditbeziehungen durch die Reaktivierung des Kreditvertrages erreicht. Jedoch können dadurch die schon früher aufgezählten Schwächen des Kreditsystems kaum ausgeglichen werden.

f) Möglichkeiten und Grenzen der Kreditpolitik in der Experimentierphase

Abschließend sollen Möglichkeiten und Grenzen der neuen Kreditpolitik zusammengefaßt werden.

— Eine Verbesserung brachte die Investitionsfinanzierung im industriellen Bereich. Die zinslose Staatshaushaltsfinanzierung von Neugründungen wurde zugunsten der Kredit- und Selbstfinanzierung abgebaut. Damit konnte man der aus der geringen Verzinsung resultierenden Verschwendung von Investitionskapital entgegentreten. Als Ergebnis war ein Rückgang der Investitionsruinen zu verzeichnen. Die Finanzierung der Erweiterungs- und Ersatzinvestitionen wurde nicht mehr ausschließlich von den Erwägungen der Planbehörde abhängig gemacht. Man versuchte die Investitionen mit der Ertragskraft der einzelnen Betriebe zu verbinden, um somit eine Verknüpfung der Hebel Gewinnstreben und betriebliches Investitionsinteresse zu erreichen.

— In der kurzfristigen Finanzierung wurden folgende Veränderungen vorgenommen. Man trug der Nichtplanbarkeit vieler Wirtschaftsprozesse Rechnung, indem man das Kreditvolumen nicht mehr restlos verplante, sondern Zusatzkredite für nicht vorhergesehene Ereignisse bereitstellte. (Vgl. dazu die erweiterte Palette der Kreditarten.) Kredite konnten nicht mehr ohne Abschluß eines Kreditvertrages ausgereicht werden. Damit war eine wichtige Voraussetzung für die individuelle Gestaltung der ökonomischen Hebel durch die Bank erfüllt. Bei der Aufstellung der Quartals- und Jahreskreditpläne wurden die unteren Planungsebenen in größerem Umfang als bisher beteiligt. Durch diese Dezentralisierung gewann auch die Kreditplanung an Realität. Auf der mittleren Ebene wurden die Vereinigungen volkseigener Betriebe in die Kreditplanung und -gewährung einbezogen. Mit der Einführung der Kreditreserve erreichte man eine größere finanzielle Elastizität, wobei man allerdings den Nachteil eines Nebeneinanders von VVB- und Bankarbeit in Kauf nehmen mußte.

— Die Bedeutung des Kredits liegt in seiner Elastizität, mit der er sich dem schwankenden Finanzierungsbedarf der Betriebe anpaßt; außerdem lassen sich differenzierte Rückzahlungsfristen festlegen und die ökonomischen Hebel miteinander verbinden.

— Die Wirksamkeit der Kreditpolitik genau zu beurteilen, dürfte für den Nichtpraktiker äußerst schwierig sein. Man wird sich jedoch dem Urteil *Reimanns*[100] über die Kreditpolitik in der UdSSR anschließen können, daß nämlich die finanzielle Disziplin nicht mehr so lasch ist, die Bankschulden prompter als früher beglichen werden, die Schuldnermoral sich gebessert hat und die Nichtbezahlung von Staatsbank- und Lieferantenkrediten abgenommen hat.

Wo liegen nun die Grenzen der neuen Kreditpolitik?

— Eine allgemeine Grenze stellt nach wie vor der Plan dar. Die Möglichkeit, Kredite aufzunehmen, ist nicht ausschließlich von der Ertragskraft abhängig, sondern weiterhin an den Plan gebunden.

— Nicht selten widersprechen sich die ökonomischen Hebel, so daß sich die Kreditwirkungen nur vermindert entfalten können.

— Oft zwingen Widersprüche zwischen den betrieblichen Investitionsbedürfnissen und den im Plan fixierten Investitionsmöglichkeiten die Betriebe zu Abwehrmaßnahmen, indem sie „frisierte Bilanzen" vorlegen, Naturaltausch betreiben oder auf sonstige Weise die Kreditbestimmungen umgehen.

— Nach wie vor wird eine Verbesserung der Kreditpolitik durch die Verteilung der Grund- und Umlaufmittelkreditierung auf verschiedene Bankinstitute gehemmt. In der Praxis stellt jedes für seinen Finanzierungsbereich zuständige Institut eigene Nutzeffektsanalysen auf, mit einer zwangsläufig sich ergebenden Doppelarbeit, da letztlich doch immer die Gesamtbeurteilung des Betriebes für die Kreditierung erforderlich ist. Um eine Synchronisation der Kreditpolitik zu erreichen, wäre eine Zusammenlegung der kurz- und langfristigen Kreditierung in der Hand einer Geschäftsbank erforderlich gewesen. Bei einer kaufmännischen, allein an der Bonität des Unternehmens orientierten Kreditierung dürften sich die Banken nur von der Ertragskraft und den Gewinnaussichten des Unternehmens leiten lassen, was aber wegen des Übergewichts der Planungsinstanzen nicht möglich war.

— Bei einer konsequenten Durchführung der Kreditpolitik würden die Banken bald auf ihre eigenen Grenzen stoßen, weil sie einerseits vom Aufgabenvolumen her nicht in der Lage sind, alles zu bewältigen und andererseits nicht über genügend qualifizierte Mitarbeiter verfügen, um diese Aufgaben zu erfüllen. Es wäre übertrieben, von nur verwaltungsmäßig geschulten Bankmitarbeitern bankkaufmännische Entscheidungen zu verlangen. Die Umorientierung vom Ver-

---

[100] Vgl. *Reimann*, Günter: Der rote Profit, a.a.O., S. 85.

waltungsfachmann zum Bankkaufmann erfordert eine gewisse Zeit, während der natürlich nicht eine spektakuläre Verbesserung der Kreditpolitik zu erwarten ist.

— Die durch die Kreditreserve gewonnene Elastizität des Kreditsystems war mit dem Nachteil eines Nebeneinanders von finanziellen Maßnahmen der VVB und der Bank verbunden. Die Beseitigung der Kreditreserve verbesserte wieder die Überschaubarkeit für die Bank.

— Die erhoffte Stimulierung der Investitionstätigkeit konnte nur in dem Maß zum Tragen kommen, wie auf den Investitionsgütermärkten ein genügendes Angebot zur Verfügung stand. Infolge der totalen Auslastung der Kapazitäten der Investitionsgüterindustrie durch die zentrale Planung und Verteilung blieben die betrieblichen Investitionsentscheidungen, die die neue Kreditpolitik eröffnen sollte, ohne materiellen Inhalt[101].

— Schließlich muß man noch einmal auf die Möglichkeiten der Liquiditätsmanipulation und der Gewinnverlagerung innerhalb der VVB und der einzelnen Betriebe hinweisen. Hier bestehen relativ gute Chancen, sich der Wirkung des Kredits zu entziehen.

Nach der Erörterung der Kreditpolitik soll nunmehr die mit ihr in engem Zusammenhang stehende Zinspolitik untersucht werden.

3. Die Zinspolitik

a) Die Grundzüge der neuen Zinspolitik

Die neue Zinspolitik ist wegen ihrer bewußten Synchronisation mit der gesamtwirtschaftlichen Kredit- und Investitionspolitik und wegen ihres Einsatzes anstelle der zinslosen Staatszuschüsse als Teil der Finanzpolitik zu sehen. Dieses unterscheidet sie von der wesentlich größeren Unabhängigkeit der Zinspolitik gegenüber der Finanzpolitik in der Marktwirtschaft. Bei der Ausarbeitung des neuen ökonomischen Systems versuchte man, einen Mechanismus zwischen Gewinn und Zins herzustellen, der es dem Staat erlaubt, auf die Wirtschaft durch monetäre Maßnahmen Einfluß zu nehmen. Eine zielgerichtete Zinsdifferenzierung sollte das Interesse der Kreditnehmer an einer hohen Effektivität der kreditierten Maßnahmen und Vorgänge erhöhen. Die Verwirklichung volkswirtschaftlicher Schwerpunktaufgaben wie z. B. die Rationalisierung sollten durch relativ niedrige Kreditzinsen gefördert werden, während Kreditbedürfnisse aus planwidrigen Prozessen eine

---

[101] Vgl. *Keese*, Dietmar: Die Funktion des ..., a.a.O., S. 350.

hohe Zinsbelastung mit sich bringen sollten. Eine neue Erscheinungsform sozialistischer Zinspolitik stellt die unter bestimmten Voraussetzungen mögliche Rückerstattung von Zinsen dar. Die Zinspolitik wird auch in die differenzierte Gestaltung der Finanzpolitik gegenüber den verschiedenen sozialökonomischen Sektoren einbezogen.

Die Wiederbelebung des Zinses in der Wirtschaft erforderte zunächst eine Abkehr von der traditionellen Verketzerung. Durch die stagnierende Entwicklung zu Ende der fünfziger und zu Anfang der sechziger Jahre wurde diese Entwicklung begünstigt. Die Renaissance des Zinses fand ihren Ausdruck in der Konzeption der „Produktionsfondsabgabe". Mit dieser Wortwahl wollte man Assoziationen mit dem kapitalistischen Leihzins vermeiden[102].

Der Zins trat mit der Einführung des neuen ökonomischen Systems in drei Varianten auf[103]:

1. der Produktionsfondsabgabe,
2. dem Kreditzins und
3. dem aus 1. und 2. gebildeten Globalzins für Nutzeffektsberechnungen.

Der Unterschied zwischen Produktionsfondsabgabe und Kreditzins kann kurz wie folgt charakterisiert werden: während die Produktionsfondsabgabe einen Teil des in den Betrieben und VVB erzielten Bruttogewinns darstellt, der in einem staatlich festgelegten Prozentsatz auf die im Durchschnitt beanspruchten Grund- und Umlaufmittel erhoben wird und an den Staatshaushalt abzuführen ist, stellt der Kreditzins ein Entgelt für das befristet von der Bank überlassene Kapital dar.

b) Die Produktionsfondsabgabe

Die Produktionsfondsabgabe wurde zunächst nicht generell in der gesamten volkseigenen Wirtschaft eingeführt. Man versuchte zuerst mit Experimenten Erfahrungen über die Wirkungsweise der Produktionsfondsabgabe zu sammeln. Deshalb ist es auch verständlich, daß man vor 1967 — also bis zur endgültigen Einführung der Produktionsfondsabgabe in der gesamten volkseigenen Industrie — noch keine umfassende Verbesserung erwarten konnte.

„Seit dem 1. Juli 1964 wurden in sechs VVB und drei VEB verschiedener Wirtschaftszweige die Produktionsfondsabgabe erstmals erprobt[104]." Bevor 1966 die Produktionsfondsabgabe für einige ausge-

[102] Vgl. *Meimberg*, Rudolf: Finanzielle Reformen . . ., a.a.O., S. 461.
[103] Vgl. *Steudter*, H.-Ch.: Der Zins . . ., a.a.O., S. G 6.
[104] *Mook*, Dorothea: Die Bedeutung der Produktions-, Dienstleistungs- und

wählte Betriebe gesetzlich fixiert wurde[105], hatte man die Industriepreisreform in diesen VVB schon soweit abgeschlossen, daß Rückwirkungen aus der dritten Etappe der Industriepreisreformen[106] nicht mehr zu erwarten waren. Erst 1967, gegen Ende der Experimentierphase, wurde die Produktionsfondsabgabe für die gesamte volkseigene Industrie wirksam.

Die Produktionsfondsabgabe sollte das Entstehen neuer Investitionsruinen verhindern, die überproportionalen Ausreifezeiten der Investitionen verkürzen und die mangelhafte Ausnutzung der Anlagen beseitigen. Sie hatte also zur Minderung des bisherigen Fehleinsatzes von Kapitalgütern und deren besserer Ausnutzung beizutragen. Somit sollten Betriebe, die über ungenutzte oder nur teilweise ausgelastete Anlagen verfügen, veranlaßt werden, diese zu verkaufen, um sie einer produktiveren Verwendung an anderen Orten zuzuführen.

Müller[107] spricht von einer qualitativen und einer quantitativen Wirkung der Produktionsfondsabgabe. Sie trage zur Grundmittelaussonderung bei, womit Arbeitskräfte freigesetzt, Reparaturkosten gespart und lange Reparaturzeiten vermieden werden und der technische Fortschritt gefördert wird. Dies alles wirke sich positiv auf die Qualität und die Quantität aus. Um die Wirkung noch zu verstärken, sind die stillgelegten Grundmittel bei der Abrechnung grundsätzlich zu berücksichtigen[108]. Diese Regelung zielt darauf ab, stillgelegte Grundmittel einer Wiederverwendung, einem Verkauf oder einer Verschrottung zuzuführen.

Man hoffte auch durch die Berechnung einer Produktionsfondsabgabe eine rasche Inbetriebnahme von Teilkapazitäten herbeiführen zu können[109]. Auf diese Weise sollten sich Grundmittel schon während der Bauzeit amortisieren. Gleichzeitig sollte der Inbetriebnahmeverschleppung neuer Anlagen wegen der zu erwartenden höheren Planauflage entgegen getreten werden.

Handelsabgabe für das Wirtschafts- und Finanzsystem der Deutschen Demokratischen Republik. Diss. Berlin 1969, S. 152.

[105] Vgl. Grundsätze für die Einführung der Produktionsfondsabgabe in ausgewählten VVB der zentralgeleiteten volkseigenen Industrie. In: GBL II/1966, Nr. 42, S. 261 ff.

[106] Vgl. *Langner*, Erich und *Seidel*, Gisela: Produktionsfondsabgabe in ausgewählten VVB. In: Deutsche Finanzwirtschaft, Berlin 1966, Heft 11, S. 5.

[107] Vgl. *Müller*, Roland: Aussonderung von Grundmitteln, Berlin 1969, S. 38 f.

[108] Vgl. *Drechsel*, Eberhard: Aufgaben der DIB in Verbindung mit der Produktionsfondsabgabe. In: Deutsche Finanzwirtschaft, Berlin 1966, Heft 15, S. G 5.

[109] Vgl. *Apel*, Erich und *Mittag*, Günter: Neues ökonomisches System und Investitionspolitik, Berlin 1965, S. 45 f.

Genauso wichtig wie die Industriepreisreform für die Entfaltung der Produktionsfondsabgabe war die Umbewertung der Grundmittel. Schon früher war darauf aufmerksam gemacht worden, daß jahrelang falsch vorgenommene Abschreibungen die Anlagerestwerte unzutreffend wiedergaben. Eine Produktionsfondsabgabe auf einen zu hoch angesetzten Buchwert hat einen zu großen Gewinnabzug zur Folge, während ein zu geringer Buchwert mit einer zu niedrig bemessenen Produktionsfondsabgabe verbunden ist. Somit wäre die Akkumulationskraft der Betriebe verzerrt worden und die Aussonderung der Grundmittel wäre ökonomisch zu früh bzw. zu spät erfolgt. Die Erörterung der Umbewertung in Verbindung mit der Produktionsfondsabgabe erübrigt sich jedoch, da die Produktionsfondsabgabe unverständlicherweise auf den Bruttowert der Anlagen erhoben wurde, und somit die Abschreibungen außer Acht gelassen wurden.

Die Frage, ob es richtig ist, die Produktionsfondsabgabe auf den Anschaffungswert oder auf den Restwert zu erheben, stand in der DDR bis heute zur Diskussion[110]. Gesetzlich wurde festgelegt, daß sie quartalsweise vom Bruttowert der Grundmittel zu erheben sei. In ökonomischer Sicht würde das für ein Unternehmen der Marktwirtschaft bedeuten, daß es in der Kosten- und Leistungsrechnung einen kalkulatorischen Zins auf den Bruttowert der Anlagen berechnen müßte. Je mehr der Brutto- und der Nettowert voneinander differieren, desto ungenauer würde dann der Gewinn der Kosten- und Leistungsrechnung, bzw. um so niedriger würde der Gewinn mit steigendem Alter der Anlagen. Bei einem derartigen Verfahren wären Kapitalfehlleitungen in der Marktwirtschaft unvermeidlich. Das gleiche müßte logischerweise für eine Zentralverwaltungswirtschaft mit einer Produktionsfondsabgabe auf den Bruttowert gelten. So räumt *Nick*[111] ein, daß vom Prinzip her der Nettowert die richtige Bezugsgröße sei, denn der Fondsvorschuß wird nicht durch den Bruttowert ausgedrückt, sondern durch den Nettowert; das sei der Bruttowert, vermindert um den Teil, der als Amortisation zurückgeflossen ist und folglich keinen Fondsvorschuß mehr darstellt.

Nicks Argument, daß eine Produktionsfondsabgabe auf den Restwert die Betriebe veranlassen würde, alle Anlagen mit einem geringen Nettowert zu lange zu nutzen, weil sie beim Kauf einer neuen Anlage einen abrupten Anstieg der Produktionsfondsabgabe zu befürchten hätten, ist nicht überzeugend. Erstens kauft die Fabrik nicht alle Anlagen auf einmal neu, da in der Praxis eine mehr oder weniger ausgeglichene

---

[110] Vgl. *Meimberg*, Rudolf: Finanzielle Reformen ..., a.a.O., S. 462.

[111] Vgl. Wie geht es mit der Produktionsfondsabgabe weiter? In: Deutsche Finanzwirtschaft, Berlin 1966, Heft 3, S. 11.

Verteilung der Reinvestitionen zu erwarten ist. Und zweitens kann man mit der Investitionstheorie beweisen, daß die optimale ökonomische Nutzungsdauer einer Anlage nicht durch den Bruttowert, sondern durch den Restwert bestimmt wird.

Rechtfertigen läßt sich die Bruttolösung nur, wenn man einen verstärkten Rationalisierungsdruck wegen Überalterung der Anlagen ausüben will. Doch das hätte man ökonomisch sinnvoller mit einem höheren Abgabesatz erreichen können.

Es bleibt festzuhalten, daß mit der Produktionsfondsabgabe ein ökonomischer Hebel geschaffen wurde, der den bisherigen Mängeln der DDR-Wirtschaft entgegen wirkte, jedoch sind durch die Bruttolösung Widersprüche im Hebelsystem entstanden. *Nicks* Prognose von einer späteren Einführung des Nettowertes als Bezugsgröße zeigt, daß man sich zumindest in den Kreisen der Wissenschaft über diesen Mißgriff im klaren war.

Schlechte Ergebnisse in der Investitionspolitik können, soweit sie auf der ökonomisch falsch konzipierten Produktionsfondsabgabe beruhen, nicht der Arbeit der Bank oder ihrer Kreditpolitik angelastet werden, zumal sie damit rechnen mußte, daß die Produktionsfondsabgabe ihren kreditpolitischen Zielen entgegenwirkt. Z. B. wurde die Produktionsfondsabgabe bei kreditär finanzierten Grundmitteln zusätzlich zum Zins erhoben und damit eine Vorverlagerung des optimalen Ersatzzeitpunktes der Grundmittel bewirkt.

Bezüglich der Höhe der Produktionsfondsabgabe konnte man sich nicht zu einem einheitlichen Satz durchringen, was wohl letztlich an den viel zu unterschiedlichen Rentabilitätsgraden der einzelnen Wirtschaftszweige lag. So entschied man, die Produktionsfondsabgaberate zweigweise zu differenzieren. Die vom Ministerrat im Februar 1967 festgelegten Sätze der Produktionsfondsabgabe liegen zwischen einem und sechs Prozent. Hierdurch soll den unterschiedlichen Rentabilitätslagen der einzelnen Branchen Rechnung getragen werden. Man versucht dabei, die Produktionsfondsabgabe etwa so festzulegen, daß sie zwischen 40 bis 60 Prozent des Bruttogewinns beträgt. Den Nettogewinn mußte man so hoch belassen, damit die mit ihm verknüpften betrieblichen Fonds noch die notwendige Hebelwirkung entfalten konnten.

Meimberg[112] vertritt die These, daß selbst der höchste Satz von sechs Prozent niedriger als der Marktzins sei und daß somit die Knappheitsverhältnisse nicht richtig zum Ausdruck kommen. Dieser These könnte entgegengehalten werden, daß die effektive Produktionsfondsabgabe, wenn man sie auf den Nettowert bezieht, viel höher liegt, und daß die

---

[112] Vgl. *Meimberg*, Rudolf: Finanzielle Reformen . . ., a.a.O., S. 462.

Betriebe auf die mit Kredit finanzierten Anlagen Produktionsfondsabgabe und Zins gleichzeitig zahlen müssen. Theoretisch wäre es durchaus möglich, daß ein Betrieb mit hohem Fremdkapitalanteil und überaltertem Maschinenpark insgesamt gesehen einen über dem Marktzins westlicher Marktwirtschaften liegenden Globalzins zahlt[113].

Die „geistigen Väter" der Produktionsfondsabgabe hatten eine einheitliche Rate vorgesehen, sie aber aus besagten Gründen nicht durchsetzen können. Auf lange Sicht plante man, die Differenzierung der Produktionsfondsabgabe einzuschränken und sie schließlich ganz zu vereinheitlichen. Die Möglichkeit einer vereinheitlichten Rate legt den Vergleich mit dem Diskontsatz westlicher Marktwirtschaften nahe. Man könnte die Produktionsfondsabgabe als Grundzins interpretieren, der bei jeder Investition erwirtschaftet werden muß. Eine Variation des Grundzinses würde entsprechende Signale bei der Wirtschaft auslösen. Damit hätte die Zentralverwaltungswirtschaft ein Mittel zur Investitionssteuerung. Ein Anheben der Produktionsfondsabgabe würde die Investitionstätigkeit der Wirtschaft bremsen, umgekehrt würde sie durch eine Senkung der Rate gesteigert. Entsprechendes träfe auch bei einer Variation der verschiedenen Produktionsfondsabgaberaten in einzelnen Industriezweigen zu.

Für die einzelnen Kreditinstitute stellt die Produktionsfondsabgabe ein Datum dar, das bei jeder Entscheidung zu berücksichtigen ist. So muß die Bank prüfen, ob eine Investition die Produktionsfondsabgabe, den Kreditzins und die Tilgung deckt.

Im Vergleich zur Marktwirtschaft sind die Betriebe der DDR-Wirtschaft ungleich stärker von der Wirkung der Produktionsfondsabgabeveränderung betroffen, als die Betriebe der Marktwirtschaft von einer Diskontsatzänderung, die bei guter Bankliquidität wirkungslos sein kann. In der Zentralverwaltungswirtschaft ist das nicht möglich, da die Variation der Produktionsfondsabgabe sofort auf die Betriebe „durchschlägt". Die Produktionsfondsabgabe ist im Vergleich zum Diskontsatz ein mit einem geringeren „Bremsweg" arbeitendes Instrument.

c) Das Zusammenwirken von Produktionsfondsabgabe Kreditzins und Nettogewinnabführung

Bei der Gestaltung der ökonomischen Hebel Kredit und Zins tauchte die Frage auf, ob auf mit Kredit finanzierte Objekte gleichzeitig Zins und Produktionsfondsabgabe erhoben werden soll. Bei der gesetzlichen Fixierung entschied man sich für die Erhebung der Abgabe auf der

---

[113] Der Globalzins umfaßt Produktionsfondsabgabe und Kreditzins.

Grundlage der durchschnittlichen Höhe aller Bestände. Die Abgabe war quartalsweise an den Staatshaushalt zu leisten. Auf diese Weise war ein Betrieb, der Kredite aufgenommen hatte, einer doppelten Belastung ausgesetzt. *Nick*[114] spricht sogar von einer vierfachen Belastung, da er die Amortisation und die Kredittilgung mit einbezieht.

Für die Doppelbelastung wird angeführt, daß die Produktionsfondsabgabe Bestandteil des Reingewinns sei und der Kreditzins zu den Kosten gehöre. Die Produktionsfondsabgabe wird dabei als eine Forderung der Gesellschaft an eine bestimmte Gewinnerwirtschaftung angesehen. Der Kreditzins ergebe sich aus der besonderen Finanzierungsart und habe der Bank den Aufwand zu ersetzen, der durch das Kreditgeschäft entsteht. Würde auf kreditär finanzierte Maßnahmen keine Produktionsfondsabgabe erhoben, so müßte die Gesellschaft auf Teile des Gewinns verzichten[115].

Dieser Argumentation ist nach *Holliki* aus folgenden Gründen nicht zu folgen[116]:

1. Man kann den mit Kredit finanzierten Teil der Investitionen nicht als Fondsvorschuß der Gesellschaft ansehen, denn die Gesellschaft ist nur Eigentümer der Betriebe und damit Kreditnehmer. Kreditgeber hingegen ist der Sparer, der erst den Kredit ermöglicht und nicht die Gesellschaft[117].
2. Unabhängig davon, ob man den Kreditzins als Kostenteil und die Produktionsfondsabgabe als Gewinnbestandteil auffaßt, bleiben beide Bestandteile des zu erwirtschaftenden Gewinns. Ein möglicher Zinssatz (Zins einschließlich Produktionsfondsabgabe) von zehn Prozent und mehr kann nicht als Normalzins angesehen werden. Bei einer möglichen Vereinheitlichung der Produktionsfondsabgaberate könnte das zur Folge haben, daß nur noch Kreditfinanzierungen erfolgen, deren Rentabilität über zehn oder zwölf Prozent liegen[118].
3. Das Argument, die Doppelbelastung sei wegen des geringen Anteils der Kredite am Gesamtkapital zu vernachlässigen, ist nicht stichhaltig, da durch die angestrebte Verlagerung von der Staatshaus-

---

[114] Vgl. *Nick*, Harry: Produktionsfondsabgabe und Kreditzins. In: Deutsche Finanzwirtschaft, Berlin 1965, Heft 14, S. 6.

[115] Vgl. *Holliki*, Armin: Kreditzins und Produktionsfondsabgabe. In: Deutsche Finanzwirtschaft, Berlin 1967, Heft 13, S. 5 f.

[116] Vgl. *Holliki*, Armin: Kreditzins . . ., a.a.O., S. 6.

[117] *Holliki* ist hier entgegenzuhalten, daß dies nur bei den Spareinlagen zutrifft, die aber nur einen kleinen Teil des Kreditvolumens ausmachen und für Wohnungsbauzwecke dienen.

[118] *Hensel*, K. Paul u. a.: Die sozialistische Marktwirtschaft in der Tschechoslowakei, Stuttgart 1968, S. 140.

haltsfinanzierung zur Kreditfinanzierung der Kreditanteil am Betriebskapital immer größer wird.

4. Der Vorschlag, in solchen Fällen eine nur um etwa 2 % pendelnde Kreditverzinsung anzustreben, ist unrealistisch, weil die Bank ihrerseits die Kosten dann nicht decken kann. Wäre man diesem Vorschlag gefolgt, so hätte man dem Kreditinstitut die Differenz zum Zins, den es selbst zahlt, erstatten müssen. Dieses wäre eine „linke-Tasche-rechte-Tasche-Politik", denn der Staat hätte die auf der einen Seite zu viel verlangte Produktionsfondsabgabe auf der anderen Seite wieder als Zinssubvention an die Kreditinstitute ausgeben müssen.

Trotz Drängen der Wissenschaft konnte sich die Staatsführung der DDR nicht zu einer Verrechnung von Produktionsfondsabgabe und Kreditzins entschließen. *Nick*[119] wies schon 1964 darauf hin, daß die Betriebe durch diese Praxis zur Nichtaufnahme von Krediten gezwungen würden und damit die Anwendung des technischen Fortschritts gehemmt würde. Somit hätte die Zins- bzw. Produktionsfondsabgabepolitik im NöS neben der Abgabe vom Bruttowert einen weiteren Mißgriff getan, wobei aber eine gegenseitige nicht näher quantifizierbare Kompensation der Effekte möglich ist.

Welche Konsequenzen könnten sich aus der Doppelbelastung für die Investitionstätigkeit der Wirtschaft ergeben?

Die Betriebe müßten sich logischerweise in verstärktem Umfang der Eigenfinanzierung zuwenden und folglich mit ihren Investitionen solange warten, bis sie die benötigten Mittel durch akkumulierte Gewinne selbst aufbringen können. Das würde tendenziell das Wachstum der Wirtschaft hemmen; das genaue Gegenteil der Zielsetzung des neuen ökonomischen Systems. Dieses Ergebnis müßte je nach den Verhältnissen von Eigen- zu Fremdkapital modifiziert werden. Betriebe mit geringem Kreditanteil könnten bei Investitionen leichter eine Doppelbelastung vertragen als Betriebe mit hohen Kreditanteilen, da deren Rentabilität dadurch kaum berührt wird. Staatshaushaltszuschüsse sollten reduziert werden und standen deshalb nicht zur Debatte.

Würde ein Betrieb trotz der Doppelbelastung Kredit aufnehmen, so zöge das zwangsläufig eine Verlängerung der Amortisationsdauer nach sich und der Betrieb müßte für einen späteren Zeitpunkt geplante Investitionen verschieben, wodurch letzten Endes das Wachstum gebremst wird.

---

[119] Vgl. *Nick*, Harry: Die Produktionsfondsabgabe — der wichtigste ökonomische Hebel zur Nutzung der produktiven Fonds. In: Deutsche Finanzwirtschaft, Berlin 1964, Heft 13, S. 15 f.

Für das volkswirtschaftliche Kreditvolumen wäre folgende Konsequenz denkbar. Auf der einen Seite könnten die Betriebe weniger Kredite nachfragen, weil die geforderte Mindestrentabilität (Zins plus Produktionsfondsabgabe) zu hoch ist, und auf der anderen Seite könnte das steigende Kreditvolumen keine Nachfrage finden. Daß diese Konsequenz bisher noch nicht eintrat, mag an den noch niedrigen Produktionsfondsabgaberaten und den Sonderkrediten mit ihren niedrigen Zinssätzen liegen.

Im Interesse einer ökonomisch sinnvollen Hebelgestaltung hätte man dem Vorschlag[120] folgen sollen, die Produktionsfondsabgabe während der Zeit der Kredittilgung nicht zu erheben. Für die Doppelbelastung könnte nicht zuletzt die Sorge ausschlaggebend gewesen sein, daß sonst dem Staatshaushalt Einnahmeausfälle erwachsen könnten.

Kueh[121] vertritt die These, daß die Produktionsfondsabgabe nur geringe Stimulierungskraft habe, weil die Zusatzinvestitionen einfach zum Grundmittelfonds hinzu gerechnet werden. Erhöht sich der Gesamtgewinn bei gegebener Produktionsfondsabgabe nur geringfügig, so wird die Investition durchgeführt. Es trete dabei keine Auswahl unter den alternativen Zusatzinvestitionen ein. Diese Nachteile der Produktionsfondsabgabe als solcher anzulasten, erscheint nicht gerechtfertigt, weil es ausschließlich an der Methode der Investitionsrechnung liegt, wenn die Produktionsfondsabgabe ihre Wirkung hier nicht richtig entfalten kann. Die Produktionsfondsabgabe gestattet es genau wie der Zins, Variantenvergleiche mit der Investitionsrechnung anzustellen.

Ebenso kann der Beobachtung *Kuehs* nicht zugestimmt werden, daß die Produktionsfondsabgabe in der Lagerwirtschaft keine Wirkung gezeigt habe[122]. Nach seiner Meinung ist die Produktionsfondsabgabe besonders in den kapitalintensiven Betrieben, wo die Umlaufmittel nur einen Anteil von fünf bis acht Prozent ausmachen, wirkungslos geblieben, weil die Produktionsfondsabgabeüberschreitungen im Umlaufmittelbereich mit Einsparungen im Grundmittelbereich kompensiert werden. *Kueh* muß hier entgegengehalten werden, daß er voreilige Schlüsse zieht. Zu seinem Ergebnis kam er 1966, als man in den wenigen Experimentierbetrieben erst ein gutes Jahr Erfahrungen gesammelt hatte, und noch bevor man die Produktionsfondsabgabe für einige ausgewählte Betriebe gesetzlich fixierte.

---

[120] Vgl. *Sauer*, Ekkehard: Die Beziehungen Produktionsfondsabgabe — Zins. In: Deutsche Finanzwirtschaft, Berlin 1967, Heft 3, S. G 10.

[121] Vgl. *Kueh*, Yak Yeow: Die weichen Pläne im neuen ökonomischen System Mitteldeutschlands. Diss. Marburg 1966, S. 113.

[122] Vgl. ebenda, S. 89.

Neben der Produktionsfondsabgabe wird die sogenannte Nettogewinnabführung erhoben. Der Staat, der Eigentümer der Betriebe, verfügt mit der Fixierung der Nettogewinnabführung über einen Teil des Gewinns. Erst der verbleibende Rest des Nettogewinns steht dem Betrieb für Investitionsmaßnahmen zur Verfügung. Problematisch ist die außerbetriebliche Gewinnverfügung insoweit, als hierdurch Wirkungen hervorgerufen werden können, die den Hebeln Zins und Produktionsfondsabgabe widersprechen. Produktionsfondsabgabe und Zins sollen die Betriebsergebnisse steigern, wofür allerdings der Verbleib eines ausreichenden Gewinns Voraussetzung ist. Dieses ist jedoch nicht sicher, da die Nettogewinnabführung neu bestimmbar ist. Wenn ein Betrieb mit einer potentiell hohen Rentabilität damit rechnen muß, daß seine Nettogewinnabführung bei steigenden Gewinnen auch erhöht wird, wird es sein Bestreben, einen maximalen Gewinn zu erzielen, bremsen. Hier liegt also ein ähnliches Problem wie bei der Planerfüllung vor. Man versucht den Plan immer nur etwas überzuerfüllen, aber nur um so viel, daß im nächsten Planjahr nicht höhere Plananätze zu erwarten sind.

Es bleibt also festzustellen, daß die Nettogewinnabführung ein Element der Unsicherheit für die Betriebe darstellt[123, 124], die sogar die positiven Wirkungen der Produktionsfondsabgabe und des Zinses vermindern, wenn nicht gar beseitigen kann. Wenn man die Beibehaltung der Gewinnabführung allein mit überhöhten Preisen begründet, wird die positive Wirkung hoher Gewinne auf die Akkumulationsbereitschaft und -willigkeit der Betriebe übersehen. Nicht unwesentlich zur Beibehaltung der Gewinnabführung mögen fiskalische Gründe beigetragen haben.

d) Zinsarten und Zinshöhe

Unterteilt man global nach Einlagen- und Kreditzins, so wären an erster Stelle die Sparzinsen zu untersuchen. Sie sind wegen der Sparförderung der Regierung besonders interessant. Wenn man 3 % bei täglicher Kündigung, 3,5 % bei vierteljährlicher, 4 % bei jährlicher Fälligkeit und 5 % bei einer vertraglichen Laufzeit von mehr als 3 Jahren festlegt, stellt sich dem westlichen Beobachter die Frage, ob die Zinssätze erstens attraktiv genug und zweitens mit marktwirtschaftlichen Sätzen vergleichbar sind. Für die Kapitalanleger scheint die Zinshöhe, wie die Sparvolumenentwicklung zeigt, attraktiv genug zu sein, wofür

---

[123] Vgl. *Forschungsbeirat* ...: Fünfter Tätigkeitsbericht ..., a.a.O., S. 114.

[124] Vgl. *Buck*, Hannsjörg: Technik ..., a.a.O., Band II, S. 566.

auch die mangelnden Anlagealternativen verantwortlich sein können[125]. Wenn z. B. in der BRD höhere Sparzinsen gezahlt werden, so besagt das noch nicht, daß der Zinssatz in der DDR nicht einem Gleichgewichtszinssatz entspricht. Der Zinssatz liegt in der DDR effektiv höher, da auf Zinserträge keine Einkommensteuer erhoben wird und der Inflationszuschlag wegen der relativ größeren Preisstabilität[126] der DDR nicht so hoch bewertet werden muß wie derzeit in der BRD, wenn man einmal von der Problematik einer verdeckten Inflation absieht.

Die Höhe des Kreditzinses ist zu differenzieren nach Zinsen für Plankredite und den darüber liegenden Zinsen für Zusatzkredite. Bei den letzteren liegen die Sätze für Kredite, die durch Planwidrigkeiten nötig werden, höher als bei Krediten, die im volkswirtschaftlichen Interesse ausgegeben werden. Daß die Kreditzinsen vor der Einführung des neuen ökonomischen Systems wegen ihrer geringen Höhe (1,8 bis 5 Prozent)[127] keine Wirkung hatten, steht außer Zweifel. Mit der Kreditverordnung vom 8. 4. 1964 wurde die Bandbreite bis auf 12 % ausgedehnt und den Banken das Recht eingeräumt, bei Verletzung der Kreditdisziplin Strafzinsen bis zu dieser Höhe zu erheben. Ferner erfolgte eine Anhebung des Grundzinssatzes von 1,8 auf 3,6 Prozent. *Finger*[128] nennt zwei Kriterien für die Höhe des Grundzinssatzes. Zum einen sollte er eine ausreichende quantitative Wirkung ausüben und zum anderen die Kosten decken, d. h. über den Habenzinsen liegen. *Finger* stellt sich dabei einen Zinssatz von etwa 5 % für die Zukunft vor.

Dem ist bei isolierter Zinsbetrachtung zuzustimmen. Aus der Sicht der Banken wäre unter dem Kostenaspekt ein noch höherer Zins gerechtfertigt. Man könnte jedoch die Interdependenzen der Hebel beachten und die Produktionsfondsabgabe einbeziehen. Da die Produktionsfondsabgabe erst 1967 allgemein verbindlich eingeführt wurde, ist die umfangreiche Kritik[129] am niedrigen Zins und die daraus abgeleitete geringe Stimulierungswirkung von Kredit und Zins nur für diesen Zeitraum verwendbar. Gründe der bis 1967 ausgebliebenen Wirkung der Zinserhöhung sind die zu geringe Anhebung und der zu kleine Anteil der Kredite bei der Investitionsfinanzierung. Die Frage nach der ökonomisch richtigen Höhe des Zinsfußes läßt sich nur im Rahmen einer Betrachtung der gesamten Zinskonzeption beantworten[130]. Bezieht

---

[125] Neben dem Kontensparen ist die Anlage in Hypothekenpfandbriefen und Wohnungsbauobligationen möglich.

[126] Bei Lebensmitteln, Wohnungen und Dienstleistungen.

[127] Vgl. Autorenkollektiv: Das Finanzsystem . . ., a.a.O., S. 490.

[128] Vgl. *Finger*, Herbert: Kredit und Zins . . ., a.a.O., S. 146.

[129] Vgl. *Steudtner*, H.-Ch.: Der Zins . . ., a.a.O., S. G 6.

[130] Vgl. *Tuttlies*, Friedhelm: Woran es dem Quartalskreditplan gebricht. In: Deutsche Finanzwirtschaft, Berlin 1965, Heft 18, S. 12.

man nämlich die Produktionsfondsabgabe, die wegen der Bruttolösung sowieso über dem offiziell festgelegten Satz liegt, mit ein, so könnte man leicht zu einem Globalzins von über 10 Prozent kommen. Eine Erhöhung des Kreditzinses auf 5 % würde dann den Globalzins noch einmal um ca. 1,5 % erhöhen. Daraus wäre zu folgern, daß Mißstände im Umlaufmittelbereich nicht unbedingt auf einen zu schwachen ökonomischen Druck von Zins und Produktionsfondsabgabe zurückzuführen sind. Andere Faktoren wie mangelndes Interesse der Belegschaft, wegen Qualitätsmängeln nicht verwendbare Bestände, Hortungsbestände, die man aus Furcht vor Zulieferungsausfällen hält, usw. mögen mitentscheidend für die geringe Umschlagsgeschwindigkeit im Umlaufmittelbereich sein.

Im Rahmen der Erörterung über die Zinshöhe wäre das Problem der Zinsdifferenzierung zu erwähnen. Ähnliche Argumente, wie sie schon für die Differenzierung der Produktionsfondsabgabe vorgebracht wurden, könnten auch hier für eine Differenzierung des Zinses angewandt werden. Niedrige Kreditzinsen könnten für Maßnahmen der Strukturpolitik, sonstige wirtschaftspolitische Prioritäten oder ertragsschwache Branchen, die wegen festgesetzter Preise nur eine verminderte Akkumulationskraft haben, gewährt werden.

Daß sich auf Grund des Nebeneinanders von Produktionsfondsabgabe, Zins, Bankkreditgewährung und VVB-Fonds Überschneidungen ergeben können, liegt auf der Hand. Eine sinnvolle Zinspolitik würde z. B. voraussetzen, daß Branchenbesonderheiten nicht doppelt bei der Festlegung des Zinssatzes und der Produktionsfondsabgabe berücksichtigt werden. Hier wäre eine Koordinierung im Interesse der Hebelwirksamkeit notwendig. Bei der Zinsdifferenzierung nach Zweigen besteht die Gefahr, daß unter dem Deckmantel von Branchenbesonderheiten innerbetriebliche Mängel und Unzulänglichkeiten verborgen werden[131]. Ein weiterer Nachteil liegt in der Schaffung neuer Teilmärkte, die die ohnehin eingeschränkte Faktorlenkungsfunktion des Zinses noch mehr hemmen würde, es sei denn, man will die Faktorströme bewußt lenken, wie es auch in der Marktwirtschaft geschieht.

e) Die Problematik des Bankgewinns

Besondere Schwierigkeiten bereitete bei der Suche nach einer geschlossenen Zinskonzeption die Einordnung des Bankgewinns in das Hebelsystem. Zwar galt für Sparkassen schon immer das Prinzip wirtschaftlicher Rechnungsführung, doch wurde dabei die materielle Inter-

---

[131] Vgl. *Wolf*, Paul: Einige Fragen der zweigbedingten Anwendung von Kredit und Zins. In: Deutsche Finanzwirtschaft, Berlin 1965, Heft 1, S. G 8.

essiertheit des einzelnen Bankmitarbeiters nicht genügend ausgenutzt. Die Einführung des neuen ökonomischen Systems brachte den Gewinn als Hauptkriterium wirtschaftlicher Leistungsfähigkeit mit sich. Für die Banken allerdings paßte dieser Maßstab nicht, da sich ihr Gewinn sehr schnell mit hohen Strafzinsen steigern ließe und die Banken somit an einer schlechten Betriebsführung ihrer Kunden reges Interesse hätten[132].

Wer meint, daß den Banken dadurch auf der anderen Seite erhöhte Kosten im Passivgeschäft entstehen, da sie sich gegebenenfalls die fehlenden Mittel gegen hohe Zinsen wiederbeschaffen müßten, übersieht, daß es erstens kein Refinanzierungssystem im marktwirtschaftlichen Sinne bei der Zentralbank gibt[133], zweitens keine Verbindung unter den Banken existiert und drittens kein Zugang zu einem Geld- und Kapitalmarkt besteht. Außerdem waren in der Experimentierphase nicht die Grundlagen einer echten wirtschaftlichen Rechnungsführung vorhanden. Zur Erfüllung echter Geschäftsbankfunktionen fehlten bis 1967[134]:

a) die wirtschaftliche Selbständigkeit im Rahmen des Volkswirtschafts-, Staatshaushalts- und Kreditplanes;

b) eine noch größere Selbständigkeit und Eigenverantwortlichkeit beim Abschluß von Kreditverträgen;

c) die Anwendung des Prinzips der materiellen Interessiertheit bei den Bankmitarbeitern;

d) eigene Grundmittel-, Amortisations-, Invest- und Umlaufmittelfonds;

e) eine eigene Gewinn- und Verlustrechnung.

Ohne weiter auf die Problematik des Bankgewinns eingehen zu wollen[135], muß unterstrichen werden, daß in der Experimentierphase noch eine wesentliche Voraussetzung im System der ökonomischen Hebel fehlte. Eine frühzeitige Einordnung des Bankgewinns in die Zinspolitik hätte der Bankarbeit sicherlich kommerziellere Züge gegeben und damit die anderen ökonomischen Hebel besser zur Geltung gebracht. Wenn man in der Experimentierphase von einer unbefriedigenden Wirkung von Produktionsfondsabgabe und Zins spricht, so wird allzu oft vergessen, daß die Interdependenzen zwischen diesen Hebeln und dem Bankgewinn nicht zu unterschätzen sind.

---

[132] Vgl. *Schumann*, Peter: a.a.O., S. 82.

[133] Die wirtschaftsrechtliche Stellung der Banken kam damals der einer ausgegliederten Abteilung der Notenbank gleich.

[134] Vgl. *Bahl*, Werner: Geschäftsbank und wirtschaftliche Rechnungsführung. In: Deutsche Finanzwirtschaft, Berlin 1967, Heft 12, S. G 2.

[135] Vgl. Abschnitt VII. 4.

f) Grenzen und Möglichkeiten der Zinspolitik

Wo liegen nun kurz zusammengefaßt die Grenzen und Möglichkeiten der Zinspolitik?

— Die Möglichkeiten der Bank, mit dem Zins zu operieren, können begrenzt werden, wenn die VVB mit ihren Fonds eine eigene Politik betreiben.

— Durch die Zinsbeziehungen zwischen der VVB und der Industriebankfiliale wird der Wirkungskreis des Zinses erweitert, da die Industriebankfiliale auf den gesamten sozialistischen Konzern einwirken kann.

— Die Koordination und damit auch der Erfolg der Zinspolitik liegt innerhalb der drei vorab genannten Punkte, wobei es gilt eine einheitliche Zinspolitik gegenüber dem VVB-Bereich durchzusetzen und Widersprüche zwischen der Zinspolitik des VVB und der Industriebankfiliale auszuschalten.

— Der Erfolg der Zinspolitik wird in den einzelnen Branchen nach der jeweiligen Zinsempfindlichkeit unterschiedlich ausfallen. Branchen mit hohem Kreditanteil werden auf zinspolitische Maßnahmen viel schneller reagieren als Branchen mit geringeren Kreditmitteln.

  Durch die starke branchenmäßige Differenzierung der Zinssätze und Produktionsfondsabgaberaten entstehen in der Wirtschaft voneinander abgespaltete Teilbereiche. Innerhalb dieser Teilbereiche kann der Zins gewisse Lenkungsfunktionen erfüllen, die sich jedoch in der Gesamtwirtschaft wesentlich abschwächen. Das Ziel einer optimalen Allokation der Ressourcen können die Banken mit der Produktionsfondsabgabe- und Zinspolitik nur innerhalb einer Branche unterstützen, weil hier eine einheitliche Rate vorliegt. Gesamtwirtschaftlich kann das Kreditsystem wegen der zweigweise differenzierten Zinssätze und Produktionsfondsabgaberaten dem Allokationsziel nicht dienen. Hier stehen praktisch die politischen Entscheidungen über die zu fördernden Wirtschaftszweige entgegen. Im ganzen gesehen ist die Gefahr von Kapitalfehlleitungen gegenüber der Zeit vor der Einführung des neuen ökonomischen Systems wegen des größeren Gewichts der Banken bei der Entscheidung geringer geworden.

— Es besteht die Gefahr, daß die Hebelkräfte des Zinses nicht zur Wirkung kommen, solange die Möglichkeit gegeben ist, Strafzinsen durch Einsparungen bei den Planzinsen zu kompensieren. Die Wirkung der Strafzinsen auf den Prämienfonds ist noch unzureichend. Eine stärkere Verknüpfung dieser Hebel wäre erforderlich.

— Ein Hemmnis stellt die schon erwähnte ungenügende Integration des Bankgewinns dar. Bankgewinn und Geschäftsbankinteresse sind wesentliche Voraussetzungen für den Erfolg der Kredit-, Zins- und Produktionsfondsabgabepolitik. Die Reaktivierung des Zinses und die Einführung der Produktionsfondsabgabe haben zweifellos Fortschritte gebracht, doch fehlte die Bereitschaft zu einer grundlegenden Änderung der gesamten Zinskonzeption.

— Aus dem Nebeneinander von Produktionsfondsabgabe und Zins können Nachteile erwachsen, wenn die beiden Instrumente nicht gut aufeinander abgestimmt werden. Das kann erstens der Fall sein, wenn Zinssatz und Produktionsfondsabgaberate wegen branchentypischer Nachteile zu niedrig angesetzt werden, und zweitens, wenn die beiden Raten wegen ihrer Gesamthöhe Investitionen ausschließen, die unter wirtschaftlich gleichen Bedingungen für alle Branchen möglicherweise rentabel gewesen wären.

— Die neue Zinspolitik hat zwar gewisse Verbesserungen gebracht, der „große Sprung nach vorne“ aber wurde nicht erreicht, weil man den Interdependenzen und Vorbedingungen zu wenig Beachtung schenkte.

4. Die Neugestaltung des Verrechnungs- und Zahlungssystems

Bei der Konzipierung des neuen ökonomischen Systems galt es, die Mängel des bisherigen Zahlungssystems zu beseitigen. Zwar hatte man das Ziel, über die Verrechnungsvorschriften die zwischenbetriebliche Kreditgewährung zu unterbinden, nicht aufgegeben, doch mußte man dem größeren Dispositionsspielraum der Betriebe auch hier Konzessionen machen. Durch die administrative Gängelung des alten Verrechnungssystems wurde die Lieferung von qualitativ schlechten Gütern begünstigt, da die Verkäufer infolge des Zahlungsautomatismus auf jeden Fall zu ihrem Geld kamen.

Das neue Zahlungs- und Verrechnungssystem sollte erstens die Zahlungsautomatik beseitigen und zweitens durch Verträge zwischen Käufer und Verkäufer letzterem die Pflicht auferlegen, sich selbst um den Zahlungseingang zu kümmern. Somit sollten sich die Betriebe gegenseitig zu einer besseren Zahlungsmoral erziehen. Bei der Umgestaltung des Verrechnungs- und Zahlungssystems mußte auf die Wirkungsweise der anderen ökonomischen Hebel Rücksicht genommen werden. Interdependenzen ergeben sich mit der Kreditpolitik, da die Zahlungsfristen auf den Kreditbedarf der Betriebe wirken, und mit der Zinspolitik, da Strafzinsen mit der Nichteinhaltung der Kreditfristen verbunden sind.

Die genannten Mängel sollte die „Verrechnungsverordnung“[136] vom 3. 9. 1964 beseitigen. Die Betriebe müssen die Zahlungsfristen, deren Spielraum gesetzlich fixiert ist, in die Verträge aufnehmen. Um die Einhaltung dieser Frist zu gewährleisten, wurde der Verzugszins in die Verordnung aufgenommen. Die Wahl des außerordentlich hohen Zinssatzes von 18 % zeigt, welche Bedeutung die Wirtschaftsführung der Einhaltung der Zahlungsdisziplin beimaß. Sie sind nicht als Anspruch des Vertragspartners auf den Ersatz des gesetzlichen Mindestschadens zu deuten, sondern als Stimulans zur Fristeinhaltung und Planerfüllung[137].

Um den Zahlungs- und Kreditautomatismus zu unterbinden, müssen die Banken Überweisungen des Käufers verweigern, wenn dessen Konto ungedeckt ist[138]. Die Verrechnungen sollen durch das Scheck- oder Überweisungsverfahren erfolgen, um dem Käufer Gelegenheit zur Prüfung der Ware zu geben.

Welche Aufgaben erwachsen den Banken aus der Umstellung des Verrechnungssystems? Sie sind für die Abwicklung des Zahlungsverkehrs sowohl ökonomisch als auch technisch-organisatorisch verantwortlich[139, 140], indem sie:

1. festlegen, welche Verrechnungsverfahrensarten vertraglich vereinbart werden können;
2. bestimmen, welche Kriterien bei der Differenzierung der Verrechnungsverfahren zu beachten sind;
3. Verfahren, die volkswirtschaftliche Interessen verletzen, verweigern und
4. ein rationelles Abwicklungssystem gewährleisten.

Diese Aufgaben haben die Banken unter Berücksichtigung der Kreditkontrolle durchzuführen. Beispielsweise sollen die Banken Zahlungsfristerweiterungen nicht genehmigen, wenn sie die kreditpolitischen Ziele der Bank unterlaufen.

Finger[141] sieht in der Umgestaltung der Verrechnungsverfahren folgende gesamtwirtschaftliche Auswirkungen. Die Aufhebung des bishe-

---

[136] Vgl. Verrechnungsverordnung vom 3. September 1964 (GBL. der DDR 1964, Teil II, S. 770).

[137] Vgl. *Schumann*, Peter: a.a.O., S. 58.

[138] Vgl. *Buck*, Hannsjörg: Wirtschaftsreformen ..., a.a.O., S. 269.

[139] Vgl. *Kühne*, Dietrich: Zwischenbetriebliche Geldbeziehungen, Berlin 1966, S. 40 f.

[140] Vgl. *Schmieder*, Gerhart: Neue Verrechnungsverfahren ab 1. Januar 1965. In: Deutsche Finanzwirtschaft, Berlin 1964, Heft 21, S. 8.

[141] Vgl. *Finger*, Herbert: Kredit und Zins ..., a.a.O., S. 132.

rigen RE- und FE-Verfahrens verlängerte in der Praxis die Forderungsdauer. Gleichzeitig erhöhten sich auch die Verbindlichkeiten, so daß die neuen Verrechnungsverfahren eine gewisse Umfinanzierung mit sich brachten.

Mit den hohen Forderungsbeständen erweitern sich die Kontrollmöglichkeiten des Bankensystems, da die Forderungen mit speziellen Krediten zwischenfinanziert werden müssen. Diese Forderungskredite sind terminmäßig genau eingegrenzt. Erfolgt der Forderungseingang nicht termingerecht, so kann der Verkäufer den Forderungskredit nicht zurückzahlen, sondern muß ihn durch einen außerplanmäßigen, mit Sanktionen belasteten Kredit abdecken. Der Verkäufer ist also aus eigenem Interesse gezwungen, dem säumigen Käufer Verzugszinsen zu berechnen, um sich selbst schadlos zu halten.

Zur Wahrung der Zahlungsdisziplin wird das Verrechnungssystem mit den Strafzinsen gekoppelt. Somit hatte man zwar ein Mittel, Abweichungen zu bestrafen, jedoch keinen Hebel, der die Einhaltung der Zahlungsdisziplin belohnte. Der von *Polaschewski*[142] angeregten Diskussion über die Einführung des Skontos im System der ökonomischen Hebel wurde leider zu wenig Beachtung geschenkt. Das Skonto hätte zur vorzeitigen Bezahlung der Kaufsumme angeregt, wodurch die Refinanzierung des Verkäufers schneller gelungen wäre[143].

Bevor die Grenzen und Möglichkeiten des neuen Zahlungs- und Verrechnungssystems aufgezeigt werden, sollen noch ein paar Anmerkungen zu den einzelnen Verrechnungsverfahren gemacht werden.

Das bisherige Rechnungseinzugsverfahren war mit starken Nachteilen verbunden, die schließlich zur Abkehr von diesem Verfahren zwangen. Dieses Verfahren begünstigte eine schlechte Erfüllung, indem der Verkäufer sofort bei Versand seiner Ware das Geld erhielt, ohne daß der Käufer die Artikel geprüft hatte.

Das Überweisungsverfahren wird, sofern nicht anders vereinbart, im zwischenbetrieblichen Verrechnungsverkehr angewandt. Es räumt dem Käufer die Möglichkeit ein, seine Geldmittel selbst zu disponieren. Beim Verkäufer wirkt das Überweisungsverfahren als ökonomischer Hebel, weil er bei nicht vertragsgerechtem Verhalten in Schwierigkeiten kommt und letztlich zu besserer Arbeit gezwungen wird[144]. Das bisher stark eingeschränkte Scheckverfahren wurde durch die Verrechnungsverordnung ausgeweitet. Es ist besonders für das „Zug-um-Zug-Geschäft" geeignet. Die Reaktivierung des Scheckverfahrens steht

---

[142] Vgl. *Polaschewski*, Edwin: Die Einordnung . . ., a.a.O., S. 1980.

[143] Vgl. *Finger*, Herbert: Kredit und Zins . . ., a.a.O., S. 56.

[144] Ebenda, S. 124.

im Zusammenhang mit den erweiterten Vertragsgestaltungsmöglichkeiten und erhöht die Selbständigkeit der Betriebe[145]. Das Lastschriftverfahren ähnelt stark dem abgeschafften Rechnungseinzugsverfahren. Seine Anwendung bedarf der Notenbankgenehmigung, denn die Initiative zur Rechnungsabwicklung geht hier vom Verkäufer aus. Das Akkreditivverfahren soll bei möglichen Zahlungsrisiken angewandt werden. Der Käufer kann seine Interessen bei diesem Verfahren wahren, indem er spezielle Bedingungen festlegt, die vor Kontofreigabe erfüllt sein müssen.

Bei den Grenzen und Möglichkeiten des neuen Zahlungs- und Verrechnungssystems zur Stimulierung der Wirtschaftlichkeitsbemühungen und der Zahlungsdisziplin war folgendes zu beachten:

— Nicht immer lassen sich die planmäßigen Verbindlichkeiten und Beleihungsfristen so genau festlegen, daß Überfinanzierungen vermeidbar sind[146].

— In der Praxis würde eine weitgehende Differenzierung der Fristen an Stelle der schablonisierten Anwendung der Normalfristen begrüßt[147].

— Die wirtschaftsleitenden Organe kommen ihrer Verpflichtung, die Betriebe bei der Anwendung der neuen Verrechnungsverfahren zu beraten, nicht in genügendem Umfang nach[148].

— Eine konsequente Anwendung der Verrechnungsverfahren bei zahlungsunwilligen Kunden müßte zur Einstellung der Geschäftsbeziehungen führen. Hier können sich aber Nachteile für die Volkswirtschaft ergeben, wenn zahlungsschwache Kunden Lieferanten wichtiger Rohstoffe sind und damit die Planerfüllung gefährdet wird. Besonders zu fürchten sind Kettenreaktionen, wenn es sich um mehrstufige Produktionsstrukturen handelt.

— „Die ökonomischen Hebel Verrechnungsverfahren, Kredit und Zins ergänzen sich nicht, sondern heben sich aus verschiedenen Gründen gegenseitig auf[149].“ Etwas optimistischer urteilt *Schmieder*[150]; seiner Meinung nach ist die ökonomische Zielsetzung des neuen Verrech-

---

[145] Vgl. ebenda, S. 125 f.

[146] Vgl. *Lehmann*, Werner: Wirkungen der neuen Verrechnungsverfahren untersucht. In: Deutsche Finanzwirtschaft, Berlin 1965, Heft 8, S. G 15.

[147] Vgl. *Scherf*, Günter: Probleme des Zahlungs- und Verrechnungssystems. In: Deutsche Finanzwirtschaft, Berlin 1966, Heft 17, S. G 2.

[148] Vgl. *Ulbricht*, Herbert: Neues Verrechnungsverfahren noch nicht voll wirksam. In: Deutsche Finanzwirtschaft, Berlin 1965, Heft 11, S. G 2.

[149] Vgl. *Lehmann*, Werner: Wirkung ..., a.a.O., S. G 14.

[150] Vgl. *Schmieder*, Gerhard: Der Stein des Anstoßes: Zahlungsfristen. In: Deutsche Finanzwirtschaft, Berlin 1965, Heft 19, S. 16.

nungssystems im Zusammenhang mit anderen ökonomischen Hebeln noch nicht erreicht, weil die Grundsätze der Planung und Bilanzierung und die ökonomischen Hebel noch nicht voll wirken. Hier sei an das Nebeneinander von Bankkredit und VVB-Fonds, die mangelnde Synchronisation von Zins und Produktionsfondsabgabe, deren Berechnung vom Bruttowert, den Widerspruch zwischen Zins- und Preissystem, die fehlende totale Unabhängigkeit der Banken usw. erinnert.

5. Organisation und Aufgaben des Bankensystems

a) Die Organisationsprinzipien

Neben der Reform von Kredit und Zins als Folge und/oder Voraussetzung des neuen ökonomischen Systems wurde innerhalb der Dezentralisierung insofern eine Zentralisierung durchgeführt, als durch die Konzentration in bestimmten Branchen sozialistische Konzerne in Form der VVB entstanden. Das führte im Kreditsektor zur Einführung der Industriebankfilialen, den Hausbanken der VVB[151]. Die früher vorwiegend nach dem Territorialprinzip gestaltete Organisation der Kreditwirtschaft wurde infolge der überregionalen Zuständigkeit der Industriebankfilialen durch das Produktionsprinzip ergänzt. Es verkörpert das Leitungsprinzip des demokratischen Zentralismus, wohinter sich das Bestreben verbirgt, sowohl dem wachsenden Spezialisierungsgrad der einzelnen Zweige der Volkswirtschaft und dem damit verbundenen Bedürfnis nach eigenen Entscheidungen innerhalb der Zweige als auch dem politischen Ziel der Staatsführung nach Wahrung der obersten Entscheidungsbefugnis Rechnung zu tragen[152]. Den dauernden Kampf zwischen Dezentralisation und Zentralisation versuchte man zu beenden, indem man via Konzentration beides in einem Leitungssystem vereinigte. Daß sich bei so widersprechenden Zielsetzungen Spannungsfälle ergeben, versteht sich von selbst.

Bei konkurrierenden Zielen kann ein Ziel immer nur auf Kosten eines anderen Zieles verfolgt werden. Vom politischen System der DDR gesehen, besteht die Gefahr, daß die Kompromisse zwischen Dezentralisation und Zentralisation stärker zu Lasten der ersteren gehen.

Demokratischer Zentralismus[153] in der Praxis der Industriefinanzierung bedeutet, daß der erweiterte Entscheidungsspielraum des einzel-

---

[151] Vgl. Abschnitt V. 1. e).

[152] Vgl. Produktionsprinzip und Kreditsystem. In: Deutsche Finanzwirtschaft, Berlin 1963, Heft 14, S. G 1.

[153] Vgl. *Finger*, Herbert und *Heinicke*, Walter: Die Stellung der Staatsbank im System der Planung, Leitung und Finanzierung. In: Deutsche Finanzwirtschaft, Berlin 1963, Heft 9, S. G 1 f.

nen VEB durch eine größere Machtfülle der VVB und der Industriebankfiliale neutralisiert wird. Wäre das Gewicht der Banken nicht durch die Einflechtung des Produktionsprinzips gestärkt worden, hätten die Betriebe den durch die Dezentralisierung erweiterten Entscheidungsspielraum mehr nutzen können. So aber stehen die VVB und die einzelnen Industriebankfilialen als neue zentralistische Elemente dem einzelnen VEB als dezentralorientiertem Element gegenüber. Von der Kräftekonstellation her hat der einzelne VEB kaum eine Chance sich gegen die Kreditpolitik der Industriebankfiliale und die Fondspolitik der VVB durchzusetzen.

Welche ökonomischen Folgen können aus dieser These abgeleitet werden?

Die einzelbetriebliche Initiative kann je nach Größe des Übergewichts von VVB und IBF (Industriebankfiliale) gebremst werden. Wenn Einzelbetriebe Gewinnmöglichkeiten in Bereichen sehen, die dem Konzept der VVB widersprechen und deshalb nicht realisiert werden sollen, wird unter Umständen die Initiative des einzelnen Betriebsleiters so gehemmt, daß die Anreize der ökonomischen Hebel unwirksam werden. Zwar werden die Befürworter der zentralistischen Kreditpolitik von VVB und IBF argumentieren, eine zentrale Aufsicht über die Kreditfonds verhindere einen unrationellen Einsatz der Mittel, vermeide Überkapazitäten und berücksichtige besser gesamtwirtschaftliche Aspekte, doch läßt sich die Gefahr nicht übersehen, daß die stimulierende Wirkung der ökonomischen Hebel durch das nach wie vor vorhandene Übergewicht des zentralistischen Elements in der Kreditpolitik verdeckt wird.

Die örtlichen Filialen der Deutschen Notenbank blieben für die territorialen Aufgaben zuständig und für die Finanzierung und Kontrolle der Betriebe verantwortlich[154]. Diese Doppelgleisigkeit bewirkte, daß die örtlichen Filialen nur noch als verlängerter Arm der Sonderbankfilialen betrachtet wurden[155], worunter zwangsläufig die Qualität ihrer Arbeit litt. Insbesondere *Kühne* bemängelt die schlechte Zusammenarbeit zwischen Sonderbank und Territorialbank[156].

Ein neues Aufgabengebiet erwuchs den Notenbankfilialen im Rahmen der neuen Kreditpolitik, indem sie territoriale Rationalisierungs-

---

[154] Vgl. *Dietrich*, Helmut: Die Verantwortung der Deutschen Notenbank im neuen ökonomischen System. In: Deutsche Finanzwirtschaft, Berlin 1964, Heft 22, S. 13.

[155] Vgl. *Kühne*, Harald-Dietrich: Einheit von Produktions- und Territorialprinzip in der Bankarbeit. In: Deutsche Finanzwirtschaft, Berlin 1966, Heft 15, S. G 2 ff.

[156] Vgl. *Kühne*, Harald-Dietrich: Einheit . . ., a.a.O., S. G 2 ff.

effekte strukturverbessernder Maßnahmen beurteilen sollten[157]. Die Verbindung von Territorialprinzip und Beurteilung strukturverbessernder Aufgaben erscheint zwar sinnvoll, dürfte aber wegen der mangelnden Qualifikation der Bankmitarbeiter zu ambitiös sein, da sich territoriale cost-benefit-Analysen nur von volkswirtschaftlich geschulten Mitarbeitern erstellen lassen.

b) Die institutionellen Veränderungen und die speziellen Aufgaben dieser Institute

In der Experimentierphase von 1963 bis 1967 wurden drei institutionelle Veränderungen vorgenommen. Die Gründung der Industriebankfilialen resultierte aus der finanziellen Verselbständigung der VVB. Sie haben als deren Bankpartner die VVB zu kontrollieren und ein branchenadäquates Kreditkonzept zu entwerfen, wobei sie sich der folgenden Instrumente bedienen[158]:

a) der Kreditplanung und -kontrolle,
b) der Mitarbeit an der ökonomischen Direktive,
c) der Analysen,
d) direkter Kreditbeziehungen zu den VVB und
e) kreditpolitischer Kompetenzen, insbesondere bestimmter Sanktionen.

Als Haushaltsvollzugsorgane haben sie die Abführungen der VVB an den Staatshaushalt zu kontrollieren. Sie sind den Präsidenten der jeweiligen Banken (Noten-, Investitions- und Landwirtschaftsbank) direkt unterstellt und haben ihrerseits Weisungsbefugnis gegenüber den örtlichen Bankfilialen. Dadurch wird das Übergewicht des zentralistischen Elements im Bankwesen noch einmal unterstrichen.

1966 erfolgte als Vorgriff auf die 1967/68 stattfindende Umgruppierung die Gründung der Deutschen Außenhandelsbank AG (DABA). Sie stellt nicht, wie gelegentlich in der Literatur vertreten wird, eine Umgründung[159] der Deutschen Handelsbank AG dar, sondern eine Ergänzung dieses Instituts. Nicht klar ersichtlich sind die Kompetenzabgrenzungen zwischen den beiden Banken[160]. Während die Deutsche Handelsbank die Aufgabe hat, die mit dem Einfuhr-, Ausfuhr- und Transithandel der DDR gegenüber dem kapitalistischen Ausland zusammenhängenden Geschäfte (Finanzierung, Diskontierung von Wechseln, Über-

---

[157] Ebenda, S. G 2 ff.

[158] Vgl. Produktionsprinzip und . . ., a.a.O., S. G 2.

[159] Vgl. *Buck*, Hannsjörg: Reform des Bankwesens . . ., a.a.O., S. 13.

[160] Vgl. *Schumann*, Peter: a.a.O., S. 41.

nahme von Garantien und Bürgschaften usw.) durchzuführen, scheint die DABA die praktische Gestaltung und Durchführung des zwischenstaatlichen Kredit-, Zahlungs- und Verrechnungsverkehrs der DDR sowie die Verwaltung der Valuta von der Notenbank übernommen zu haben. Die Ausgliederung dieses Bereichs aus der Notenbank muß als Teil der Maßnahmen betrachtet werden, eine von Geschäftsbankfunktionen entlastete Zentralbank und ein reines Zentralbanksystem aufzubauen. Weitere Aufgaben der DABA bestehen in der Erschließung von Valutaquellen, der Stimulierung des Exports (in Zusammenarbeit mit der Industrie- und Handelsbank), der Durchführung von Importen und der Finanzkontrolle.

1963 wurde die Deutsche Bauernbank in Bank für Landwirtschaft und Nahrungsmittelgüterwirtschaft umbenannt. Gelegentlich wird sie auch Deutsche Landwirtschaftsbank genannt. Besonders im Bereich der Landwirtschaft war die Rechenhaftigkeit mit den Investitionsmitteln gering. Kredite waren teilweise nur mit 1,5 % zu verzinsen und übten deshalb auf das materielle Interesse kaum nennenswerten Einfluß aus. Mißstände in der Materialwirtschaft waren die Regel. Die Landwirtschaftsbank stand mit der Einführung des neuen ökonomischen Systems vor der Aufgabe, die Investitionstätigkeit neu zu ordnen. Hinter dem Ziel, besonders die industriemäßige Produktion in der Landwirtschaft durch Sonderkredite zu fördern, verbergen sich ähnliche Probleme wie in der BRD[161]. In verstärktem Maß werden den LPG Gemeinschaftsinvestitionen schmackhaft gemacht, um die Investitionsgüter gemeinsam zu nutzen, Zersplitterungen zu vermeiden und langen Brachzeiten teurer Maschinen entgegenzuwirken[162].

Besondere Schwierigkeiten hatte die Landwirtschaftsbank bei der Aufdeckung versteckter Produktionsreserven[163], welche von den LPG zur Durchsetzung weicher Pläne angelegt wurden. Angefangene Investitionen wurden allzu oft durch Planänderungen variiert, wodurch die Kreditkonzeption der Banken gestört wurde und wesentliche Verzögerungen bei der Inbetriebnahme der Investitionen eintraten[164]. Nicht zuletzt wurde die Wirksamkeit der Bankarbeit durch die ungenügende Qualifikation der Bankmitarbeiter behindert. Einwirkungen außerökonomischer Art, die besonders in der Landwirtschaft anzutreffen sind,

---

[161] Vgl. *Kroel,* Willi: Arbeit nach neuen Maßstäben. In: Deutsche Finanzwirtschaft, Berlin 1964, Heft 16, S. G 1.

[162] Vgl. *Gloede,* Klaus: Diskussion über aktuelle Aufgaben der Landwirtschaftsbank. In: Deutsche Finanzwirtschaft, Berlin 1966, Heft 18, S. G 2.

[163] Vgl. *Kroel,* Willi: a.a.O., S. G 1.

[164] Vgl. Hü und Hott. In: Deutsche Finanzwirtschaft, Berlin 1966, Heft 8, S. G 1.

können nicht als Versagen der Kredit- und Zinspolitik der Landwirtschaftsbank angesehen werden.

c) *Die neuen und speziellen Aufgaben der übrigen Kreditwirtschaft*

Durch die Gründung der DABA wurde die Deutsche Notenbank um ihren Außenhandelsteil verkleinert. Dieser Verlust an Geschäftsbankfunktionen wurde durch eine Vermehrung der Staatsbankfunktionen kompensiert. Neue Schwerpunkte ergaben sich vor allem bei der Perspektiv- und Regionalplanung, der Verbesserung des neuen ökonomischen Systems, der Abstimmung der Hebel, der Firmenberatung, der Kontrolle der Industriepreisreform, sowie bei der Umlaufmittelumbewertung.

Die umfangreiche Kritik an der Arbeit der Deutschen Notenbank in der Periode von 1963 bis 1967 beweist, wie unklar man sich über die Aufgabe, Stellung und Möglichkeiten der Deutschen Notenbank war. So waren folgende Mängel nach *Rumpf* zu beanstanden[165]:

1. Sollen die Beschlüsse der Parteiführung und der Regierung zur Beseitigung der zwischenbetrieblichen Verrechnungsautomatik von der Deutschen Notenbank nicht durchgeführt worden sein.
2. Solle die Notenbank eine eigene Konzeption vertreten, die im Widerspruch zu den Richtlinien des neuen ökonomischen Systems steht.
3. Habe sie ihre Stellung im neuen ökonomischen System falsch eingeschätzt.
4. Führe die unwissenschaftliche Konzeption der komplexen Bankkontrolle zum Bürokratismus.
5. Gebe es grundlegende Mängel in der Leitungstätigkeit des Präsidenten und der Direktoren.

Wenn die Vorwürfe des Finanzministers auch nur zum Teil zutreffen, sollte nicht vergessen werden, daß sich eine fast zwanzig Jahre gewachsene bürokratische Notenbank nicht im Handumdrehen umstellen läßt und diese nicht für Schwächen des Wirtschaftssystems verantwortlich gemacht werden kann.

Wesentlich genauer beschreibt *Kaps*[166] das Dilemma der Notenbank. Er meint, die Deutsche Notenbank versuche neuerdings die Unplan-

---

[165] Vgl. *Rumpf*, Willy: Durch Klärung der Grundfragen zu einer höheren Qualität in der Arbeit der Deutschen Notenbank. In: Deutsche Finanzwirtschaft, Berlin 1964, Heft 10, S. 2 f.

[166] Vgl. *Kaps* und *Matzkau:* Wider die Konzeption von der komplexen ökonomischen Kontrolle. In: Deutsche Finanzwirtschaft, Berlin 1964, Heft 9, S. G 7.

mäßigkeiten zu sehr mit Sanktionen dort zu bekämpfen, wo sie auftreten, anstatt dort einzugreifen, wo sie verursacht werden. Auch werde mit den Sanktionen zu stark in die Betriebe hineinregiert, so daß sie in ihren Leitungsfunktionen beschnitten werden. Das Problem liegt folglich in einer genauen Abgrenzung der Notenbankaufgaben und der Wirkungsmöglichkeiten der Instrumente, ohne dabei wieder in die Fehler des Administrierens zu verfallen. Hier gilt, was schon zum Übergewicht der zentralistischen Bankstruktur gegenüber den Betrieben gesagt wurde.

Mit der im Rahmen des neuen ökonomischen Systems angestrebten Verlagerung der Haushalts- zur Kreditfinanzierung der Investitionen wuchs die Bedeutung der Deutschen Investitionsbank. Ihre besondere Aufgabe lag darin, mit Kredit und Zins den Projektanten zur termin- und qualitätsgerechten Fertigstellung der Leistung zu bewegen. Die bisherige Praxis, mit dem Projektanten monatlich auf der Basis der Ist-Kosten abzurechnen, übte keinen Druck hinsichtlich einer termingerechten Fertigstellung der Leistung aus[167]. Das Bestreben der Investitionsbank, die Termineinhaltung durchzusetzen, kommt besonders in ihrem Mitwirken bei der langfristigen Finanzierung zum Ausdruck. Sie bedient sich dabei neuzeitlicher Methoden der Terminplanung[168], wie z. B. der Methode des kritischen Weges, um die überdurchschnittlich langen Ausreifezeiten der Investitionen zu kürzen. Die Investitionsbank hat zwar mit der Terminplanung und der Netzwerktechnik Mittel, den technisch kürzesten Terminablauf festzulegen, doch ergibt sich daraus noch keine Hebelwirkung bei den ausführenden Betrieben. Neben der Planung führt die Deutsche Investitionsbank eine umfangreiche Gutachtertätigkeit durch. Besondere Bedeutung haben die volkswirtschaftlichen Strukturgutachten[169]. Hemmend wirkt sich weiterhin die Trennung von Umlaufmittel- und Anlagefinanzierung zwischen Notenbank und Investitionsbank aus. Hier wäre eine bessere Zusammenarbeit von Vorteil gewesen.

Die Sparkassen der DDR wurden wegen ihres wesentlich geringeren Kreditengagements in der Experimentierphase nicht in dem Maße mit der Problematik des neuen ökonomischen Systems konfrontiert wie die Notenbank. Ihre relativ geringen Kreditgeschäfte werden mit den Betrieben der örtlichen Versorgungswirtschaft, dem kommunalen Woh-

---

[167] Vgl. *Taut*, Hans: Die neue Investitionsverordnung und die Aufgaben der Deutschen Investitionsbank. In: Deutsche Finanzwirtschaft, Berlin 1964, Heft 23, S. G 3.

[168] Vgl. *Wolter*, Hans: Netzwerkplanung im Investitionsprozeß und Bankkontrolle. In: Deutsche Finanzwirtschaft, Berlin 1966, Heft 14, S. G 6.

[169] Vgl. *Sauer*, Ekkehard: Neue Finanzierungsmethoden bei Investitionen im Bereich zweier Industrieministerien. In: Deutsche Finanzwirtschaft, Berlin 1966, Heft 15, S. 7.

nungsbau und kleineren Gewerbebetrieben getätigt. Zwar erhielten auch hier die ökonomischen Hebel Kredit und Zins wieder eine größere Bedeutung, doch lagen die Hauptprobleme der Sparkassen im organisatorischen Bereich.

Organisatorisch unterstanden die Sparkassen den Räten der Kreise, bzw. deren jeweiligen Referenten[170]. Daher hatten die einzelnen Sparkassen untereinander keine Verbindungen und gingen in wesentlichen Fragen nicht einheitlich vor, weil sie nicht von einer für alle Sparkassen zuständigen höheren Ebene angeleitet wurden. Diese Regelung ist um so verwunderlicher als alle anderen Kreditinstitute zentralistisch orientiert sind, und ein straffes Leitungssystem von oben nach unten besteht. Die Zuständigkeit der Räte ist auch aus personeller Sicht wenig verständlich, da die Referate Geldumlauf und Kredit fast nie mit geeignetem Personal besetzt waren. Entsprechend der nach dem Produktionsprinzip organisierten übrigen Kreditwirtschaft, wäre die Gründung eines Sparkassenverbandes zu erwarten gewesen[171, 172].

Ein anderes Problem stellt die Unwirtschaftlichkeit der Sparkassen dar. Sie resultiert aus der übersteigerten Anstrengung der Sparförderung. Wenn in der DDR 17 Millionen Sparkonten bestehen, kann das zwar als reges Sparinteresse ausgelegt werden, doch bezogen auf die Bevölkerung muß man von einem Mißverhältnis sprechen. In diesem Zusammenhang muß auch die Einstellung des Prämiensparens gesehen werden, denn der Verwaltungsaufwand war im Vergleich zur Beteiligung der Bevölkerung zu groß[173].

Für die unbefriedigenden Leistungen der Sparkassen muß teilweise auch die Entlohnung verantwortlich gemacht werden. Die Gehälter lagen beträchtlich unter den vergleichbaren Einkommen in der Industrie. Die Personalfluktuation bestätigt dieses. Nicht selten klagen die Sparkassenleiter, ihre qualifiziertesten Kräfte an die besser zahlende Industrie zu verlieren. *Essbach* macht deshalb den Vorschlag, die Gehälter in einen variablen und einen festen Teil aufzuspalten[174]. Der variable Teil sollte die materielle Interessiertheit der Bankmitarbeiter ansprechen. Doch hiermit wird schon das allgemein für die gesamte

---

[170] Das Finanzministerium besitzt in Grundsatzfragen den Sparkassen gegenüber Weisungsbefugnis.

[171] Vgl. *Zander,* Gerhard: Das Grundproblem lösen. In: Deutsche Finanzwirtschaft, Berlin 1963, Heft 8, S. G 13.

[172] Vgl. *Buck,* Hannsjörg: Sparen in Mitteldeutschland. In: Sparkasse, Heft 7, 1965, S. 188.

[173] Vgl. Wie weiter in der Sparkassenarbeit nach dem VI. Parteitag? In: Deutsche Finanzwirtschaft, Berlin 1963, Heft 8, S. G 12.

[174] Vgl. *Essbach,* Rolf: Persönliche materielle Interessiertheit in den Sparkassen. In: Deutsche Finanzwirtschaft, Berlin 1965, Heft 12, S. G 16.

Kreditwirtschaft zutreffende Problem des Bankgewinns und die Gewinnbeteiligung der Mitarbeiter angesprochen.

Die Spareinlagenstatistik weist in jedem Jahr einen Überschuß der Einzahlungen über die Abhebungen aus. 1967 ergab sich pro Kopf der Bevölkerung ein Einlagenbestand von 2282 DM. Dieser Betrag ist im Vergleich zu westlichen Marktwirtschaften relativ hoch. Einerseits läßt er sich aus dem geringen Angebot an hochwertigen Konsumgütern und andererseits aus den fehlenden Anlagealternativen erklären.

Die Gewerbebank (Bank für Handwerk und Gewerbe) hatte als Sonderaufgabe die Kollektivierung des Handwerks durchzusetzen. Die Bevorzugung der Produktionsgenossenschaften des Handwerks (PGH) bei der Kreditvergabe sollte die freien Handwerker und Gewerbetreibenden zur Anwendung sozialistischer Produktionsverhältnisse, zum Beitritt in die Produktionsgenossenschaften, zwingen[175]. Da die Produktionsgenossenschaften eng mit den Betrieben der örtlichen Versorgungswirtschaft und dem Bausektor zusammenarbeiten, war man daran interessiert, über die Bank Einfluß auf das Handwerk nehmen zu können. Ein weiterer Schwerpunkt der Gewerbebankarbeit lag deshalb bei der Planberatung der PHG[176]. Die Vielzahl der Institute und die geringe Betriebsgröße der Gewerbebanken schlugen sich in hohen Kosten und in einer qualitativ nicht befriedigenden Arbeitsleistung nieder[177]. Verwunderlich ist die Tatsache, daß in der Experimentierphase noch Gewerbebanken bestehen, deren Eigentümer nicht der Staat oder örtliche Körperschaften, sondern Privatpersonen auf genossenschaftlicher Basis sind. Man könnte sie als Konzession an den privatwirtschaftlichen Handel und das Gewerbe interpretieren, die aber wegen des geringen Geschäftsvolumens und der Abhängigkeit von der übrigen Kreditwirtschaft bedeutungslos ist.

Exkurs: Probleme des Sparens und der Konsumentenkreditierung

Da rechtlich, unter Wahrung der Kündigungsfrist, frei über die Konten verfügt werden kann, stellt sich die Frage, ob ein Run auf die Spareinlagen die Verwirklichung der Pläne gefährden kann. Ein umfangreicher Abzug von Spareinlagen wäre besonders in Zeiten politischer Spannungen möglich. Die Erfahrung spricht jedoch gegen eine solche Möglichkeit, da selbst im Jahre des Mauerbaus die Spareinlagen um

---

[175] Vgl. Zur Arbeit der Banken für Handwerk und Gewerbe. In: Deutsche Finanzwirtschaft, Berlin 1965, Heft 13, S. 19.

[176] Vgl. Hinweise zum Abschluß der Kollektivverträge in den Finanzorganen für das Jahr 1966. In: Deutsche Finanzwirtschaft, Berlin 1965, Heft 20, S. G 5.

[177] Vgl. *Knuth*, Heinz: Reorganisationsmaßnahmen bei den Gewerbebanken. In: Deutsche Finanzwirtschaft, Berlin 1965, Heft 24, S. G 17.

ca. 2,7 Milliarden Mark anstiegen. Ein umfangreicher Abzug an Sparkapital wäre außerdem sinnlos, zumal man das Kapital nicht ins Ausland transferieren kann, und weil die Preise meist administrativ festgelegt sind. Infolgedessen besteht keine Chance durch Preisüberbietungen andere Käufer auszuschalten oder durch steigende Preise einen Importsog auszulösen und damit das Güterangebot zu vergrößern. Außerdem würde die Möglichkeit eines erneuten Geldumtausches[178] die Bevölkerung von der Anlage allzu großer Bargeldhorte abhalten. Selbst wenn es zu umfangreichen Spargeldabzügen käme, müßte es den Plan nicht gefährden. Die Zentralverwaltungswirtschaft hat ungleich bessere Mittel als die Marktwirtschaft, einen Finanzierungskollaps in der Wirtschaft zu vermeiden. Sie könnte ohne Schwierigkeit im Umfang der abgezogenen Gelder Kredit schöpfen und somit die Finanzierungsprobleme lösen. Im Konsumbereich könnte die monetäre Übernachfrage durch Rationierungen, Preiserhöhungen oder bewußte Hinnahme einer ungedeckten Nachfrage ignoriert werden.

Im Bereich der Konsumentenkreditierung ist die Zeit von 1963 bis 1967 durch einen relativ starken Anstieg des Kreditvolumens gekennzeichnet. Diese Kredite sind jedoch gesetzlich sowohl nach der Laufzeit als auch der Höhe nach stark eingegrenzt. Kreditiert werden nur Güter, die in ausreichendem Maß angeboten werden. Somit stellt der Konsumentenkredit in der Zentralverwaltungswirtschaft ein Mittel der Konsumsteuerung dar, das besonders dazu dient, Angebot und ungeplante Mindernachfrage für spezielle Güter in Übereinstimmung zu bringen[179].

Eine Kreditierung von Autos ist folglich nicht möglich, da hier kein tendenzielles Überangebot besteht. Wegen seiner Regulierungsfunktion könnte man den Konsumentenkredit als systemtypisches Mittel ansehen.

Ein Wandel ist gegenüber der Einstellung zum privaten Sparen festzustellen. Die private Spartätigkeit war lange Zeit für die Planer der DDR von untergeordneter Bedeutung. Erst relativ spät nahm ihr Interesse am privaten Sparen mit dessen Aufschwung zu. *Bobrowski*[180] nennt drei Gründe für die gestiegene Bedeutung der privaten Spartätigkeit:

— Tendenziell sei ein größerer Anteil von Spargeldern am Investitionsfinanzierungsvolumen möglich und auch wünschenswert, um

---

[178] Wenn neue Banknoten gedruckt werden, könnte der Umtausch umfangreicher privater Bargeldhorte erneut abgelehnt werden.

[179] Vgl. *Hildebrand,* Rolf: Effektivität des sozialistischen Konsumentenkredits. In: Deutsche Finanzwirtschaft, Berlin 1967, Heft 22, S. 12.

[180] Vgl. *Bobrowski,* Czeslaw: Sparen . . ., a.a.O., S. 20.

einem differenzierteren Lohngefüge Rechnung tragen zu können. Die Nachteile eines allzu nivellierenden Lohnsystems könnten damit gemildert werden, ohne daß die höheren Einkommen gleich in den Konsum fließen müßten, sondern via Sparanlage der Investitionsfinanzierung zur Verfügung stehen.

— Tendenziell könne das Geldeinkommen auch schneller als das Gütervolumen wachsen, ohne dabei unbedingt inflatorisch wirken zu müssen. *Bobrowski* räumt jedoch ein, daß die anti-inflatorische Funktion des Privatsparens schwach sei. Sie sei für den Planexperten aber von Interesse, weil die Wachstumsziele Priorität haben und infolgedessen rigorose deflatorische Maßnahmen nicht in Frage kommen.

— Sparen ist eine Voraussetzung dafür, neue Produkte schlagartig in großen Mengen an den Markt bringen zu können. Begründet wird diese Voraussetzung damit, daß es in der kommunistischen Gesellschaft nicht wie in der Marktwirtschaft zu einer automatischen Drosselung des Demonstrationseffekts durch das starke Gefälle bei den persönlichen Gehältern komme. Vielmehr zeichne sich die kommunistische Konsumgesellschaft durch ihre Nivellierung und Homogenität aus. Ein Planexperte sehe sich deshalb oft vor die Alternative gestellt, ein Gut gar nicht auf den Markt zu bringen bzw. zu extrem hohen Preisen oder in großen Mengen zu niedrigen, aber in der Relation zum Einkommen doch noch hohen Preisen. Ein umfangreicher Absatz langlebiger Konsumgüter setze deshalb in gewissem Umfang privates Sparen voraus, wenn man nicht auf die Teilzahlungsfinanzierung zurückgreifen will.

6. Kritische Würdigung der Experimentierphase

Das Ziel der Experimentierphase bestand darin, durch Versuche mit den bankpolitischen Instrumenten (Kredit, Zins und Verrechnungsverfahren) in ausgewählten Betrieben Erfahrungen zu sammeln. Mit ihnen sollte ein neues System von Hebeln konzipiert werden.

Welchen Aussagewert haben diese Experimente, wenn mit Kredit und Zins typische Lenkungsmechanismen der Marktwirtschaft in die Zentralverwaltungswirtschaft übernommen werden? Können Kredit und Zins unter den Bedingungen der Zentralverwaltungswirtschaft, der zentralen Planung und der Einparteienherrschaft dieselben Wirkungen wie in der Marktwirtschaft entwickeln?

Die Ergebnisse der Experimentierphase sollten sehr vorsichtig beurteilt werden, da sie nur zeigen, wie Kredit und Zins in einzelnen Betrieben wirken, wenn in der übrigen Wirtschaft weiter nach den alten

Prinzipien der Planung und Lenkung verfahren wird. Die hier gefundenen Ergebnisse gelten also nur unter den Bedingungen der ceteris-paribus-Klausel. Zu fragen wäre dann, wie Kredit und Zins gewirkt hätten, wenn sie gleichzeitig in der gesamten Volkswirtschaft und nicht nur in wenigen Betrieben angewandt worden wären. *Sik* verdeutlicht das Dilemma der Experimente mit wenigen Betrieben, indem er ironisch sagt, daß man in einem Land, welches Linksverkehr habe, nicht alle Taxen versuchsweise rechts fahren lassen könne, um aus dem Ergebnis Schlüsse auf einen generellen Rechtsverkehr zu ziehen[181].

Wie schon mehrfach betont, läßt sich die Renaissance der bankpolitischen Instrumente nicht losgelöst von den anderen Teilreformen der Wirtschaft betrachten. So darf nicht vergessen werden, daß die marktwirtschaftlichen Mechanismen — Kredit und Zins — nur ihre Leitungsfunktion ausüben, wenn die freie Preisbildung als systemnotwendiges Mittel hinzutritt. Man könnte zwar entgegnen, daß nicht unbedingt eine freie Preisbildung erfolgen müsse, doch wären in der Zentralverwaltungswirtschaft die Preise dann so festzusetzen, daß sie der Marktlage entsprechen. Über die Kette Preis, Gewinn, Rentabilität, Zins und Kredit wird klar, daß für die Beurteilung des Zinses in der Experimentierphase die Preisbildung von entscheidender Bedeutung ist. Da sich die Preisreform über einen relativ langen Zeitraum von drei Etappen vollzog, sich nur auf die Industriepreise erstreckte und die Preise im Konsumgüter- und Dienstleistungsbereich weitgehend unangetastet ließ, liegt der Schluß nahe, daß Kredit und Zins von der Preisdeterminante nicht genügend unterstützt wurden, zumal die Preise schon oft nach ihrer Einführung wieder überholt waren. Gestützt wird diese These auch durch die zeitlich relativ spät liegende Umbewertung der Grundmittel und die kostengerechte Neufestsetzung der Abschreibungssätze.

Um Kredit und Zins zur Wirkung bringen zu können, bedarf es darüber hinaus einer Kaufleute- und Managerschicht, die auch im Umgang mit diesen Instrumenten vertraut ist. So konnte in der Experimentierphase von vornherein nicht erwartet werden, daß Betriebsleiter mit bisher anders ausgerichteten Unternehmenszielen (Planerfüllung etc.) auf einmal statt Verwaltungsakten unternehmerische Entscheidungen treffen, die sich an neuen Zielen (Gewinn, Liquidität und Rentabilität) orientieren. Dasselbe gilt auch für die Bankdirektoren und die Kreditsachbearbeiter. Eine schnelle Umstellung von der Kreditkontrolle und der Überwachung des Verrechnungsverkehrs zu einer nach bankkaufmännischen Gesichtspunkten bestimmten Kreditarbeit war daher nicht zu erwarten. Einer Bankleitung, die ihre Engagements

[181] Bei einer Vortragsveranstaltung des Instituts für Osteuropakunde der Universität Mainz im WS 1969/70.

nach Risiko und Rentabilität beurteilt, muß man eine gewisse Anlaufzeit zugestehen.

Weiterhin sollte man nicht unbeachtet lassen, daß ein Engagement der Banken nach Risikogesichtspunkten nur dann Wirklichkeit werden kann, wenn die Banken selber am Risiko in irgendeiner Form beteiligt werden. Ebenso wäre eine Verknüpfung des Kreditrisikos mit der materiellen Interessiertheit der Bankmitarbeiter notwendig gewesen[182]. Da dies in der Experimentierphase aber nicht der Fall war, wird deren Aussagewert noch zweifelhafter.

Kredit und Zins können nur bei marktgerechten Preisen zur Geltung kommen. Sollte diese Bedingung erfüllt sein, könnte die Akkumulationskraft einiger Betriebe so groß sein, daß die sich daraus ergebenden Investitionsmöglichkeiten dem Gesamtplan widersprechen und die Übergewinne demzufolge abgeführt werden müßten. Solche Aussichten würden von vornherein die Hebelwirkung von Kredit und Zins bremsen und eine über den Normalgewinn hinausgehende Anstrengung der Betriebe bestrafen[183]. Hier stoßen sich also nach wie vor zentrale Entscheidungen und Dezentralisation. Das unangetastete Primat des Zentralismus bzw. der Gesamtplanung über einzelbetriebliche Interessen hebt die Wirkung von Kredit und Zins zum größten Teil wieder auf.

Logisch erscheint die Einschränkung der Hebelwirkung durch den Gesamtplan insofern, als dadurch auch die dominierende Rolle der Partei gewahrt bleibt. Eine konsequente Ausnutzung von Kredit und Zins als volkswirtschaftliche Lenkungsmittel hätte mit Sicherheit die Proportionen zwischen Konsum und Investitionen verändert. Die Schwerindustrie, das ideologische Lieblingskind der Partei, hätte zugunsten der Produktion hochwertiger Konsumgüter eingeschränkt werden müssen. Aus diesem Grunde ist es verständlich, daß die konservativen Kreise der Partei den Experimenten in der Wirtschaft und vor allem den Versuchen mit den neuen bankpolitischen Instrumentarium ablehnend gegenüber standen. Die Experimente wurden von diesem Parteiflügel bewußt verzögert (der Experimentierzeitraum reichte etwa von 1963 bis 1967) und die Erprobung der Instrumente bewußt auf wenige Betriebe beschränkt. In gewissem Sinn war einigen Parteimitgliedern ein allzu großer Erfolg von Kredit und Zins unerwünscht.

---

182 Man hätte beispielsweise das materielle Interesse der leitenden Angestellten durch einen vom Gewinn der Bank abhängigen Lohnteil ausnützen können.

183 Darüber hinaus wären höhere Planansätze für die folgende Periode zu erwarten, so daß auch von dieser Seite kein allzu großes Interesse der Betriebe besteht, zu gute Ergebnisse zu erzielen.

Rückblickend ist zusammenzufassen, daß Kredit und Zins nicht systemindifferent verwendbar sind, wenn man sie als Lenkungsmittel nutzen will. Unter der Vorherrschaft der zentralen Planung sind Kredit und Zins nur beschränkt zu nutzen. Sie können das System der Zentralverwaltungswirtschaft in seinem Vollzug nur in geringem Maße verbessern.

VII. Die Veränderungen im Bankwesen nach 1967

1. Gründe für die Stagnation der Bankreformen

Die sich der Experimentierphase anschließende Periode könnte man wegen des Stillstands der Reformen als Stagnationsphase bezeichnen. Die Einführung von Zins, Kredit und Produktionsfondsabgabe hatte gewisse Erfolge gebracht, die sich in einem noch weiteren Ausbau dieser Instrumente und der Ausnutzung ihrer Lenkungsfunktion hätte niederschlagen müssen. Doch bestand keine Bereitschaft, dem Markt die Lenkung zu überlassen, da das Primat der Partei nicht angetastet werden durfte. Die Maßnahmen der folgenden Zeit können sich also auf eine technische Verbesserung des Banksystems richten, wobei auch der Einbau marktwirtschaftlicher Elemente möglich war, soweit es nicht zu einer Dezentralisierung der Entscheidungen über das von der Partei tolerierte Maß hinaus führte.

Die Probleme der Kreditwirtschaft sind auch in dieser Phase im Grunde genommen die alten geblieben. Die entsprechende Parallele fand sich in der Wirtschaft im Beginn einer zweiten Etappe des neuen ökonomischen Systems. Da die Einführung des neuen ökonomischen Systems nie in zwei Etappen geplant war, zeigt sich deutlich, daß in der sogenannten ersten Etappe die Probleme und Schwierigkeiten der Wirtschaft nicht überwunden wurden. Die Probleme der Banken heißen in dieser Phase nach wie vor: Zinskonzeption, materielle Interessiertheit der Bankmitarbeiter, Bankgewinn, besserer Einsatz der bankpolitischen Instrumente, Rationalisierung, Personalqualifikation, Beseitigung der Administration, bessere Beratung der Betriebe, bessere Analysen und Gutachten usw[1].

2. Die Trennung von Staats- und Geschäftsbankfunktionen

Mit der im Januar 1968 erfolgten Umbenennung der Deutschen Notenbank in Staatsbank der DDR wurden die restlichen Geschäftsbankfunktionen aus dem Zentralbanksystem ausgegliedert, nachdem die Deutsche Außenhandelsbank AG für ihren Bereich schon zuvor die

---

[1] Vgl. *Birner*, Alfred: Die Verwirklichung der neuen Rolle des Banksystems. In: Deutsche Finanzwirtschaft, Berlin 1967, Heft 8, S. G 2.

Geschäftsbankaufgaben der Notenbank übernommen hatte. Der Staatsbank verblieben folgende Zentralbankaufgaben[2, 3, 4]:

— die Geldemission,

— die Ausarbeitung der Gesamtkreditbilanz,

— die Erstellung von Grundsätzen für Geldumlauf und Kredit und

— die Refinanzierung der Geschäftsbanken.

Im wesentlichen hat die Staatsbank damit die alten Aufgaben der Notenbank übernommen. Eine gewisse Verschiebung ergab sich bei ihrer Stellung im Kreditsystem. Sie übt nunmehr keine administrative Bankenaufsicht im alten Sinne aus, vielmehr besteht eine ihrer Hauptaufgaben jetzt darin, „ökonomische Beziehungen zu den Geschäftsbanken auf der Grundlage von Verträgen herzustellen und mit ökonomischen Mitteln die wirtschaftliche Tätigkeit der Geschäftsbanken so zu steuern, daß sie den gesellschaftlichen Erfordernissen entspricht“[5]. Formal könnte man von einer Übereinstimmung mit den Bundesbankaufgaben sprechen, denn die Bundesbank hat die Tätigkeit der Banken so zu steuern, daß sie die Wirtschaftspolitik der Regierung unterstützt und den Geldwert erhält. Ohne hier schon auf Unterschiede im Refinanzierungssystem einzugehen, soll darauf hingewiesen werden, daß die westdeutsche Zentralbank wesentlich unabhängiger handelt und nicht wie das ostdeutsche Institut von Weisungen der Regierung abhängig ist.

Als Steuerungsinstrument bedient sich die Staatsbank der Refinanzierungspolitik. Den Erfolg ihrer Tätigkeit kontrolliert sie anhand der Konten der Geschäftsbanken, die vertraglich verpflichtet werden sollen, ihre freien Mittel bei der Staatsbank anzulegen.

Erstaunlich ist die hohe Eigenkapitalausstattung der Staatsbank mit 600 Millionen Mark. Daneben besteht ein Reservefonds, dem jährlich 50 % des Gewinns zufließen, bis eine Reserve in Höhe des Eigenkapitals erreicht ist. Die andere Hälfte des Gewinns fließt in den Staatshaushalt[6]. Eigenkapital, Reservefonds und Gewinn der Staatsbank könnten Ausdruck eines Bedarfs an Manövriermasse sein, um den Staatshaushalt vor einer direkten Inanspruchnahme zu schützen.

---

[2] Die Zentralbankaufgaben in der DDR unterscheiden sich zwangsläufig von den Aufgaben der Bundesbank, da sie sich nach Art, Umfang und Zielsetzung infolge der Verschiedenheit der Ordnungen anders stellen.

[3] Vgl. *Luchterhand,* Willi: Zur Rolle der Bank und des Kredits in der zweiten Etappe des neuen ökonomischen Systems. In: Deutsche Finanzwirtschaft, Berlin 1967, Heft 6, S. 8.

[4] Vgl. Gesetz über die Staatsbank der DDR vom 1. Dezember 1967. In: GBL. I. 1967, S. 132 ff.

[5] *Goldhahn,* Eberhard: Sozialistische Geschäftsbeziehungen ..., a.a.O., S. 67.

[6] Vgl. §§ 14, 15 Gesetz über die Staatsbank der DDR, a.a.O., S. 134.

Die Geschäftsbankfunktionen der alten Notenbank wurden der Deutschen Investitionsbank zugeschlagen, wobei das entstandene Großinstitut in Industrie- und Handelsbank umgetauft wurde. Damit waren die institutionellen Veränderungen im Bankwesen abgeschlossen. Die Skizze auf S. 139 soll den neuen Aufbau des Banksystems verdeutlichen.

Der Industrie- und Handelsbank oblag nunmehr allein die Finanzierung der Wirtschaft. Im einzelnen war sie für die Betriebe und wirtschaftsleitenden Organe der Industrie, des Bauwesens, des Handels und des Verkehrs zuständig. Sie übernahm die Abwicklung des Zahlungs- und Verrechnungsverkehrs und das Einlagen- und Kreditgeschäft, wobei sie darauf achten mußte, daß sie sowohl den Prinzipien der wirtschaftlichen Rechnungsführung (Gewinnerzielung) als auch dem Jahres- und Perspektivplan Rechnung trug.

Neuerdings wurden von der Industrie- und Handelsbank die Kreditbeziehungen zu den Betrieben mit staatlicher Beteiligung mit besonderem Interesse gepflegt[7]. Obwohl die Produktion dieser Betriebe im ersten Halbjahr 1968 um 9 % stieg, soll dort ein erhebliches Produktivitätsgefälle gegenüber der volkseigenen Wirtschaft zu verzeichnen sein. Von der Industrie- und Handelsbank wurde deshalb erwartet, daß sie mit Kredit und Zins einen größeren Einfluß auf diese Betriebe ausübt. Hinter dem Argument des Produktivitätsrückstandes scheint sich, statt der Sorge um Produktivitätsfortschritte, das Verlangen nach einer größeren Integration dieser Betriebe in den Plan zu verbergen. Mit Hilfe der bankpolitischen Instrumente sollen hier wahrscheinlich nicht Produktivitätsfortschritte stimuliert werden, sondern die Pläne der gemischtwirtschaftlichen Betriebe durch den Bankeinfluß mehr mit den Bedürfnissen der volkseigenen Wirtschaft abgestimmt werden.

Das wesentliche Ergebnis der Umorganisation des Banksystems ist in der Zusammenfassung der Investitions- und Umlaufmittelfinanzierung bei einer Bank zu sehen. Die bisherige Praxis der getrennten Kreditierung hatte zu Doppelarbeit bei beiden zuständigen Kreditinstituten geführt. Wollte die Notenbank einen Kredit für die Umlaufmittelfinanzierung beurteilen, so war sie gezwungen, auch die Entwicklung des Anlagebereichs mit einzubeziehen. Umgekehrt mußte die Investitionsbank bei der Beurteilung des Anlagebereichs auch die Entwicklung der Umlaufmittel berücksichtigen.

Mit einer Zusammenfassung der Finanzierung wurde die Grundlage für eine qualitativ bessere Kreditarbeit geschaffen. Die Banken konnten die sich an Einzelprozessen orientierende Kreditgewährung durch

---

[7] Vgl. *Schlenker*, Heinz: Höhere Effektivität in den BSB durch zielgerichtete Kreditpolitik. In: Deutsche Finanzwirtschaft, Berlin 1969, Heft 5, S. G 9.

Struktur des Bankensystems in Mitteldeutschland ab 1968

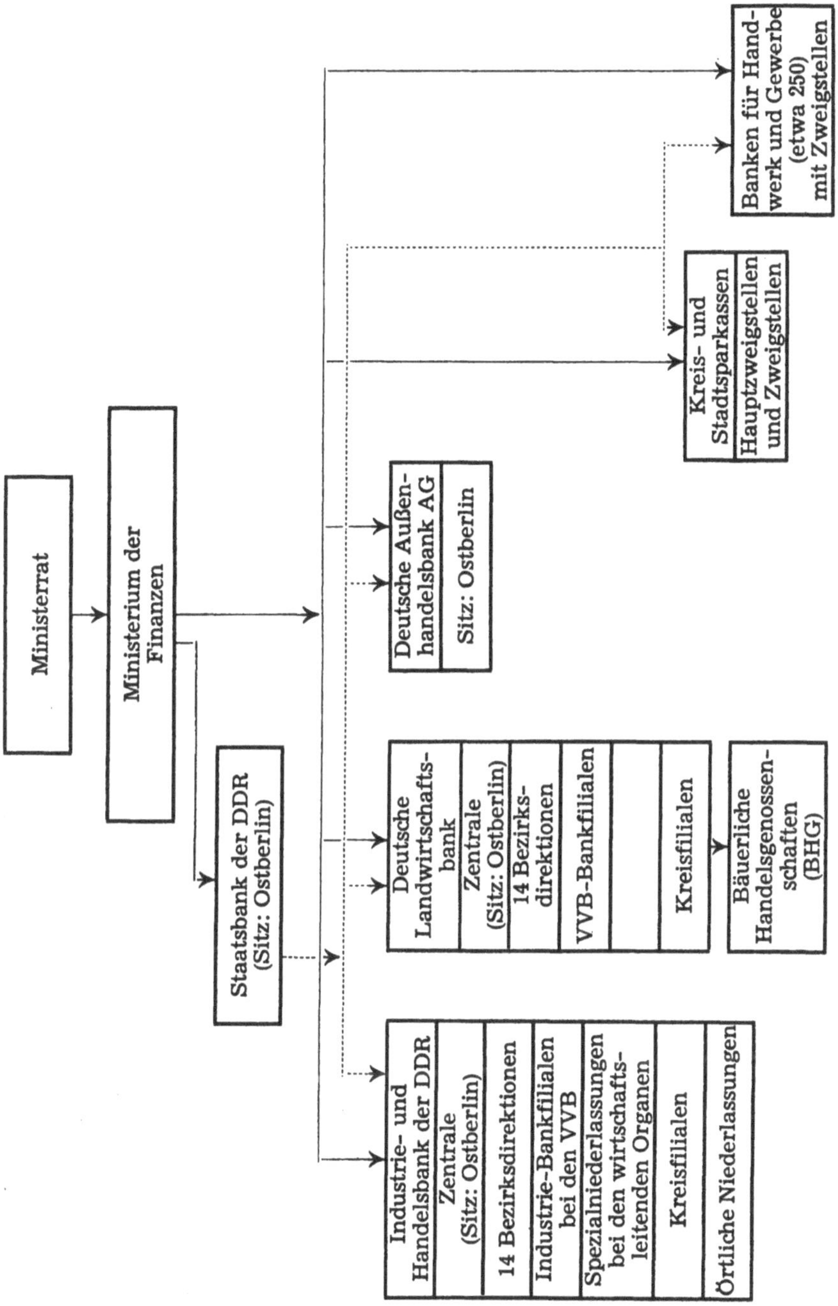

→ Unterstellung und direkte Weisung in Grundsatzfragen
⇢ Weisung in operativen Fragen der Leitung des Banksystems und Zusammenarbeit

Quelle: Buck, Hannsjörg: Reform des Banksystems, a. a. O., S. 17.

eine den Betrieb in seiner Gesamtheit berücksichtigende Kreditierung ersetzen.

Erinnert man sich noch einmal an den Grund des Nebeneinanders von Investitions- und Umlaufmittelfinanzierung, nämlich die Umstellung der Investitionsfinanzierung von der zinslosen Staatshaushaltsbezuschussung zur Kreditfinanzierung, so fragt man sich, warum die Zusammenfassung der Kreditierung bei einer Bank nicht schon früher erfolgte.

3. Das System der Eigenerwirtschaftung der Mittel

In der Finanzierung der Wirtschaft ging man ab 1967 in verstärktem Maß zur Eigenerwirtschaftung der Mittel über. Dieses Prinzip ist eine Form der Selbstfinanzierung und überträgt den Betrieben die eigenverantwortliche Deckung des Bedarfs an Investitionsmitteln. Die Eigenerwirtschaftung sollte nach und nach an die Stelle der bisherigen Investitionsfinanzierung aus Staatshaushaltszuschüssen treten. Man erhoffte damit, die Nachteile dieses Finanzierungsverfahrens zu beseitigen. Mit den anderen Hebeln soll das System der Eigenerwirtschaftung so kombiniert werden, daß die Produktion technisch hochwertiger Produkte zu möglichst geringen Kosten erfolgt. Dabei ist dem Gewinn in seinen verschiedenen Verwendungsformen Rechnung zu tragen. Beispielsweise ist die Ausarbeitung realistischer Nettogewinnabführungsnormen wichtig, die das Ausmaß der Eigenerwirtschaftungsmöglichkeiten bestimmen. Das Schaubild auf S. 141 verdeutlicht die Zusammenhänge zwischen Bruttogewinn und verbleibenden Investitionsmitteln.

Vom Bruttogewinn zahlt der Betrieb die Produktionsfondsabgabe. Der verbleibende Nettogewinn spaltet sich in den Restgewinn und die Nettogewinnabführung, die in den Staatshaushalt fließt. Ein Teil des Restgewinns wird dem Betriebsprämienfonds zugeführt. Die verbleibenden Mittel kann der Betrieb für die Tilgung von Investitionskrediten oder für Neuinvestitionen verwenden. Neben dem Gewinn stehen dem Betrieb Amortisationen und Kredite als Finanzierungsgrundlage zur Verfügung.

Von der Einführung des Prinzips der Eigenerwirtschaftung der Mittel erhoffte man, die Investitionsmittelanforderungen der Betriebe mit den volkswirtschaftlichen Investitionsmöglichkeiten besser in Übereinstimmung bringen zu können. Auf diese Weise wollte man der bisher von den Betrieben geübten Praxis, hohe Forderungen an den Staatshaushalt zu stellen, Einhalt gebieten. Die Betriebe sollten selbst zur Überwindung des Widerspruchs von Investitionsforderungen und volkswirtschaftlicher Akkumulationskraft beitragen und nicht mehr von Wunschdenken und von unrealistischen Forderungen geleitet werden.

Mit der Umstellung auf die Eigenfinanzierung tritt die Selbstfinanzierungsproblematik in den Vordergrund. Die Finanzierung aus Amor-

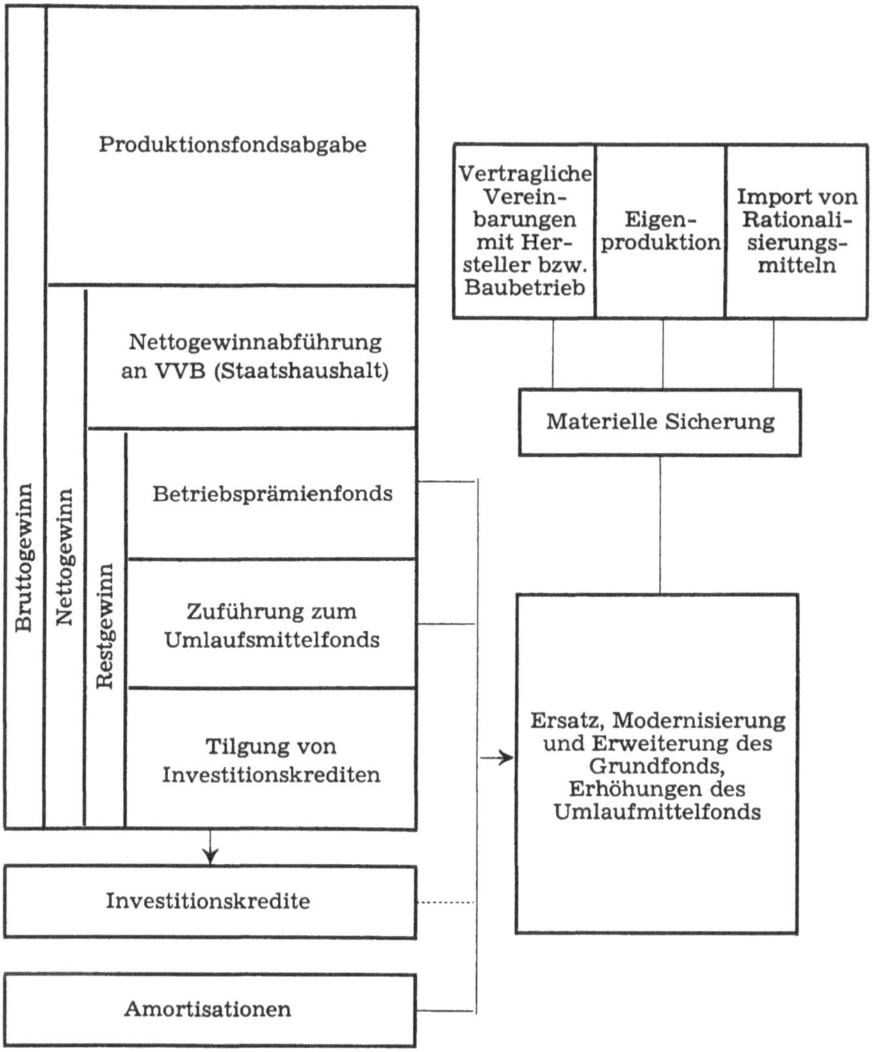

Quelle: Studienmaterial für die Seminare zum Studium der politischen Ökonomie des Sozialismus und des ökonomischen Systems des Sozialismus in der DDR/Industrie. In: Materialien der Parteihochschule „Karl Marx" beim ZK der SED, o. O., o. J.

tisationen gibt den Betrieben freie Hand bei der Verwendung der Mittel, wobei Schwierigkeiten auftreten, wenn die Amortisationen einen sehr hohen Teil des Investitionsbedarfs decken oder gar überdecken.

Gegen eine volle oder hauptsächliche Finanzierung aus Abschreibungen führt *Illgen*[8] an:

— Die Investitionen könnten unabhängig von der Gewinnsituation und ohne Kreditaufnahme getätigt werden. Somit bestünde die Gefahr von Kapitalfehlleitungen, da die Banken über den Kredit keinen Einfluß nehmen können, wenn keine Kreditaufnahme vorliegt. Außerdem unterliege der Betrieb nicht dem Zwang, eine bestimmte Mindestrentabilität zu erwirtschaften.

— darüber hinaus werde die Amortisation nicht unter den gleichen Bedingungen wie der eigenerwirtschaftete Gewinn erzielt. „Die Amortisationsmittel bilden sich sozusagen selbständig infolge der bloßen Durchführung der quantitativen Produktionsaufgaben, unabhängig von qualitativen Merkmalen der wirtschaftlichen Tätigkeit[9].“

Steigert man in solchen Fällen die Gewinnabführungsnormative, um Kapitalfehlleitungen zu verhindern, würde darunter das materielle Interesse leiden. *Illgen*[10] schlägt deshalb Abführungsnormative auf Amortisationen vor, die so bemessen sein sollen, daß der Betrieb auf jeden Fall Kredite in Anspruch nehmen muß, womit der Einfluß der Bank gewährleistet wäre.

Eine Amortisationsabführung würde eine Kapitalrückzahlung an den Eigentümer, nämlich den Staat, bedeuten. Will man das Unternehmen in gleicher Größe erhalten, so müßte man im Umfang der Amortisationsabführungen Kredite aufnehmen, was nichts anderes als eine Umfinanzierung von Eigen- durch Fremdkapital darstellen würde. Einen Betrieb durch Eigenkapitalreduktion zu einer gewinnmaximalen Verwendung der restlichen Amortisationsmittel zwingen zu wollen, erscheint paradox, da das einer indirekten Erhöhung der Nettogewinnabführungsnormative gleich käme. Die zusätzliche Belastung würde wahrscheinlich die materielle Interessiertheit der Belegschaft mindern und ist aus diesem Grunde schon undiskutabel.

Unverständlich erscheint die Befürchtung *Illgens*, daß die Investitionsfinanzierung aus Abschreibungen mit einer geringeren Rechenhaftigkeit verbunden sei, wenn man unterstellt, daß die ökonomischen Hebel und besonders die materielle Interessiertheit der Belegschaft für eine optimale Ausnutzung der Mittel sorgen. Die Tendenz auch im System der Eigenerwirtschaftung um jeden Preis mit der anteiligen

---

[8] Vgl. *Illgen*, Rolf: Wirkungsbedingungen des Prinzips der Eigenerwirtschaftung. In: Deutsche Finanzwirtschaft, Berlin 1968, Heft 5, S. G 6.

[9] *Illgen*, Rolf: Wirkungsbedingungen ..., a.a.O., S. G 6.

[10] Ebenda, S. G 6.

Kreditfinanzierung zu arbeiten, rührt aus der Zeit, in der der Kredit eine Zwangsfinanzierungsfunktion hatte, auf der die Kontrollfunktion des Kredits aufbaute. Sie war nötig, um die Kontrollfunktion des Kredits ausnutzen zu können. Indem jede Investition und Umlaufmittelerhöhung anteilig durch Kredit finanziert wurde, hatte die Bank in alle Betriebsvorgänge Einblick.

Gegen eine einseitige Betonung der Selbst- zu Lasten der Kreditfinanzierung könnten Argumente vorgebracht werden, die auch in der Marktwirtschaft gelten. Beispielsweise bestünde nicht der Zwang, eine bestimmte Verzinsung zu erwirtschaften, und somit die Gefahr einer nicht optimalen Kapitalverwendung. Dem ist entgegenzuhalten, daß zwar nicht eine volle Verzinsung, aber doch zumindest durch die Entrichtung der Produktionsfondsabgabe eine Teilverzinsung verlangt wird. Außerdem benötigen expandierende Betriebe ein hier nicht näher zu definierendes Maß an Eigenkapital, um mögliche Verluste und Risiken auffangen zu können und nicht bei relativ unbedeutenden Fehlentscheidungen gleich in Liquiditätsschwierigkeiten zu kommen.

Volkswirtschaftlich ungünstig ist eine übermäßige Selbstfinanzierung, wenn das Kapital nicht in die Branchen mit der höchsten Rentabilität fließt, weil hier die optimale Faktorlenkung eingeschränkt wird. Würde man aus diesem Grunde die Selbstfinanzierung in der DDR abbauen, so würden die Branchen, die auf Grund der relativ hoch über den Kosten festgelegten Preise relativ hohe Gewinne (politische Rentabilität) erzielen, diese Mittel an sich ziehen, während jenen Branchen, denen wegen der ihnen diktierten schmalen Gewinnspanne die Ertragskraft fehlt, die Basis zur Expansion genommen ist. Die Preis- und Rentabilitätsverzerrungen würden sich dann auch auf das Wachstum ausdehnen.

Eine Selbstfinanzierungsbeschränkung zur Verwirklichung einer größeren Rechenhaftigkeit und besseren Faktorlenkung würde voraussetzen, daß eine Instanz wie beispielsweise der Kapitalmarkt vorhanden ist. In der DDR fehlt diese Einrichtung. Folglich müßten diese Mittel wieder dem Staat zufließen, und dieser sie an Stelle des Kapitalmarkts verteilen. Eine Vergabe unter politischen Gesichtspunkten ließe sich dann nicht ausschließen. Bei einer Verteilung über die Banken stünden diese vor dem oben angeschnittenen Problem der politischen Rentabilität der einzelnen Branchen und Betriebe.

Mit der Einführung der Eigenerwirtschaftung war die Vorschrift einer anteiligen Kreditfinanzierung nicht aufgehoben worden, obwohl die Zwangsfinanzierungsfunktion des Kredits im System der Eigenerwirtschaftung überflüssig geworden war. Logisch wäre in Verbindung mit dem neuen Finanzierungssystem ein Verzicht auf die Zwangsfinanzierungsfunktion gewesen, zumal dadurch der Stimulierungsfunktion und der neuen in engen Grenzen wirkenden Lenkungsfunktion des Kredits besser entsprochen worden wäre. Erst die neuen Grundsätze der Kreditgewährung[11] vom 1. September 1968 brachten hier eine Änderung[12]. Danach erhielten die Betriebe das Recht, selbst zu entscheiden, ob und in welcher Höhe Kredite aufzunehmen sind. Der Umfang ihrer Kreditnachfrage konnte sich also nun mehr nach Gewinn-, Rentabilitäts- und Liquiditätsgesichtspunkten richten. Dieser Gewinn an betrieblicher Dispositionsfreiheit wurde noch durch die Möglichkeit erweitert, schon zum Zeitpunkt der Kreditplanausarbeitung von den Banken Kreditzusagen zu erhalten.

In manchen Betrieben wurde das Prinzip der Eigenerwirtschaftung mißverstanden. Sie tätigten ihre Investitionen immer erst dann, wenn sie selbst die nötigen Mittel aus Gewinn und Amortisationen angesammelt hatten[13]. Die Eigenerwirtschaftung der Mittel schließt aber Kreditkäufe ein, solange die Kredite aus später eingehenden Gewinnen getilgt werden[14].

Nachdem die neue Kreditverordnung die anteilige Kreditfinanzierung aufgehoben hatte, mußte man von einer verminderten Einflußnahmemöglichkeit der Bank bei eigenfinanzierten Investitionen ausgehen. Bei mit Kredit finanzierten Investitionen ist jedoch der alte Einfluß der Bank geblieben, denn die Banken drängen schon bei den Kreditverhandlungen auf den günstigsten Einsatz der Eigenmittel und kürzen notfalls den beantragten Kredit[15]. Die Freiheit der Betriebe in der Wahl der Finanzierungsform wird durch § 4 Abs. 1 der Kreditverordnung eingeschränkt, wonach die Bank eine Eigenmittelbeteiligung ausdrücklich verlangen kann. Warum diese Zwangsmöglichkeit erhalten blieb, ist nicht klar ersichtlich, da doch die Betriebe durch die Hebel von sich aus eine optimale Verwendung der Mittel anstreben. Oder ist hierin ein Eingeständnis zu sehen, daß das System der Hebel nicht wie erwartet funktioniert[16]?

Für die Kreditbereitstellung kommt das kreditorische und das debitorische Verfahren in Frage. Das erste hat den Vorzug, daß die für den Gesamtbetrag sofort anfallenden Zinsen zu einer sparsamen Verwendung der Mittel anhalten, wodurch eine schnelle Durchführung der

---

[11] Vgl. GBL. II, Nr. 82, 1968, S. 653.

[12] Vgl. *Smietana*, Heinz: Neue Grundsätze der Kreditgewährung. In: Deutsche Finanzwirtschaft, Berlin 1968, Heft 17, S. 7.

[13] Vgl. Eigenerwirtschaftung ohne Kredit. In: Deutsche Finanzwirtschaft, Berlin 1968, Heft 13, S. 1.

[14] Vgl. *Goldhahn*, Eberhard: Sozialistische Geschäftsbeziehungen, a.a.O., S. 29.

[15] Ebenda, S. 132.

[16] Vgl. ebenda, S. 133.

Investitionen erreicht wird. Volkswirtschaftliche Nachteile entstehen durch die temporär nutzlose Bindung von Kreditmitteln und eine unnötige Erhöhung der Kontenbestände. Daneben besteht die Gefahr einer zweckwidrigen Verwendung der Mittel[17]. Aus diesen Gründen stellen die Banken den Kredit meist debitorisch bereit. Die einzelnen Kreditbeträge werden dann nacheinander den einzelnen Investitionsabschnitten entsprechend ausgereicht. Damit erhält die Bank gleichzeitig einen Einblick in den Investitionsablauf und kann gegebenenfalls auf eine Beschleunigung drängen.

Die Kreditrückzahlung erfolgt gemäß der Tilgungsvereinbarung. Für den Fall überplanmäßiger Gewinne fordert *Joerk*, der Bank das Recht einzuräumen, eine vorzeitige Rückzahlung des Kredits verlangen zu können. Dies wäre zwar ein Mittel, einen optimalen Einsatz der Eigenmittel zu erzwingen, doch würde es der in der Kreditverordnung verankerten Selbständigkeit der Betriebe bei der Wahl der Finanzierungsart widersprechen.

Die Umstellung von der Haushalts- zur Kreditfinanzierung stellt die gegenwärtige Verteilung des Kreditvolumens auf die einzelnen Betriebe und die verschiedenen Zweige der Wirtschaft in Frage[18]. Vor der Einführung der Eigenerwirtschaftung der Mittel verteilten sich die Kredite mehr oder weniger willkürlich auf die Wirtschaftsbereiche, wobei sie sich auf den Umlaufmittelbereich konzentrierten. Da keine Eigenmittel für die Erweiterungen im Umlaufmittelbereich eingesetzt wurden, bildeten sich im Laufe der Jahre stark differenzierte Fremdkapitalanteile in den verschiedenen Zweigen heraus. Je nach den Relationen von Anlage- und Umlaufmittelbedarf verteilten sich auch die Kreditmittel in der Wirtschaft. In Bereichen mit geringen Umlaufmittelbeständen wurden weniger Kredite beansprucht als in Zweigen mit hohen Umlaufmittelbeständen. Wie leicht ersichtlich ist, ergeben sich daraus unterschiedliche Bedingungen für die Wirkung von Kredit, Zins und Produktionsfondsabgabe. *Finger*[19] führt z. B. an, daß die Zinszahlungen bei vier Industriebetrieben im Jahre 1963 die folgenden Teile des Gewinns in Anspruch nahmen:

— Im Transformatorenwerk Oberschöneweide .... 74,4 %
— im VEB Funkwerk Köpenick .... 14,2 %

[17] Vgl. *Joerk*, Peter: Kredit und Zins — ökonomische Hebel für Rückfluß des Fondsvorschusses. In: Deutsche Finanzwirtschaft, Berlin 1968, Heft 2, S. G 10.

[18] Vgl. *Tuttlies*, Friedhelm: Kredit kontra Eigenerwirtschaftung? In: Deutsche Finanzwirtschaft, Berlin 1967, Heft 5, S. 7.

[19] Vgl. *Finger*, Herbert: Die theoretischen und praktischen Anforderungen an Kredit und Zins als ökonomische Hebel. In: Deutsche Finanzwirtschaft, Berlin 1966, Heft 1, S. G 4.

— im VEB Kabelwerk Oberspree .... 5,5 %
— im VEB Fernsehelektronik Berlin .... 1,3 %

Ob eine andere Verteilung des Kreditvolumens die Maßnahmen der Kreditpolitik besser unterstützen würde, wäre zu prüfen. „Der hohe Kreditanteil für Umlaufmittel in der Bauwirtschaft ist wirtschaftlich wohl kaum zu vertreten. Abgesehen von der enormen Zinsbelastung, die die Kosten- und Rentabilitätsentwicklung verzerrt und zugleich die Bildung eigener Geldfonds aus Gewinn über Gebühr einschränkt, wird der Krediteinsatz völlig einseitig orientiert.... Da außerdem in der Bauwirtschaft und im Anlagenbau auch bei niedrigen Normativen der Nettogewinnabführung eine angemessene Eigenmittelausstattung aus eigener Kraft nicht geschaffen werden kann, sollte eine Umverteilung von Mitteln zwischen den Zweigen und zwischen Umlauf- und Grundmittelbereich erwogen werden. Damit wären wesentliche Voraussetzungen geschaffen, den Kredit aus seiner ökonomisch nicht begründeten festen Beteiligung in der Umlaufmittelsphäre und der ungerechtfertigten übermäßigen Bindung in bestimmten Wirtschaftsbereichen zu lösen[20].“

Abschließend wäre festzuhalten, daß einzelne Branchen der DDR-Wirtschaft mit relativ hohen Kreditanteilen belastet sind, auf die sie neben Produktionsfondsabgabe auch Zins zu zahlen haben. Wenn man diesen Branchen niedrigere Produktionsfondsabgaberaten und Zinssätze einräumt, handelt es sich oft nicht um eine Privilegierung, sondern um einen Ausgleich der aus der Finanzierungsstruktur herrührenden Nachteile. Die kreditintensiven Branchen haben nichtselbstverschuldete „Wettbewerbsnachteile“ gegenüber Branchen mit geringen Umlaufmittelanteilen. Ein Vergleich der Branchen ist aus diesen Gründen sehr problematisch. Würde man Kredit und Zins allein über die Investitionen entscheiden lassen, so würden bisher mit geringen Kreditmitteln ausgestattete Branchen bei der Kreditierung ungleich größere Chancen haben als die stärker verschuldeten Branchen.

Im Rahmen der gesamten Volkswirtschaft würde das wahrscheinlich zu einer ungewollt starken Expansion der eigenkapitalstarken Zweige und zu neuen Disproportionen in der Produktion führen. Ein für alle Branchen gleichermaßen geltender Zinssatz wäre schon aus diesen Gründen für die DDR-Wirtschaft nicht akzeptabel. Er könnte allenfalls am Ende einer langen Entwicklung stehen, in der die Relation von Fremd- und Eigenkapital in der gesamten Wirtschaft angeglichen werden.

---

[20] Vgl. *Tuttlies*, Friedhelm: Kredit kontra ..., a.a.O., S. 7.

4. Die quantitativen Veränderungen der Investitionsfinanzierung

Um die Verschiebungen im Finanzierungssystem der DDR zu veranschaulichen, muß noch einmal auf die Tabelle im 1. Kapitel zurückgegriffen werden. Dem dort entsprechenden Aufbau ergibt sich für die Jahre 1964 bis 1968 die auf S. 148 folgende Tabelle[21].

Die Zahlen der Jahre 1967 und 1968 sind zwar infolge der Industriepreisreform nicht uneingeschränkt vergleichbar, doch ändert das nichts an den Aussagemöglichkeiten über den Trend des Finanzierungssystems. Der Anteil der Zuschüsse, Eigenmittel und Kredite am gesamten Finanzierungsvolumen der Wirtschaft hat sich grundlegend geändert. Die Zuschüsse aus dem Staatshaushalt sind von der wichtigsten zur unbedeutendsten Quelle geworden[22]. Die Eigenmittel stellen mit einem Anteil von 50 Prozent die überragende Finanzierungsquelle dar. Die Eigenerwirtschaftung der Mittel kann somit von der quantitativen Seite als befriedigend angesehen werden. Der Kreditanteil stieg von ca. 10 auf 25 Prozent. Diese Entwicklung spiegelt die gestärkte Stellung der Banken wider. War das Verhältnis der früher bei den Banken durchlaufenden Staatshaushaltsmittel zu den Krediten 7:1, so hat sich jetzt ein Verhältnis von 1:1 eingestellt, das sich tendenziell noch zugunsten der Kredite verbessert.

5. Rentabilitätsprinzip und „sozialistische" Geschäftsbeziehungen als Leitmaximen der neuen Bankarbeit

a) Der Begriff der „sozialistischen" Geschäftsbeziehungen

In der Literatur findet sich ab 1967 der Begriff der „sozialistischen" Geschäftsbeziehungen, die zwischen Banken und Betrieben angestrebt werden sollen[23]. Durch diese Formulierung soll die Aufgabe der Banken, eine aktive Kreditpolitik zu betreiben, zum Ausdruck kommen. Nicht mehr hoheitliche Verwaltungsakte sollen die Banktätigkeit kennzeichnen, sondern privatrechtliche Verträge zwischen gleichberechtigten Partnern. Da die neue Bankarbeit nun mehr dem Verhalten kapitalistischer Banken glich, wollte man durch den Zusatz „sozialistisch" die Verantwortung des Banksystems klar machen und zum Ausdruck brin-

---

[21] Vgl. *Lang*, Sibylle-May und *Ruban*, Maria-Elisabeth: Veränderungen ..., a.a.O., S. 407.

[22] Wenn man die Preissteigerungen von 1967 und 1968 eliminiert.

[23] Vgl. *Goldhahn*, Eberhard: Sozialistische ..., a.a.O., und *Finger*, Herbert: Sozialistische Geschäftsbeziehungen zwischen Betrieb und Bank. In: Deutsche Finanzwirtschaft, Berlin 1968, Heft 13, S. G 1.

Investitionen und ihre Finanzierung in der DDR 1964—1968

Jahr	Investitionen		Staatshaushaltszuschuß	Eigenmittel	Kredite	Zuschuß	Eigenmittel	Kredite
	gesamt	staatlich						
	Millionen DM					Anteil in v. H. an den staatlichen Investitionen		
1964	18 100	15 518	9 310	3 523	2 675	60,0	22,8	17,2
1965	19 390	16 625	7 480	5 715	3 430	45,0	34,4	20,6
1966	20 800	17 826	6 600	7 126	4 100	37,0	40,0	23,0
1967	26 200	22 400	5 600	11 200	5 600	25,0	50,0	25,0
1968	28 892	24 760	6 000	12 355	6 405	24,2	50,0	25,8

Quelle: *Lang*, Sibylle-May und *Ruban*, Maria-Elisabeth, Veränderungen . . . , a. a. O., S. 407

gen, daß die Bankarbeit im Dienste des Sozialismus und seines Aufbaus zu verstehen ist.

Programmatisch könnte man hier schon eine Absage an eine Ausgestaltung des Banksystems zu einem marktwirtschaftlichen Lenkungsinstrument sehen. Demnach sind für die Bank alle Mittel, die zum Aufbau des Sozialismus beitragen, zulässig, soweit sie nicht die Herrschaft der Partei gefährden.

b) Die Umstellung auf das Rentabilitätsprinzip

In der Umstellung auf das Rentabilitätsprinzip ist die zweite neue Leitmaxime der Bankarbeit zu sehen. Für die Banken bedeutet das im Gegensatz zu früher, selber ihre Ausgaben durch Einnahmen zu decken und darüber hinaus möglichst einen Gewinn zu erzielen. Die Einnahmen aus den Sollzinsen und Gebühren sollten also mindestens die Aufwendungen für die Habenzinsen und die Verwaltungskosten decken[24].

Aus den beiden Aufgaben, sowohl Gewinn zu erzielen als auch „sozialistische“ Geschäftsbeziehungen zu pflegen, könnten sich Zielkonflikte ergeben, wenn sich der Bank Gewinnmöglichkeiten bieten, die der Verantwortung als „sozialistischer“ Geschäftsbank widersprechen. Das wäre beispielsweise der Fall, wenn die Bank gesamtwirtschaftliche Interessen verletzen würde. Ein solcher Spannungsfall war schon unter Punkt VI.3.e) angedeutet worden, nämlich wenn durch Strafzinsen die Einnahmen der Bank steigen, gleichzeitig aber volkswirtschaftliche Verluste entstehen.

Der erwähnte Fall widerspricht den Zielen des neuen ökonomischen Systems. Eine vorrangige Stellung des Gewinnmaximierungsprinzips bei den Banken konnte deshalb nicht zugelassen werden. Es hätte bedeutet, daß die Wirtschaftsführung der DDR auf das Banksystem als wirtschaftspolitisches Instrument zu verzichten hat. Das Nebeneinander von „sozialistischer“ Verantwortung und Rentabilitätsinteresse kann nur so interpretiert werden, daß die Gewinnerzielung durch die sozialistische Verantwortung begrenzt wird. Die Banken sollen also einen Gewinn erzielen, doch soll sich die Gewinnmaximierung den Zielen der Wirtschaftspolitik unterordnen. Die Geschäftsbanken können wie die westlichen Geschäftsbanken nur eine begrenzte Gewinnpolitik betreiben, wobei allerdings die Gründe, die der ungehemmten Gewinnmaximierung entgegenstehen, völlig unterschiedlich sind.

---

[24] Die wirtschaftliche Rechnungsführung (Gewinnerzielung) war vor 1967 ausschließlich in den Sparkassen üblich.

Wie schon erwähnt, war in der Experimentierphase keine zufriedenstellende Zinskonzeption für die Banken gefunden worden[25]. Die Hauptschwierigkeit bestand darin, einen Bankgewinn zu konstruieren, der sowohl das materielle Interesse der Bankmitarbeiter als auch die Belange der Volkswirtschaft berücksichtigte, ohne dabei ein Ziel auf Kosten des anderen zu verwirklichen.

1967 wurde vorgeschlagen, das materielle Interesse der Banken nicht über die Zinsen, sondern über eine Beteiligung am Gewinn der mit der Bank in „sozialistischen" Geschäftsbeziehungen stehenden Betriebe anzusprechen[26]. Bei Gewinnen sollten die Banken partizipieren und bei Verlusten mithaften, indem sie ihre Fonds mit zur Verlustdeckung einsetzten. Hier wäre ein Gleichklang zwischen bankbetrieblichen, volkswirtschaftlichen und betrieblichen Interessen möglich, doch taucht dabei ein kaum lösbares Zurechnungsproblem auf. Es müßte nämlich geklärt werden, zu welchen Teilen die Bank an Gewinn und Verlust beteiligt wird. Weiterhin ist unklar, ob die Bank auch an Gewinnen, die auf Grund von Planübererfüllungen ohne die Hilfe der Bank erzielt wurden, teilhaben soll. Nicht zuletzt dürfte der Vorschlag unpraktikabel sein, weil Verluste entstehen können, obwohl die Bank eine gute Beratungstätigkeit ausgeübt hat, und Gewinne trotz schlechter Bankberatung erwirtschaftet werden können.

Berliner[27] schlägt vor, das materielle Interesse der Bankmitarbeiter durch leistungsabhängige Gehälter und Prämien anzusprechen, wobei drei Grundsätze zu beachten sind:

— Die Einhaltung des Kreditplanes, die sich aus der Forderung ergibt, die Liquidität des Banksystems zu gewährleisten.

— Die Maximierung des volkswirtschaftlichen Nutzens.

— Die Erwirtschaftung eines optimierten Bankgewinns.

Beim ersten Grundsatz stellt sich die Frage, ob man die Bank in ihrer Gesamtheit beurteilt oder prüft, ob der einzelne Bankmitarbeiter bei der Kreditierung seines Kunden den Plan eingehalten hat. Schwieriger wird die Beurteilung des Nutzens. Wenn sich der Nutzen einer kreditpolitischen Maßnahme gegenüber einem einzelnen Betrieb vielleicht noch erfassen läßt, so dürfte die volkswirtschaftliche Nutzenmessung einer Maßnahme viel zu aufwendig sein. Der optimierte Bankgewinn wird erreicht, wenn die extern gegebenen Sollgrößen des Plans reali-

---

[25] Vgl. Abschnitt VI. 4.

[26] Vgl. Wirtschaftliche Rechnungsführung in der Bank und der Nutzen des Kredits. In: Deutsche Finanzwirtschaft, Berlin 1967, Heft 6, S. G 17.

[27] Vgl. *Berliner*, Uwe und *Heinicke*, Walter: Äquivalenzprinzip und wirtschaftliche Rechnungsführung in der Bank. In: Deutsche Finanzwirtschaft, Berlin 1967, Heft 8, S. G 5.

siert werden. Bei Verstößen gegen den geplanten Ablauf wird der optimierte Bankgewinn nicht erreicht. Damit wird der Gewinn aber von vornherein auf einen festen Betrag fixiert, der dem variablen Charakter des Gewinns widerspricht. Ein Gewinnanreiz setzt immer ein beeinflußbares Ergebnis voraus, nämlich eine Gewinnveränderungsmöglichkeit je nach Initiative der Bank. Zwar kennen auch marktwirtschaftliche Banken einen Plangewinn, doch handelt es sich hier um betriebsinterne Sollgrößen.

Meier[28] schlug vor, den Zins grundsätzlich als Grundlage des Bankgewinns beizubehalten, doch statt der einfachen Gegenüberstellung

Bankgewinn = Zinseinnahmen
+ übrige Einnahmen (Gebühren u. ä.)
− Zinsausgaben
− sächliche und personelle Kosten

einen bereinigten Bankgewinn zu ermitteln. Aus dem unbereinigten Bankgewinn sollten jene Komponenten ausgeschlossen werden, die, wie zum Beispiel hohe Strafzinseinnahmen, die Bankarbeit in eine falsche Richtung lenken.

— Durch eine Gruppierung in planmäßige und unplanmäßige Kredite sollte der Staatsbank die Möglichkeit gegeben werden, bei der Refinanzierung für planwidrige Kredite, die den Geschäftsbanken hohe Strafzinseinnahmen bringen, einen so hohen Refinanzierungszins zu berechnen, daß den Geschäftsbanken kein Gewinn aus den Strafzinseinnahmen verbleibt.

— Ein Teil der Strafzinsen könnte auch aus dem Gewinn eliminiert werden, indem er in den Reservefonds der Geschäftsbank abzuführen ist, um bei Verlusten wieder herangezogen zu werden.

— Um eine Kreditinflation zu vermeiden, sollen die Zinseinnahmen des den Plan übersteigenden Kreditvolumens vom Gewinn abgezogen werden, wenn die Banken durch überplanmäßige Kredite an planwidrig arbeitende Betriebe ihre Zinseinnahmen zu steigern versuchen.

Dieser Vorschlag scheint aus mehreren Gründen sinnvoll. Erstens wird der Zins wie in der Wirtschaft auch im Banksektor als Stimulierungsmittel angewandt. Damit kommt es nicht zu einem Bruch im Hebelsystem, wie es zum Beispiel bei den nutzenorientierten Bankgewinnkonzeptionen der Fall wäre. Die direkte Verbindung von Bankinteresse und Betriebsinteresse bleibt durch den Zins erhalten. Zweitens entfällt hier die Schwierigkeit, den Nutzen kreditpolitischer Maß-

---

[28] Vgl. *Meier*, Bruno und *Tuttlies*, Friedhelm: Wirtschaftliche Rechnungsführung in der Industrie- und Handelsbank der DDR. In: Deutsche Finanzwirtschaft, Berlin 1968, Heft 24, S. 5.

nahmen einer Bank zu messen oder zu bewerten. Das Problem der Kreditinflation könnte noch überzeugender gelöst werden, wenn bei Überschreitungen des Kreditvolumens durch Mitverschulden der Geschäftsbank nicht nur die zusätzlichen Zinseinnahmen abgeführt werden, sondern darüber hinaus noch ein Strafzins von den Geschäftsbanken an die Staatsbank zu entrichten wäre.

Voraussetzung einer wirtschaftlichen Rechnungsführung im Banksektor sind kostendeckende Einnahmen, d. h. eine genügend hohe Zinsspanne zwischen Soll- und Habenzins[29]. In diesem Zusammenhang taucht die Frage auf, wie die Gewährung von Vorzugskrediten zu besonders günstigen Zinssätzen mit der wirtschaftlichen Rechnungsführung der Banken in Übereinstimmung zu bringen ist. Liegen diese Subventions- und Förderungszinssätze nämlich unter dem Habenzins, so würden die Banken kein Interesse an der Gewährung solcher Kredite zeigen, womit strukturverbessernde Maßnahmen unterbleiben.

Deshalb schlägt *Goldhahn*[30] vor, die Bank an der Kreditierung solcher volkswirtschaftlich erwünschter Prozesse zu interessieren. Dies könnte durch besondere Zuführungen zu den Fonds der Bank geschehen, wobei diese aus dem Reservefonds zu entnehmen wären. Auch wäre es möglich, den Zinssatz für Refinanzierungskredite entsprechend zu senken.

Es wurde auch vorgeschlagen, die Reservefonds der Banken für Zinsausfälle von volkswirtschaftlich bedingten Subventionskrediten zu nutzen. Zwar kann der Jahresgewinn durch Zuwendungen aus den Reserven aufgebessert werden, doch stellt das nichts anderes als eine Umbuchung im Eigenkapitalbereich dar, so daß die Bank letztlich die Zinsausfälle doch selbst zu tragen hätte. Die materielle Interessiertheit der Bankmitarbeiter würde auf diesem Wege gefördert, da die Prämien nicht an den Reservefonds, sondern an den Gewinn gebunden sind. Dem widerspricht aber das Interesse des Bankdirektors, sich einen Reservefonds als Manövriermasse für spätere Eventualitäten zu erhalten.

Sinnvoller erscheint die Lösung, die Geschäftsbanken durch billigere Refinanzierungskredite zu entlasten. Damit würden der Staatsbank Zinseinnahmeausfälle entstehen, die ihren Gewinn mindern und gleichzeitig deren Abführung an den Staatshaushalt reduzieren. Letztlich würde dann der Staatshaushalt die Zinsausfälle zu tragen haben. Das Banksystem wäre somit von externen Belastungen befreit und könnte sich, ohne eigenen Interessen zu schaden, besonders um die Kreditie-

---

[29] Vgl. *Finger*, Herbert und *Hoffmann*, Ulrich: Zu Grundlagen und Funktionen des Guthabenzinses. In: Deutsche Finanzwirtschaft, Berlin 1967, Heft 11, S. G 4.

[30] Vgl. *Goldhahn*, Eberhard: Sozialistische ..., a.a.O., S. 65 f.

rung volkswirtschaftlich wichtiger Objekte mit Niedrigzinskrediten bemühen.

Im Gegensatz zur bisherigen Argumentation sollte man erwägen, den Banken die Sanktionseinnahmen in voller Höhe zu belassen. Denn die Banken werden, obwohl sie kurzfristig ihre Gewinne durch Sanktionszinsen steigern könnten, auf lange Sicht bemüht sein, durch gute Beratung der Betriebe ihre Kredite am Fälligkeitstag in voller Höhe wiederzuerlangen. Bei schlechter Beratung könnten den Banken langfristige Kreditausfälle entstehen, die sie über den Reservefonds abfangen müßten. Das langfristige Sicherheits- und Liquiditätsinteresse der Bank sollte dafür sorgen, daß es nicht zu einer bewußten Pervertierung des Zinsinstrumentes durch die Bank kommt. So gedeutet, wäre der Sanktionszins nichts anderes als ein Risikozuschlag für die Banken.

Zur Zeit ist das Problem, wie der Bankgewinn in das System der ökonomischen Hebel eingeordnet werden soll, noch nicht gelöst, weil eine die Bankrentabilität sichernde Zins- und Gebührenkonzeption noch aussteht[31]. Zwar sind 1968 die Zinsen teilweise freigegeben worden, so daß die Banken bei den Kreditverhandlungen Sicherheit und Liquidität im geforderten Zinssatz zum Ausdruck bringen können, doch sind zum jetzigen Zeitpunkt noch keine Aussagen über die Auswirkungen dieser Maßnahme möglich.

Zu wiederholen bleibt, daß eine erfolgreiche Bankenreform nicht allein durch eine organisatorische Veränderung zu erreichen ist, sondern daß sie in entscheidendem Maß von der Einordnung des Bankgewinns in das Hebelsystem abhängig ist. Erst die Lösung dieses Problems schafft die Verbindung von Zins und Kredit als Stimulierungsfaktoren im Bank- und Wirtschaftsbereich. Ohne eine befriedigende Definition des Bankgewinns ist man also noch vom Erfolg der Bankreform weit entfernt. Ebenso vermindern sich dadurch die Aussichten, größere Erfolge bei der Wirtschaftsreform zu erzielen.

6. Die Refinanzierungsbeziehungen zwischen Staats- und Geschäftsbanken

Das Pendant der „sozialistischen" Geschäftsbeziehungen im Aktivbereich der Geschäftsbanken sind im Passivbereich die Refinanzierungsbeziehungen zur Staatsbank. Die Geschäfte zwischen der früheren Notenbank und den Geschäftsbanken wurden im Prinzip automatisch ohne Rücksichtnahme auf ökonomische Zusammenhänge abgewickelt. Wenn die Geschäftsbanken Refinanzierungskredite in Anspruch nahmen, so geschah das ohne vertragliche Vereinbarungen über Höhe,

[31] Vgl. Forschungsbeirat . . .: Fünfter Tätigkeitsbericht, a.a.O., S. 360.

Kreditbedingungen usw. Weder bei der Ausarbeitung der Pläne noch bei der Plandurchführung wurden die Beziehungen zwischen Notenbank und Geschäftsbank ökonomisch im Sinne einer Hebelausnutzung eingesetzt[32].

Als Folge ergab sich der Kreditautomatismus zwischen Zentral- und Geschäftsbanken, der sich in einer automatischen Kreditgewährung der Geschäftsbanken an die Wirtschaft fortsetzte. Mit dem Abbau der Kreditautomatik zwischen Geschäftsbank und Betrieb durch die Einführung eines neuen Verrechnungssystems und eines Strafzinses bei Kreditvertragsverletzungen wurde auch die Beseitigung der automatischen Kreditgewährung zwischen Zentralbank und Geschäftsbank erforderlich.

Ebenso wie die Beziehungen zwischen Geschäftsbank und Betrieb auf eine vertragliche Basis umzustellen waren, bedurften die Refinanzierungsgeschäfte zwischen Staats- und Geschäftsbank kontraktmäßiger Ausgestaltung, um der Staatsbank im Falle einer Vertragsverletzung Rückgriffsmöglichkeiten zu geben. Die Refinanzierungskredite waren an sinnvolle Bestimmungen zu knüpfen, wie z. B. die Einhaltung der kreditpolitischen Grundsätze, die Kreditrichtlinien, die Nutzeffektskriterien, die Zweckbindung, die Zinszahlungen, die Veränderungen des Zinssatzes bei Planüberschreitungen usw.[33].

Seit dem 1. Januar 1968 wurden zwischen Staatsbank und Geschäftsbank Verträge über die Refinanzierungskredite abgeschlossen und Guthaben der Geschäftsbanken bei der Staatsbank deponiert. Hiermit erhielt die Staatsbank ein Mittel, die Liquidität der Geschäftsbanken und damit die Geldmenge in der Wirtschaft zu beeinflussen.

Bei der Ausgestaltung des Refinanzierungssystems befindet sich die DDR gegenwärtig noch im Anfangsstadium. „Bei der weiteren Ausgestaltung des Refinanzierungssystems ist es vor allem notwendig, neben generellen Regelungen, die für alle Banken gelten, spezifische Regelungen zu vereinbaren, die den Aufgaben der einzelnen Geschäftsbanken im ökonomischen System entsprechen[34].“

Jahr[35] entwickelte folgendes Konzept eines Refinanzierungssystems:

— Da die Hauptaufgabe der Staatsbank in der Unterstützung des Planes liegt, muß sie bei der Refinanzierung der Geschäftsbanken so verfahren, daß der Plan eingehalten wird.

---

[32] Vgl. *Jahr,* Udo: Refinanzierungsbeziehungen zwischen Staatsbank und Geschäftsbanken. In: Deutsche Finanzwirtschaft, Berlin 1968, Heft 13, S. G 9.

[33] Vgl. *Egerland,* Helmut: Die Refinanzierungsbeziehungen im neuen Bankensystem. In: Deutsche Finanzwirtschaft, Berlin 1967, Heft 19, S. G 2.

[34] Vgl. *Jahr,* Udo: Refinanzierungsbeziehungen . . ., a.a.O., S. G 10.

[35] Vgl. ebenda, S. G 11.

— Wenn während der Plandurchführung außerplanmäßige Kreditquellen entstehen (z. B. durch überhöhte Gewinne, geringeren Investitionsaufwand, Rückstände in der Investitionsdurchführung und erhöhte Guthaben der Kreditinstitute), sollen deren Erträge auf der Grundlage von Vereinbarungen bei der Staatsbank angelegt werden. Damit soll verhindert werden, daß diese Mittel zur Finanzierung von Planwidrigkeiten herangezogen werden.

— Die Wirkung des Zinses soll die Geschäftsbanken anregen, die Ziele der Kreditbilanz einzuhalten bzw. den geplanten Ablauf wieder herzustellen. Werden die vereinbarten Refinanzierungskredite überschritten, so soll eine erhöhte Verzinsung eintreten. Zeitweilige, sich ausgleichende Schwankungen sollen dabei nicht in Betracht gezogen werden.

Problematisch könnte nach diesem Konzept die Lage der Geschäftsbanken werden, wenn die Staatsbank Abweichungen vom Plan feststellt und die Refinanzierungskontingente kürzt, um den Plan einzuhalten. Die Geschäftsbanken hätten dann nicht die erforderliche Liquidität, um ihren planmäßigen, vertraglichen Kreditverpflichtungen nachzukommen. Somit könnten geplante oder schon angelaufene Investitionen verzögert werden.

Jahr hat bei seinen Vorschlägen, die Kreditinstitute durch vertragliche Vereinbarungen zu verpflichten, außerplanmäßige Kreditquellen bei der Staatsbank anzulegen, übersehen, daß zu solchen vertraglichen Vereinbarungen die Bereitwilligkeit der Geschäftsbanken vorliegen muß. Diese werden aber aus eigenem Gewinnstreben entweder solche Vereinbarungen ablehnen oder unterlaufen, indem sie nur einen Teil dieser Mittel bei der Staatsbank deponieren. Vollständig zu sichern wäre eine Anlage dieser Mittel durch gesetzliche Verpflichtung oder durch eine Verzinsung dieser Mittel. Letztere würde die Staatsbank aber wohl mit der Begründung ablehnen, daß sie die Geschäftsbanken überhaupt erst in die gute Liquiditätslage versetzt habe.

Allerdings verpflichtet § 29 Abs. 3 des Statuts der Industrie- und Handelsbank der Deutschen Demokratischen Republik, im Rahmen der Anlagerichtlinien zeitweilig freie Mittel bei der Staatsbank anzulegen. Ein Widerspruch zu § 6 Abs. 2 des Gesetzes über die Staatsbank der DDR[36] besteht insofern, als hier von der Deponierung zeitweilig freier Geldmittel der Kreditinstitute im Rahmen von Verträgen die Rede ist, denn wenn schon eine Verpflichtung besteht, braucht man keine Verträge mehr. Unklar ist, was geschieht, wenn man sich vertraglich nicht einigt.

---

[36] Vgl. GBL I 1967, S. 132.

Vergleicht man das Staatsbankgesetz mit dem Bundesbankgesetz, so fällt auf, daß das erstere wesentlich ungenauer formuliert ist. Ein Grund mögen die unkonkreten Vorstellungen über das Refinanzierungssystem und seine zukünftige Entwicklung sein. Während die Instrumente der Bundesbank präzise beschrieben sind und genau festgelegt ist, wie die Instrumente angewandt werden dürfen, wird im Gesetz über die Staatsbank[37] nur lapidar festgestellt, daß die Staatsbank auf der Grundlage von Verträgen auf die Kreditinstitute einzuwirken hat. So gesehen ist die Stellung der Bundesbank wesentlich stärker, da sie keine Verträge mit den Geschäftsbanken abschließt, sondern von sich aus die Liquidität reguliert. Wahrscheinlich wäre eine ähnliche Stellung der Staatsbank günstiger, da die Geschäftsbanken dann nicht wüßten, wie hoch die Refinanzierungsmöglichkeiten bei der Staatsbank sind und sie schon aus diesem Grunde zu einem vorsichtigeren Vorgehen bei ihren eigenen Kreditengagements gezwungen wären.

Als Ausblick ergibt sich durch die Einführung des Refinanzierungssystems die Möglichkeit, den Kreditautomatismus zu stoppen. Daran schließt sich gleichzeitig die Frage, inwiefern sich die Chancen der Zentralbank verbessert haben, den Geldwert zu beeinflussen. Laut Gesetzesauftrag hat die Staatsbank der DDR mit den anderen Kreditinstituten zur Sicherung der Stabilität der Währung beizutragen[38].

Mit den Refinanzierungskrediten und der Anlage freier Mittel der Kreditinstitute stehen der Staatsbank zwei Instrumente zur Verfügung, die die Deutsche Notenbank nicht hatte. Wie festgestellt, konnte die Notenbank den Geldwert nicht beeinflussen, sondern nur konstatieren, daß beispielsweise das Geldvolumen bei festgesetzten Preisen dem Güterangebot nicht entsprach.

Die Refinanzierungspolitik könnte in etwa mit der Diskontsatzpolitik der Deutschen Bundesbank verglichen werden, da die Staatsbank über den Refinanzierungszinssatz die Kreditnachfrage der Geschäftsbanken beeinflussen kann. Die Anlage der freien Gelder könnte man unter Vorbehalt mit dem Mindestreserveinstrument vergleichen. Beide wirken kontraktiv auf das Kreditvolumen der Geschäftsbanken.

Theoretisch bestünde also die Möglichkeit, über eine entsprechende Refinanzierungs- und Anlagepolitik das Kreditvolumen mit dem Güterangebot in Übereinstimmung zu bringen bzw. die Zuwächse des Kreditvolumens mit den Produktionssteigerungen abzustimmen. Doch kann die Staatsbank bei ihrer Stabilitätspolitik nicht so rigoros sein,

---

[37] Vgl. § 1 Abs. 2 Satz 2 Gesetz über die Staatsbank der DDR, a.a.O., S. 132.

[38] Vgl. Gesetz über die Staatsbank der DDR, a.a.O., Präambel Abs. 2 Satz 1 und § 2 Abs. 3.

da sie auch dem Plan Rechnung tragen muß. Sollten am Anfang der Kreditplanperiode unvorhergesehene Kreditbedürfnisse zur Abdeckung von Planwidrigkeiten auftauchen, die im Falle einer Kreditverweigerung den ganzen Plan durcheinander bringen würden, so steht die Staatsbank vor dem Dilemma, entweder dem Plan oder der Geldwertstabilität den Vorzug zu geben. Daß sich in solchen Fällen der politische Einfluß der Regierung durchsetzt, ist mit Sicherheit anzunehmen. Denn es ist zu befürchten, daß die Staatsführung lieber einen Kreditüberhang in Kauf nimmt, als ihre ehrgeizigen Produktionsziele zurückzustecken.

Weitere Schwierigkeiten, den Geldwert zu verteidigen, ergeben sich aus dem Nebeneinander von verschiedenen Preistypen. Kannte man vor der Einführung des neuen ökonomischen Systems fast ausschließlich festgesetzte Preise, wobei sich Geldwertverschlechterungen nur in längeren Lieferzeiten oder höheren Schwarzmarktpreisen ausdrückten, so gibt es nunmehr eine Skala von variablen bis zu ganz festen Preisen. Der relativ großen Elastizität der Preise im Industriegüterbereich steht die Absicht der Regierung gegenüber, eine möglichst große Stabilität der Konsumgüterpreise zu erhalten.

Während sich Angebot und Nachfrage im Industriegüterbereich über den Preis ausgleichen und die Staatsbank somit an den Preisbewegungen den Grad der Geldwertverschlechterung abschätzen kann, besteht diese Möglichkeit bei den Konsumgüterpreisen nicht. Hier müßte sich die Staatsbank auf die Beobachtungen der Lieferfristen und der Schwarzmarktpreise stützen, um die nachfragewirksame Geldmenge zu regulieren.

7. Die Diskussion um das Haftungssystem

Entscheidend für die Kreditpolitik einer Bank ist auch die Frage, wie der Kreditnehmer haftet. Wenn die Bank das Recht hat, bei Zahlungsunfähigkeit des Kreditnehmers den Konkurs zu beantragen, wird sie ihre Liquiditätspolitik anders gestalten, als wenn sie davon ausgehen muß, daß der Kredit nur bei einer eventuell besseren Geschäftslage des Kreditnehmers zurückgezahlt wird.

Durch die Beseitigung des Konkurses volkseigener Betriebe wurde den Banken die Möglichkeit genommen, ihre Kredite notfalls durch die Herbeiführung des Konkurses wiederzuerlangen. Hierin ist mit ein Hauptgrund für die Existenz des außerplanmäßigen Kreditvolumens zu sehen. Auch die Zwangsvollstreckungsmöglichkeiten wurden eingeschränkt, indem sie im Bereich der volkseigenen Industrie nur im Zuge des Anweisungsverfahrens für zulässig erklärt wurden.

Mit der Einführung des neuen Zahlungs- und Verrechnungssystems war faktisch ein Teil der Haftung in die Betrieb-Betrieb-Beziehung verlagert worden. Jeder Lieferant mußte sich selbst um die Bezahlung kümmern, so daß die Bank nicht sofort einspringen brauchte. Jedoch blieb die eigentliche Haftung eines Betriebes im Sinne einer zwangsweisen Befriedigungsmöglichkeit der Gläubiger bei der Gestaltung des Hebelsystems ausgeklammert. Erst 1967 setzte die Diskussion um ein Haftungssystem ein.

Im Streit um die Haftung, der sich in den Jahrgängen 1967/68/69 der Deutschen Finanzwirtschaft niederschlug, sind zwei Meinungen zu unterschieden. *Aehlig* vertritt die Richtung, die die Anwendung totaler Haftungsformen wünscht, also eine Haftung im Sinne einer Zwangsbefriedigungsmöglichkeit. Ihm stehen *Goldhahn, Braune* und *Rüdiger* gegenüber, die die Haftung für planwidriges Verhalten bzw. für Vertragsverletzungen im Sinne einer „materiellen Verantwortlichkeit" verstanden wissen wollen. Die materielle Verantwortlichkeit eines Betriebes besteht in einer moralisch gesellschaftlichen Verantwortung und hat zum Ziel, erzieherisch auf die Betriebe einzuwirken. Die „materielle Verantwortlichkeit" ist mit Sanktionen verbunden, d. h. mit bestimmten Formen des ökonomischen Zwangs, durch dessen Anordnung der Schaden beim Partner wieder ausgeglichen werden soll.

Aehlig[39] fordert im Interesse der Banken:

— Betriebliche Reserve- und Risikofonds einzurichten, um aus ihnen alle Auswirkungen von wirtschaftlichen Störungen, für die keine andere juristische oder natürliche Person verantwortlich ist, finanzieren zu können.

— Die Heranziehung bereits gebildeter Akkumulationsfonds der Betriebe, die aber nur bis zu einer bestimmten Höhe möglich sein soll, um der Bank eine Zugriffsmöglichkeit zu belassen.

— Die Möglichkeit, daß die Banken in bereits geplante Gewinnverwendungen eingreifen können, um ihre Ansprüche zu realisieren.

Mit solchen Grundsätzen wäre zwar eine gewisse Sicherheit für die Banken geschaffen, doch handelt es sich auch hier nur um eine Teillösung, die der Bank nur die Inanspruchnahme gewisser Fonds gestattet. Wenn diese nicht groß genug sind, steht die Bank noch immer vor dem gleichen Problem, denn eine zwangsweise Befriedigung aus dem sonstigen Vermögen des Schuldners ist auch hier nicht vorgesehen.

---

[39] Vgl. *Aehlig*, Thorelf: Finanzielle Haftung muß volkswirtschaftliche Effektivität des Krediteinsatzes sichern helfen. In: Deutsche Finanzwirtschaft, Berlin 1967, Heft 13, S. G 3 f.

Eine weitere Möglichkeit der Kredithaftung sieht *Aehlig* in der Kreditlimitierung oder in der anteiligen Kreditfinanzierung. Hier wäre das Kreditengagement der Bank geringer, doch bliebe das Befriedigungsproblem auch hier ungelöst. Zwar räumt *Aehlig*[40] ein, daß die Kreditverordnung vom 8. 4. 1964 der Bank die Anwendung totaler Haftungsformen ermöglicht (z. B. Kreditverweigerung und zwangsweise Kreditabdeckung), doch hat die Bank die gesetzliche Verpflichtung, bestimmte Zahlungen zu leisten, da die Betriebe keine eigenen Reserven besitzen, um zeitweilige Störungen abzufangen.

Von der „materiellen Verantwortlichkeit", die eigentlich nur eine erzieherische Funktion hat, versucht *Aehlig*[41] loszukommen und die Verschuldenshaftung mit der Vermögenshaftung zu koppeln. Um dieses aber nicht in den Geruch einer kapitalistischen Kopie zu bringen, spricht er von einer „sozialistischen" Haftungstheorie, die er geschickt mit einem Lenin-Zitat belegt und hinzufügt, daß im System der Eigenerwirtschaftung der Mittel der Betrieb für seinen Gewinn voll verantwortlich ist, was folglich auch für den Verlust gelten müsse. Die Aufgabe der sozialistischen Haftung bestünde nicht darin, das Privateigentum zu schützen, sondern die Einhaltung der ökonomischen Gesetze zu stimulieren und diejenigen, die den volkswirtschaftlichen Erfordernissen zuwiderhandeln, materiell verantwortlich zu machen.

Seine Forderung nach der Verbesserung des Haftungssystems dehnt *Aehlig*[42] auf die Banken aus. Auch sie sollen haftbar gemacht werden können, da sie in gleicher Weise wie die Betriebe für die optimale Verwendung der Mittel verantwortlich sind.

Goldhahn[43] erkennt zwar das Bedürfnis der Banken nach Sicherheit und Befriedigungsmöglichkeiten an, doch lehnt auch er eine dingliche Sicherung und die Möglichkeit einer zwangsweisen Befriedigung ab. Er forderte vielmehr eine schuldrechtliche Sicherung durch Schuldübernahme und Bürgschaften der VVB oder andere Organe. Hiermit wäre das Haftungsproblem für die Banken zwar momentan gelöst, doch nur auf die nächst höhere Ebene, den Bürgen, verschoben. Außerdem ist nicht gesichert, ob sich der VVB zu einer Schuldübernahme oder Bürgschaft bereiterklärt.

---

[40] Vgl. *Aehlig*, Thorelf: Finanzielle ..., a.a.O., Heft 13, S. G 5.

[41] Vgl. *Aehlig*, Thorelf: Probleme der finanziellen Haftung im Zusammenhang mit der Anwendung des Kredites. In: Deutsche Finanzwirtschaft, Berlin 1968, Heft 8, S. G 7.

[42] Vgl. *Aehlig*, Thorelf: Finanzielle ..., a.a.O., Heft 13, S. G 1.

[43] Vgl. *Goldhahn*, Eberhard: Sozialistische Geschäftsbeziehungen, a.a.O., S. 147.

Die Einführung des sogenannten Stabilisierungsverfahrens könnte als Kompromiß gedeutet werden (§ 18 Abs. II der Kreditverordnung). Es kann über kreditunwürdige Betriebe auf Antrag der Bank eröffnet werden, wobei meist eine generelle Weigerung der Bank vorausgeht, weitere Kredite zu gewähren. Das Stabilisierungsverfahren soll die ökonomischen Ursachen der Verluste ermitteln, diese beseitigen und zur Entschuldung der Betriebe beitragen. Im Rahmen des Stabilisierungsverfahrens kann u. a. veranlaßt werden: eine zwangsweise Stundung oder Kürzung der Forderungen der Gläubigerbetriebe, die Kürzung der Kreditforderungen der Bank zu Lasten der Risikofonds, der Ausgleich von Verbindlichkeiten zu Lasten der betrieblichen Fonds der Eigenerwirtschaftung und der materiellen Interessiertheit (Investitions-, Prämien-, Rationalisierungs-, Kultur- und Sozialfonds), der Verkauf von Grund- und Umlaufmitteln, die Zuführung von Mitteln aus dem Staatshaushalt und die Zuführung von Mitteln aus Reservefonds der VVB.

Die Möglichkeit eines Verkaufs von Anlage- und Umlaufmitteln zur Abdeckung materieller Verluste der Betriebe, um die Bank zu befriedigen, ist ein erster Durchbruch zu einem neuen Kredithaftungssystem. Zur Zeit kommt ihm aber noch keine zentrale Stellung zu, da diese Möglichkeit nur selten genutzt wird. *Goldhahn* bestreitet zwar jegliche Ähnlichkeit des Stabilisierungsverfahrens mit dem kapitalistischen Konkursverfahren, doch zeigt gerade die Möglichkeit der Anlage- und Umlaufmittelverwertung eine deutliche Parallele[44].

Hier stellt sich nun die Frage nach dem Umfang des Verkaufs von Betriebsmitteln. Geht der Verkauf von Anlagen bis zur Auflösung des ganzen Betriebes, so besteht kein Unterschied zum kapitalistischen Liquidationsverfahren. Das gleiche würde vorliegen, wenn sich der Staat zur Auflösung bzw. zum Verkauf eines Betriebes an einen VEB oder VVB entschließen würde, womit letztlich der Staat auch der Käufer wäre.

Würden die vorhandenen Ansätze zum Konkursverfahren ausgebaut, so würde sich das Problem des Kreditverlustes für die Bank nicht mehr in der derzeitigen Schärfe stellen. Ohne weiteren Ausbau des Haftungssystems fehlt allerdings ein ökonomischer Hebel in der Wirtschaft und im Banksektor, der für die Bank- und Wirtschaftsreform entscheidend ist.

In diesem Zusammenhang sollte darauf hingewiesen werden, daß oft Klagen von Betriebsdirektoren laut werden, die keine Kredite bekommen. Die Bankdirektoren würden sich weigern, die Verantwortung für

---

[44] Vgl. *Goldhahn*, Eberhard: Sozialistische . . ., a.a.O., S. 177.

die Kreditausreichung zu übernehmen[45]. Diese Reaktion ist auf die bisherigen Unzulänglichkeiten im Kredithaftungssystem zurückzuführen. Wenn sich die Bankdirektoren bei der Kreditvergabe zu vorsichtig zeigen, geschieht das aus Sorge um mögliche Kreditverluste. Für den Fall, daß ein hoher Kredit nicht zurückgezahlt wird, muß ein Bankdirektor mit persönlichen Konsequenzen für Beruf und Karriere rechnen. Es ist fraglich, ob diese Art des Managerrisikos geeignet ist, die von den Banken geforderte aktive Kreditpolitik zu unterstützen. Könnte die Bank bei Zahlungsunfähigkeit eines Kreditnehmers ihren Kredit auf dem Wege der Zwangsvollstreckung oder der Konkurseröffnung wiedererlangen, brauchten sich die Bankdirektoren bei der Kreditvergabe nicht so zurückzuhalten. „Ob in absehbarer Zeit den Reformplänen ein durchschlagender Erfolg beschieden sein wird, hängt vor allen Dingen davon ab, inwieweit die Entscheidungs- und Risikofreude sowohl bei den Banken als auch bei den Betrieben gestärkt werden kann[46]."

Um eine mögliche Zahlungsunfähigkeit der Banken zu verhindern, regte *Finger*[47] an, einen Risikofonds einzurichten. Der Risikofonds der Banken sollte aus den Sanktionszinseinnahmen gespeist werden. Bei Liquiditätsschwierigkeiten könnte sich dann jede Bank bei der Staatsbank refinanzieren und die erforderlichen höheren Refinanzierungszinssätze aus dem Risikofonds abdecken.

Aus der Renaissance des Rentabilitätsgedankens und der noch ungenügenden Ausgestaltung der Haftung zieht *Burkhard*[48] den Schluß, daß zwar der Komplex Rentabilität im Blickfeld liege, doch die Liquiditätsproblematik noch zu wenig beachtet werde. Dies hat seinen Grund in der bisherigen Praxis der Zentralverwaltungswirtschaft, die die Fähigkeit Güter zu erwerben nicht von der Zahlungsfähigkeit, sondern von der Initiative der Planer abhängig machte[49]. Das Spannungsverhältnis von Liquidität und Rentabilität, zweier konkurrierender Ziele, ist in der Wirtschaft der DDR noch nicht richtig verstanden worden. Sollten die Betriebe bloß dem Rentabilitätsziel folgen, so würden sie zwangsläufig bei Zahlungsunfähigkeit die Banken und andere Betriebe in Schwierigkeiten bringen. Das gleiche würde für die Banken gelten, die die Rentabilität vor die Liquidität stellen.

---

[45] Vgl. *Reimann*, Günter: Der rote Profit. a.a.O., S. 81.

[46] *Lang*, Sibylle-May und *Ruban*, Maria-Elisabeth: Veränderungen ..., a.a.O., S. 411.

[47] Vgl. *Finger*, Herbert: Zu Grundlagen ..., a.a.O., S. G 4.

[48] Vgl. *Burkhard*, D.: Die Geschäftsbeziehungen zwischen Bank und Betrieb auf die Perspektive ausrichten! In: Die Wirtschaft, 1968, Heft 35, S. 13.

[49] Vgl. *Garvey*, George: Money ..., a.a.O., S. 17.

Berliner[50] leitet die Verpflichtung der Bank, die Liquidität zu wahren, aus dem Äquivalenzprinzip ab. Es besagt, daß sich gleiche Werte austauschen und jeder das von der Gesellschaft zurückerhält, was er ihr zur Verfügung gestellt hat. Das bedeutet auf die Bankliquidität bezogen, „daß die Banken ... in der Lage sein müssen, die von ihren Gläubigern zeitweilig überlassenen Geldfonds ... zurückzuzahlen ...[51]." *Berliner* fragt aber nicht, was geschieht, wenn eine Geschäftsbank illiquide geworden ist. Dem Konkursproblem weicht er mit der Feststellung aus: „gegenüber dem Kapitalismus können die Banken infolge Illiquidität nicht in Konkurs gehen, weil sie entweder staatliches oder genossenschaftliches Eigentum repräsentieren"[52].

Solange die Liquidität nicht als Vorbedingung im System der Eigenerwirtschaftung betrachtet wird, besteht die Gefahr, daß der Kreditautomatismus in der DDR-Wirtschaft nicht völlig beseitigt wird. Hier zeigt sich gleichzeitig die Bedeutung eines verbesserten Haftungssystems. Die Liquidität des planmäßig arbeitenden Betriebes kann nur gewährleistet werden, wenn er berechtigt ist, seine Forderungen gegenüber planwidrig arbeiten Betrieben durchzusetzen. Dazu ist die totale Haftung einschließlich der Zwangsvollstreckung erforderlich.

8. Erzieherische Maßnahmen zur Wahrung der Kreditdisziplin

Wenn die Bank die weitere Kreditierung eines mit Verlust arbeitenden Betriebes ablehnt, werden öffentliche Kreditbeantragungen durchgeführt, Rentabilitätsausschüsse eingesetzt und Garantieerklärungen der Belegschaft bzw. vom übergeordneten Betrieb abgegeben. Allen diesen Maßnahmen gemein ist der Appell an die „sozialistische Verantwortung". Sie stellen also eine Art einzelbetrieblicher „moral suasion" dar. Ob solche Maßnahmen auf die Dauer Erfolg haben, ist zu bezweifeln, da sie nicht mit ökonomischem Druck verbunden sind und auch nicht die ökonomischen Ursachen der schlechten Betriebssituation beseitigen.

Die Bank hat das Recht, eine öffentliche Behandlung der Finanzfragen in den Betrieben zu verlangen. Demzufolge muß der Betriebsleiter vor der Belegschaft die finanzielle Lage darlegen. Auch wenn *Finger*[53] meint, daß dieses Verfahren außerordentlich wirksam sei, muß bezweifelt werden, ob das Gros der Belegschaft überhaupt versteht, um

---

[50] Vgl. *Berliner*, Uwe und *Heinicke*, Walter: Äquivalenzprinzip ..., a.a.O., S. G 5 f.

[51] Ebenda, S. G 6.

[52] Ebenda, S. G 6.

[53] Vgl. *Finger*, Herbert: Kredit und ..., a.a.O., S. 21.

was es geht. Weiter ist die Frage zu stellen, ob die nach einer solchen Kreditverhandlung gewährten Kredite nicht doch wieder zur alten Kreditautomatik zurückführen. Allenfalls könnte man annehmen, daß die Manager der Betriebe die öffentlichen Kreditverhandlungen als peinlich empfinden und somit ein Druck auf die Betriebsleitung ausgeübt wird, es nicht erst zu einer Situation kommen zu lassen, die eine öffentliche Kreditbeantragung erforderlich macht.

Ebenso kann die Bank die Einsetzung eines Rentabilitätsausschusses verlangen, der nach den Gründen der schlechten Rentabilität zu suchen hat[54]. Dieser Ausschuß setzt sich aus Betriebs- und Bankvertretern sowie Mitgliedern gesellschaftlicher Organe zusammen. Ob diese Ausschüsse mehr aufdecken als die Banken und die Betriebe im Rahmen einer normalen Kreditwürdigkeitsprüfung, ist zu bezweifeln.

Bei der Garantieerklärung eines Bezirkswirtschaftsrates wurde gegenüber der Bank die Kreditwürdigkeit des Betriebes verbürgt, doch ohne konkrete Vereinbarungen, wie im Garantiefall die Bank befriedigt werden soll[55].

Alle diese Maßnahmen können nur Scheinlösungen des eigentlichen Problems, nämlich der Haftungsfrage sein.

9. Vorhaben- versus fondsbezogene Kreditierung

Die vorhaben- und objektgebundene Kreditierung ist als historisches Relikt aufzufassen. Investitionen wurden früher nur aus dem Staatshaushalt finanziert. Für zusätzliche mit der Investition verbundene Maßnahmen gab es einen Investitionskredit, der in den betrieblichen Plänen enthalten war und die aus Eigen- und Haushaltsmitteln finanzierten Investitionen zu ergänzen hatte. Diese Kredite zeichneten sich durch ihren Zusatzcharakter aus[56]. Sie eröffneten den Banken gute Kontrollmöglichkeiten über jeden Einzelprozeß, der im Rahmen der Investitionen auftauchte. Nachteilig wirkte sich dabei allerdings die Einzelbetrachtungsweise aus, denn die Investitionen wurden nicht mehr als Einheit beurteilt und untersucht, sondern als eine Vielfalt voneinander unabhängiger Prozesse.

Nach der Umstellung von der Staatshaushaltsbezuschussung zur Kreditfinanzierung wurde diese Einzelfinanzierungstechnik beibehal-

---

[54] Vgl. *Terz*, Joachim: Rentabilitätsausschuß. In: Deutsche Finanzwirtschaft, Berlin 1969, Heft 8, S. G 9.

[55] Vgl. *Behm*, Günter: Methodische Aspekte der öffentlichen Kreditanträge. In: Deutsche Finanzwirtschaft, Berlin 1968, Heft 3, S. G 1.

[56] Vgl. *Finger*, Herbert: Fonds- und vorhabenbezogene Kreditierung und Kontrolle. In: Deutsche Finanzwirtschaft, Berlin 1968, Heft 6, S. G 11 ff.

ten. Jeder Einzelprozeß wurde weiterhin gesondert kreditiert. Bei der volumenmäßig geringen Kreditfinanzierung von zusätzlichen Investitionsmaßnahmen machten sich die Nachteile der objektgebundenen Finanzierung nicht so gravierend bemerkbar. Durch den Abbau der Staatshaushaltsbezuschussung zugunsten der Kreditfinanzierung wurden die Nachteile dieses Finanzierungsmodus immer deutlicher.

„Bei der überwiegend vorhabenbezogenen Kreditgewährung tendieren die Betriebe und Banken dazu, als Kreditobjekt die Vorhaben auszuwählen, die den Effektivitätsmaßstäben am besten entsprechen. Diese Tendenzen gehen so weit, daß die VVB die Nettogewinnabführungen und damit den Krediteinsatz auf die Betriebe konzentrieren, denen der Nutzeffektsnachweis für bestimmte Investitionen am wenigsten Schwierigkeiten bereitet. Das schränkt die Rolle des Kredits als Optimierungsinstrument ein[57].“

Im Gegensatz zur Anlagemittelkreditierung besteht die Grundkonzeption der Umlaufmittelkreditierung in einer fondsbezogenen Finanzierung. Sie unterscheidet sich dadurch von der objektgebundenen Kreditierung, daß sie nicht einzelne Prozesse, sondern Gesamtprozesse beurteilt und finanziert.

Diese anders geartete Struktur der Umlaufmittelkreditierung ergibt sich aus der Richtsatzplankreditierung, die sich mehr oder weniger an der Entwicklung der Gesamtumsatzmenge und anderer Kriterien orientiert. Der Vorteil dieser global ausgerichteten Finanzierungstechnik wird jedoch teilweise wieder unterlaufen, da die Mittel einzeln ausgereicht, abgerechnet und kontrolliert werden. Das damit verbundene System der Zusatzkredite verstärkt diesen Effekt noch[58]. „Dabei spielt das Problem der Kompensation von Unter- und Überplanbeständen eine wesentliche Rolle. ... Da die Kreditbedingungen, der Zins (unter Berücksichtigung der Laufzeit, differenzierter Zinssätze und Zinsrückerstattung) und die Rückflußfristen an die Einzelprozesse gekoppelt werden, besteht die Gefahr, daß die Wirkungspotenzen des Kredits paralysiert werden. Die Orientierung auf Einzelprozesse verleitet darüber hinaus dazu, die Stichtagsbetrachtung überzubetonen und die Langfristigkeit der Wirtschaftsprozesse zu negieren. Darüber hinaus werden die Kräfte der Bank durch die Bearbeitung und Kontrolle einer großen Anzahl der mit Einzelprozessen verbundenen Kredite absorbiert. Dieser Kraftaufwand sichert aber keineswegs einen besonders wirksamen Einsatz des Kredits[59].“

---

[57] Ebenda, S. G 11.

[58] Vgl. *Finger*, Herbert: Fonds- und ..., a.a.O., S. G 12.

[59] Ebenda, S. G 12.

Illgen[60] hält in diesem Zusammenhang folgende Verbesserungen der Umlaufmittelkreditierung für erforderlich:

— Eine Zusammenfassung der Umlaufmittelfonds.

— Eine Beseitigung der starken Kreditdifferenzierung.

— Eine direkte Kreditierung der Betriebe, die nur in Ausnahmefällen von einer Kreditierung durch den VVB durchbrochen werden darf.

— Eine über den bisher maximal zulässigen Eigenmittelanteil hinausgehende Eigenmittelbeteiligung bei der Investitionsfinanzierung.

Damit wären die von *Finger* aufgezählten Nachteile der Umlaufmittelkreditierung beseitigt und der damit verbundenen einzelprozeßorientierten Kreditausreichung die Möglichkeit genommen, die Fondsfinanzierung zu unterlaufen.

Besonders hervorzuheben wäre bei einer fondsbezogenen Umlaufmittelkreditierung die Möglichkeit, die Verflechtung zwischen Einsatzmaterial, unvollendeter Produktion, Fertigerzeugnissen und Überplanbeständen besser zu berücksichtigen[61]. Damit entstünde in der fondsbezogenen Umlaufmittelkreditierung ein ökonomischer Hebel, der auf eine Beseitigung der Überplanbestände hinwirkt. Gleichzeitig würde die Umlaufmittelkreditierung nicht mehr den Prinzipien der Eigenerwirtschaftung der Mittel widersprechen[62, 63].

Im Rahmen eines Erfahrungsaustausches mit Vertretern der sowjetischen Gosbank wurde über eine versuchsweise Kreditierung nach dem Gesamtkreditbedarf in 200 Betrieben der UdSSR berichtet[64]. Es wurde festgestellt, daß bei einer fondsbezogenen Kreditierung eine Tendenz zur Einsparung der Kreditmittel besteht. Manchmal verdecke jedoch ein bestimmter Teil des Kredits das Fehlen von Umlaufmitteln, die debitorische Verschuldung und andere Mängel.

Auch in der DDR wurden 1969 Versuche in dieser Richtung durchgeführt[65]. So berichtete *Seiler*, daß sich den Banken durch die Fondskredi-

---

[60] Vgl. *Illgen*, Rolf: Die Wirkung des Kredits in der 2. Etappe des neuen ökonomischen Systems. In: Deutsche Finanzwirtschaft, Berlin 1967, Heft 7, S. 8 f.

[61] Vgl. *Wolf*, Kurt: Für Fortschritt auch in der Umlaufmittelkreditierung. In: Deutsche Finanzwirtschaft, Berlin 1967, Heft 22, S. G 15.

[62] Vgl. *Wolf*, Kurt: Fondsbezogene Umlaufmittelkreditierung. In: Deutsche Finanzwirtschaft, Berlin 1967, Heft 23, S. G 1.

[63] Vgl. *Hernes*, Siegfried: Über die Zweckmäßigkeit der fondsbezogenen Finanzierung im Umlaufmittelbereich. In: Deutsche Finanzwirtschaft, Berlin 1967, Heft 23, S. G 5.

[64] Vgl. Kreditierung nach dem Gesamtkreditbedarf. In: Deutsche Finanzwirtschaft, Berlin 1969, Heft 8, S. G 24.

[65] Vgl. *Seiler*, Udo: Effektivitätsbezogene Kreditierung bewährt sich. In: Deutsche Finanzwirtschaft, Berlin 1969, Heft 12, S. G 6.

tierung die Chance bot, sich mehr den Schwerpunkten ihrer Arbeit zu widmen. Außerdem schließe ein Übergang zur Fondskreditierung in der gesamten Wirtschaft nicht aus, daß in besonderen Fällen betriebliche und volkswirtschaftliche Einzelprozesse weiterhin nach dem Prinzip der objektgebundenen Finanzierung kreditiert werden.

Das von den Gegnern der fondsbezogenen Kreditierung immer wieder vorgebrachte Argument, daß sich durch die Art der Kreditierung Unter- und Überplanbestände in den Betrieben kompensieren und somit die Betriebe ein unzuträgliches Maß an Manövrierfähigkeit erhielten, widerlegt *Wolf*[66], indem er anführt, daß:

— dabei die Wirkung der Produktionsfondsabgabe übersehen werde,

— nach wie vor meldepflichtige Erfassungen eine Kontrolle über volkswirtschaftlich wichtiges Material ermöglichen können und gegebenenfalls Druck auf die Betriebe ausgeübt werden kann,

— mögliche Bestandsmittelkompensationen nicht eine Liquidation der Umlaufmittelnormierung bedeuten und insofern noch immer ökonomisch begründete Größen den Umfang der Bestände fixieren.

Gegenwärtig tritt die objektgebundene Finanzierung in der DDR immer mehr zugunsten der Fondskreditierung in den Hintergrund. Damit wird gleichzeitig der Forderung der Betriebe nach mehr Eigenverantwortlichkeit entsprochen. Im Gegensatz zum Haftungssystem scheint die Frage des Finanzierungssystems gelöst zu sein, so daß für die Zukunft eine bessere Wirksamkeit des Kreditsystems zu erwarten ist.

10. Verzinsung betrieblicher Guthaben und Eigenerwirtschaftung

Die Gelegenheiten der Betriebe, Guthaben anzusammeln, waren vor der Einführung des Systems der Eigenerwirtschaftung sehr gering. Weil man davon ausging, daß die Betriebe durch den Plan mit der gerade erforderlichen Liquidität ausgestattet wurden, tauchte gar nicht die Frage auf, ob man sie zur Bildung von Guthaben bei den Banken anregen sollte. Man sah von vornherein die Ansammlung freier Geldmittel in den Betrieben als Ergebnis mehr oder weniger zulänglicher finanztechnischer Regelungen an oder unterstellte gleich Unzulänglichkeiten in der Plandurchführung[67].

---

[66] Vgl. *Wolf*, Kurt: Fondsbezogene . . ., a.a.O., S. G 2.

[67] Vgl. *Tuttlies*, Friedhelm: Zur Rolle der Anlage zeitweilig freier Geldfonds der volkseigenen Betriebe und VVB. In: Deutsche Finanzwirtschaft, Berlin 1967, Heft 12, S. 17.

Ansatzpunkte für eine Geldakkumulation in den Betrieben bestanden lediglich bei den Rationalisierungsfonds und der Ansammlung von Überplangewinnen der VVB. Selbst diese geringen Möglichkeiten wurden nicht ausgenutzt, weil das gesamte Finanzierungssystem einer Guthabenbildung entgegengerichtet war. Da die Betriebe sowieso gesetzlich verpflichtet waren, alle freien Geldmittel bei den Banken zu hinterlegen, brauchte man die Guthaben nicht zu verzinsen[68]. Auch entstanden dem Staatshaushalt keine Einnahmeausfälle in Form von geringeren betrieblichen Gewinnen, da die Banken in gleichem Umfang mehr Gewinn durch höhere Zinseinnahmen auswiesen.

Dem Argument, daß die Guthaben teilweise auf Planwidrigkeiten zurückzuführen sind und deshalb nicht noch durch Zinsen belohnt werden dürften, hält *Tuttlies*[69] entgegen:

— Wenn Investitionen nicht termingerecht abgeschlossen werden, liege es meist an den ausführenden Betrieben. Durch eine Nichtverzinsung würde aber nicht der verursachende Betrieb getroffen, sondern der Betrieb, der die Investitionen in Auftrag gegeben hat.

— Es ist anzunehmen, daß die Nachteile, die durch eine verspätete Nutzungsmöglichkeit der Investitionen entstehen, größer sind, als die relativ geringen Zinseinnahmen, die der Betrieb erhalten würde.

Die Befürchtung, die Betriebe würden durch ein müheloses Zinseinkommen dazu verleitet, Investitionen nicht mit dem genügenden Nachdruck zu betreiben, weist *Finger* zurück. Er argumentiert, daß die Betriebe ökonomisch rechnen, d. h. den aus den Zinseinnahmen erzielten Gewinn ins Kalkül ziehen. Deshalb kann auch erwartet werden, daß sie die Möglichkeit vorziehen, mit Investitionen im eigenen Betrieb höheren Gewinn zu erzielen.

Entscheidend für die Wiedereinführung der Guthabenverzinsung von Industriebetrieben dürfte die Umstellung zur Eigenerwirtschaftung sprechen. Denn eine Nichtverzinsung der Guthaben würde der Eigenerwirtschaftung widersprechen. Kein Betrieb dürfte dann momentan freie Geldmittel bei der Bank anlegen, vielmehr wäre zu erwarten, daß sie diese Mittel in schnell wieder liquidierbare Investitionen im eigenen Betrieb anlegen. Die angestrebte Selbstfinanzierung von großen Investitionen würde sich dann nicht über Kapitalansammlungen bei den Banken, sondern ausschließlich über den Betrieb selbst vollziehen. Damit würden dem Bankensystem große Kreditquellen nicht mehr zur Verfügung stehen.

---

[68] Vgl. Zinsen auf Guthaben staatlicher Betriebe — noch gerechtfertigt? In: Deutsche Finanzwirtschaft, Berlin 1963, Heft 1, S. G 2.

[69] Vgl. *Tuttlies*, Friedhelm: Zur Rolle . . ., a.a.O., Heft 13, S. 18 f.

Bei der Bestimmung der Guthabenzinshöhe fordert *Finger*[70], daß der Zinssatz einerseits so hoch sein soll, daß der Betrieb zu einer hohen Nettogewinnerwirtschaftung angeregt wird, andererseits darf er eine gewisse Höhe nicht übersteigen, damit die Betriebe nicht das Interesse an der Durchführung von Investitionen verlieren, wenn sich der Zinssatz der Fondsrentabilität abzüglich der zu erwirtschaftenden Produktionsfondsabgabe nähert. Diese Befürchtung erscheint insofern unbegründet, als dadurch der Bank Kreditmittel zur Verfügung gestellt werden, die sie anderweitig verleihen kann. Wenn der Kreditnehmer dann einen Kreditzins entrichten muß, der über dem von den Banken zu vergütenden Guthabenzins liegt, wird das Kapital einer rentableren Verwendung zugeführt, als das bei einer Investition dieser Mittel im eigenen Betrieb der Fall wäre.

Je höher die Verzinsung für Einlagen wäre, desto höher müßte auch der Sollzins sein, wenn die Bankrentabilität gewährleistet sein soll. Würde sich der Habenzins in etwa nach Angebot und Nachfrage richten so würde sich wahrscheinlich ein geld- bzw. kapitalmarktähnlicher Zins bilden. Er hätte dann eine Steuerungsfunktion, die Selbstfinanzierungen mit einer niedrigeren Rentabilität und damit Kapitalfehlleitungen einschränkt. Eine Grenze bestünde allerdings dort, wo Betriebe auch mit einer geringeren Rentabilität unbedingt expandieren wollen. Auch könnten Unternehmen dazu neigen, größere Reserven zu halten, um möglichen Versorgungsschwierigkeiten zu begegnen.

Eine soweit gehende Steuerungsfunktion will *Finger*[71] dem Guthabenzins jedoch nicht einräumen. Neben den primären Steuerungsinstrumenten, Produktionsfondsabgabe und Nettogewinnabführung, wird der Guthabenzins zwar auch für die Umverteilung der Geldfonds eingesetzt, jedoch ist dieser „nicht als Kriterium für den Betrieb anzusehen, an dem dieser erkennen kann, ob sich aus der Sicht des ökonomischen Nutzeffekts eine bestimmte Fondserhöhung für den Betrieb lohnt“[72]. *Finger* möchte also nicht den Guthabenzins als Entscheidungskriterium zwischen Guthabenbildung bei der Bank und eigenen Investitionen im Betrieb einsetzen, sondern zwei differenzierte normative Nutzenkoeffizienten als Gradmesser dominieren lassen. Der Guthabenverzinsung soll nur eine sekundäre Steuerungsfunktion zukommen, sie soll den Betrieb nur anregen, zeitweilig freie Geldmittel bei der Bank anzulegen.

Hierdurch entsteht ein Bruch zwischen den ökonomischen Hebeln, nämlich dem Habenzins auf der einen Seite und dem Sollzins auf der

[70] Vgl. *Finger*, Herbert: Kredit und Zins . . ., a.a.O., S. 151.

[71] Vgl. *Finger*, Herbert: Zu Grundlagen . . ., a.a.O., S. G 2.

[72] Ebenda, S. G 3.

anderen Seite. Die Koppelung zwischen dem Anreiz des Habenzinses beim anlegenden Betrieb und dem ökonomischen Druck des Sollzinses beim kreditnehmenden Betrieb wird dadurch gelockert. Die Integration des Habenzinses in das System der Eigenerwirtschaftung ist somit nicht vollständig.

Bei einem Guthabenzins von weniger als drei Prozent bestünde die Gefahr, daß Betriebe innerhalb der VVB Liquiditätsverlagerungen vornehmen, ohne daß die Bank etwas davon merkt. Das Ziel solcher Verlagerungen könnte sein, daß ein Betrieb einem anderen Liquidität mit der Absprache zur Verfügung stellt, seinerseits später Liquiditätshilfen für eigene Maßnahmen zu erhalten. Damit hätten sich beide Betriebe eine über der Guthabenverzinsung liegende Rentabilität gesichert. Solche Vorgänge sind unerwünscht, weil die Banken diese Finanzbeziehungen nicht mehr kontrollieren können.

Wenn man sich auch über die Höhe des Guthabenzinses streitet, so scheint jedoch Einigkeit dahingehend zu bestehen, daß der Guthabenzins entsprechend der Dauer der Anlage zu differenzieren ist. Für täglich fällige Gelder wäre ein niedrigerer Zinssatz als für Termingelder zu vergüten[73].

Eine endgültige Lösung des Problems der Guthabenverzinsung steht noch aus. Ihre Lösung ist von derselben Wichtigkeit für die Bankreform wie die Umgestaltung des Haftungssystems. Die durch die Reformen auf dem Gebiet der Kreditzinsen erreichten Erfolge bedürfen, um einen durchschlagenden Effekt zu erzielen, einer adäquaten Gestaltung der Guthabenzinskonzeption.

Wie die bisherigen Untersuchungen gezeigt haben, sind im Laufe der Zeit eine Reihe von Verbesserungen im Kredit- und Zinssystem der DDR vorgenommen worden, die sich aber immer nur auf Teilgebiete beschränkten. Eine geschlossene Zins- und Gebührenkonzeption ging auf diese Weise verloren. Die heutigen Schwierigkeiten der Kreditwirtschaft lassen sich teilweise auf dieses nicht geschlossene System zurückführen.

Eine genaue Beurteilung der Reformen im Bankwesen soll einem gesonderten Kapitel vorbehalten bleiben.

---

[73] Überlegungen hinsichtlich einer mittel- und langfristigen Anlage von Mitteln der Wirtschaft bei den Kreditinstituten sind derzeit in der DDR noch nicht angestellt worden.

VIII. Kritische Würdigung der Bank- und Wirtschaftsreformen

1. Bilanz der Wirtschaftsreformen

Eine kurze Würdigung der Wirtschaftsreformen soll den Hintergrund aufhellen, auf dem sich die Bankreformen vollzogen. Bei den Wirtschaftsreformen nach 1963 ging es darum, das bisherige System der Planung und Leitung der Volkswirtschaft unter Wahrung des gesellschaftlichen Eigentums an den Produktionsmitteln und der Herrschaft der Partei so aufzulockern, daß die Wachstums- und Versorgungsschwächen der DDR-Wirtschaft der Jahre 1961/62 überwunden wurden[1]. Der Bereitschaft zu Reformen lag die Erkenntnis zugrunde, daß die bisherigen Methoden der Planung und Leitung nicht mehr dem erreichten Entwicklungsstand der Volkswirtschaft entsprachen und die genannten Schwächen nicht zu lösen vermochten.

Die dringendsten Reformen mußten also folgenden Zielen gelten[2]:

— einer Verbesserung der Leitungsstruktur und der Planung,

— einer Synchronisation betrieblicher und volkswirtschaftlicher Interessen durch ein geschlossenes Hebelsystem,

— einem Übergang zur monetären Lenkung der Wirtschaftsprozesse.

Mehr oder weniger mußte das Bankwesen von allen drei Reformzielen tangiert werden. So waren die Banken an der Planung und der Ausarbeitung eines „geschlossenen Hebelsystems" und der monetären Lenkung der Wirtschaft zu beteiligen.

Der erste Konflikt ergab sich bei der Verbesserung der Leitungsstruktur der Wirtschaft. Die Betriebe sollten einen erweiterten Entscheidungsspielraum erhalten, der sich jedoch zwangsläufig mit der zentralen Planung, d. h. der Parteiherrschaft, überschneiden mußte, wenn es nicht gelingen sollte, eine Synthese zwischen globalem Gesamtplan und autonomen Einzelplänen zu finden[3]. Diese Interessenkollision spiegelt sich in den mit ziemlicher Regelmäßigkeit wiederkehrenden

---

[1] Vgl. Forschungsbeirat ...: Fünfter Tätigkeitsbericht ..., a.a.O., S. 40.

[2] Vgl. *Mitzscherling*, Peter: Zunehmender Dirigismus oder Ausbau des neuen ökonomischen Systems? In: Vierteljahrshefte zur Wirtschaftsforschung, Berlin 1969, S. 230 f.

[3] Vgl. *Hirtz*, Rolf: Zum Problem der Doppelplanung des Wirtschaftsprozesses durch Staat und Einzelwirtschaft, Stuttgart 1968, S. 81 ff.

Umbauten der Wirtschaftsverwaltung wider. Besonders klar wird dieser Gegensatz in den unscharfen Abgrenzungen der Kompetenzen zwischen VEB und VVB[4]. In den ersten beiden Jahren nach der Propagierung des neuen ökonomischen Systems der Planung und Leitung deutete zunächst alles darauf hin, daß die Betriebe wesentlich größere Entscheidungsbefugnisse erhalten sollten. Ehe jedoch diese Tendenzen zunahmen und sich auswirken konnten, wurden sie durch den Anspruch der Partei auf zentrale Steuerung der Wirtschaftsprozesse wieder gestoppt. Die Partei glaubte anscheinend, die Zugeständnisse nicht mehr machen zu müssen, sondern allein durch technische Verbesserungen der Planung und Leitung mit neuen mathematischen Methoden und der elektronischen Datenverarbeitung das gleiche Ziel erreichen zu können[5]. Dieser Rückfall zum Zentralismus spiegelte sich im Wandel der Position des Generaldirektors wider. Seine zu Beginn der Reformen als Managerposition zu bezeichnende Stellung wurde durch die immer größer werdende Abhängigkeit vom Minister gekennzeichnet. Zwar wurde die Eigenerwirtschaft der Betriebe propagiert, doch sollte man sich darüber klar sein, daß sich der zugestandene Spielraum nur auf die Prozesse der Planausarbeitung bezieht. Im Rahmen der Plandurchführung können die Betriebe nichts mehr von sich aus ändern[6].

Was an dezentralisierenden Effekten in der Wirtschaft überhaupt in Erscheinung trat, wird teilweise durch die Konzentration der Wirtschaftszweige wieder in Frage gestellt. Als die Wirtschaftsführung eingesehen hatte, daß das erstrebte „Weltniveau" nicht auf allen Gebieten gleichzeitig zu erreichen war, konzentrierte man sich auf die Förderung wichtiger Schlüsselindustrien. Ihnen wurden vorrangig die Mittel der Volkswirtschaft zur Verfügung gestellt. Bei den „Stiefkindern" der Planung mußten sich infolgedessen Disproportionen, Friktionen und Unausgewogenheiten zeigen. Die vernachlässigten Zweige der Wirtschaft konnten wegen des Kapitalmangels das „Mehr" an dezentraler Entscheidungsmöglichkeit nicht ausnutzen. Auf der anderen Seite unterlagen die geförderten Zweige der Wirtschaft der besonderen Obhut der Regierung, wodurch eine wesentliche Erweiterung des dezentralen Entscheidungsspielraumes unmöglich wurde.

Die Verbesserung der Leitungsstruktur und der Planung wurde fast ausschließlich mit Veränderungen der Planungs- und Leitungstechnik versucht. Eine Änderung über eine entschlossene Dezentralisierung der Entscheidungen herbeizuführen, blieb in den Ansätzen stecken.

---

4 Vgl. Forschungsbeirat...: Fünfter Tätigkeitsbericht..., a.a.O., S. 63.

5 Ebenda, S. 64.

6 Vgl. *Finger*, Herbert: Fonds- und vorhabenbezogene Kreditierung und Kontrolle (II). In: Deutsche Finanzwirtschaft, Berlin 1968, Heft 7, S. G 2.

Daß in dieser Richtung in absehbarer Zeit neue Versuche unternommen werden, ist kaum zu erwarten. Die in der CSSR vor der Besetzung eingeleiteten Dezentralisierungsmaßnahmen waren mit einer umwälzenden Verlagerung der Entscheidungen von der Partei zu den Betrieben verbunden. Die sich daraus ergebende Konzeption der sozialistischen Marktwirtschaft wäre zweifellos mit einer starken Machteinbuße der Partei verknüpft gewesen. Zur Zeit dürfte sich aber bei der SED keine Bereitschaft zu solchen Zugeständnissen zeigen.

Das zweite Reformziel sollte durch die Einführung eines in sich „geschlossenen" Hebelsystems volkswirtschaftliche und betriebliche Interessen in Übereinstimmung bringen. Eine wesentliche Rolle spielt dabei der Preis und seine Ausgestaltung. Durch die „Tonnenideologie" wurden kostengünstige Substitutionen von Einsatzstoffen verhindert, so daß die Produktion in der DDR mit relativ höherem Aufwand als in westlichen Ländern erfolgte. Die drei Industriepreisreformen sollten diese Mängel beseitigen. Da sie jedoch nicht konsequent durchgeführt wurden und die Konsumgüterpreise weitgehend unangetastet blieben, wurde auf Grund dieser Halbheiten das geschlossene Hebelsystem nicht erreicht. Die verdeckten Subventionen blieben bestehen.

Der Hebel Gewinn wurde im Gegensatz zu früher wesentlich ausgebaut, doch erhielt er nicht die notwendige zentrale Stellung im Hebelsystem. Die Kennziffern blieben weiterhin neben dem Gewinn bestehen und verwässerten seine Wirkung[7]. Weiterhin wird seine Wirksamkeit durch die Interdependenzen mit den anderen Hebeln bestimmt. Schwächen aus dem Kredit- und Zinssystem, der Preisgestaltung usw. wirken negativ auf den Gewinn und mindern seinen Einfluß.

Bei der materiellen Interessiertheit liegen die Grenzen des Anreizes dort, wo Gefahr besteht, bei guten Leistungen höhere Planauflagen im folgenden Plan in Kauf nehmen zu müssen und die Verwendung der erwirtschafteten Mittel von übergeordneten Instanzen beeinflußt wird. Außerdem wird der Anreiz begrenzt, wenn es nicht gelingt, dem Zusatzeinkommen der Bevölkerung ein entsprechend vermehrtes Warenangebot gegenüberzustellen.

Bei den anderen Hebeln ließen sich ähnliche Beispiele einer nicht konsequenten Durchsetzung und Ausgestaltung anführen. Daß sich unter solchen Bedingungen kein „geschlossenes" System erreichen läßt, ist verständlich; zumal immer wieder Gegensätze zwischen den einzelnen Hebeln auftauchen und diese zu einer gegenseitigen Schwächung, Behinderung und Neutralisation führen. Viele Beispiele aus der Literatur der DDR beweisen diese Widersprüche.

---

[7] Vgl. *Thalheim,* Karl C.: Liberalisierungstendenzen . . ., a.a.O., S. 41.

Die angestrebte Geschlossenheit des Hebelsystems wurde nie erreicht, da es immer nur einzelne Punkte waren, an denen die ökonomischen Hebel angesetzt und verbessert wurden.

Beim derzeitigen Entwicklungsstand des Hebelsystems kann man sich noch in etwa dem schon 1965 von *Erdmann* gefällten Urteil anschließen. „Gemessen an solchen, von der SED selbst verkündeten strengen Maßstäben, lassen die angeführten Fakten nur den Schluß zu, daß das ‚Neue ökonomische System' nach zwei Jahren von dem propagierten Modell eines ‚geschlossenen Systems' noch weit entfernt ist[8]." Daß sich die Staatsführung darüber klar war, statt eines „geschlossenen Systems" bisher nur eine Vielzahl von Teilsystemen geschaffen zu haben, bestätigte *Ulbricht* in seinem Referat über den Perspektivplan 1971/75, indem er einschränkte, daß man erst am Ende des Perspektivplanes über ein „geschlossenes" ökonomisches Gesamtsystem verfügen werde[9].

Ob sich dieses Ziel realisieren läßt, hängt von der vorbehaltlosen Freigabe der Preise in allen Bereichen ab. Die Diskussion um „geplante dynamische Preise", wie sie von *Mann*[10] und anderen Wissenschaftlern angeregt wurde, weist in diese Richtung. Um die Ideologen und Planer nicht zu schockieren, spricht man von „geplanten dynamischen Preisen".

Zieht man eine Bilanz der Entwicklung der DDR-Wirtschaft nach der Einführung des neuen ökonomischen Systems, so fällt zunächst ins Auge, daß die Wachstumskrise von 1961/62 überwunden und dabei teilweise beachtliche Zuwachsraten erzielt wurden. Hierin allerdings Auswirkungen des neuen ökonomischen Systems zu sehen, wie die SED es vorgibt, wäre eine glatte Fehlinterpretation, da bis 1967 infolge der Experimente kaum etwas geändert wurde und die Umgestaltungen nach 1967 nicht kurzfristig zum Erfolg führen konnten. Sie waren langfristiger Natur und brachten tiefe Eingriffe im bisherigen Wirtschaftsablauf mit sich. Im Gegenteil hätten die jede Reform begleitenden Unsicherheiten, Friktionen und Disproportionen ein weniger kontinuierliches Wachstum erwarten lassen. Folglich scheint die These *Mitzscherlings* zuzutreffen, daß nämlich trotz der eingeleiteten Reformen das gute Wachstum erreicht wurde.

Im wesentlichen beruhen die Erfolge auf technischen Änderungen im Planungs- und Leitungssystem als Folge der Reformen. Die Grundprobleme der Zentralverwaltungswirtschaft wurden dabei nicht gelöst,

---

[8] *Erdmann*, Kurt: Zwei Jahre Neues ökonomisches System. In: SBZ-Archiv, Jg. 1965, Heft 20, S. 324.

[9] Vgl. „Neues Deutschland" vom 28. September 1968.

[10] Vgl. *Mann*, Helmut u. a.: Der Zusammenhang zwischen dynamischen Industriepreisen, Gewinn, Kredit, Staatshaushalt und staatlichen Reserven. In: Deutsche Finanzwirtschaft, Berlin 1969, Heft 4, S. 20 f.

sie wurden lediglich etwas entschärft. Auch die Einführung neuer verbesserter ökonomischer Systeme wird diesen Zustand nicht beenden, da die Bereitschaft zu politischen Reformen, die für eine echte Wirtschaftsreform unbedingte Voraussetzung ist, nicht vorhanden ist. Nicht zuletzt hat das seine Ursache im Fortbestand der anfangs der Arbeit erwähnten ideologischen Komponenten, die den logischen Ansatz der Wirtschaft pervertieren. So geht weiterhin von der Ideologie des Marxismus-Leninismus ein dominierender Einfluß auf die Wirtschaft aus. Die politische Form der totalitären Diktatur mit ihrem Herrschaftsanspruch und der daraus resultierenden zentralen Planung hat sich kaum gewandelt. Ebenso ist das Dogma der deutsch-sowjetischen Freundschaft mit der ökonomischen Integration und Abhängigkeit der DDR-Wirtschaft von der UdSSR eher bedeutender als unbedeutender geworden. Zurückblickend muß man *Nawrocki* zustimmen, wenn er sagt: „Die ökonomischen Systeme kommen und gehen, die Gebrechen der Planwirtschaft bleiben bestehen[11]."

Die Frage nach den Ergebnissen, die sich aufgrund der bisherigen Untersuchungen für die dritte Richtung der Reformen, nämlich den Übergang zur Lenkung der Volkswirtschaft mit monetären Mitteln ergeben, soll bei der Beurteilung der Bankreform beantwortet werden.

2. Bilanz der Bankreform als Teil der Wirtschaftsreform

Für eine Verbesserung des Banksystems der DDR standen zwei Möglichkeiten offen, nämlich eine ausschließlich auf das technische System und den Vollzug gerichtete Verbesserung oder eine ordnungspolitische Umgestaltung als Folge von ordnungspolitischen Umgestaltungen in der Wirtschaft. Auch Kombinationen der beiden Möglichkeiten mit jeweils unterschiedlicher Betonung wären denkbar gewesen.

Ähnlich wie die Dezentralisierung und Liberalisierung zu Beginn der Wirtschaftsreform auf tendenzielle Entwicklungen zur Marktwirtschaft schließen ließen, deuteten die Experimente mit den bankpolitischen Instrumenten Kredit und Zins auf eine stärkere Annäherung der Banktätigkeit an marktwirtschaftliche Gepflogenheiten hin. Doch wurde schon durch die Dauer der Experimente klar, daß die dogmatischen Kräfte in Partei und Staatsführung eine zu große Verselbständigung der Banken vermeiden bzw. verschleppen wollten. So wie die Wirtschaftsreformen meist auf halbem Wege „steckenblieben", war auch bei den Bankreformen die konsequente Durchführung des von der wissenschaftlichen Diskussion vorgezeichneten Weges zu vermissen. Wie schon

---

[11] Vgl. *Nawrocki*, Joachim: Genosse NÖSPL hat versagt. In: „Die Zeit" vom 9. Januar 1970.

aus den Ausführungen über die Grenzen und Möglichkeiten von Kredit und Zins ersichtlich war, wurden die Reformen dort gestoppt, wo der Gesamtplan mit den Bank- und Betriebsinteressen kollidiert wäre. Die marktwirtschaftlichen Elemente konnten nur insoweit Platz greifen, wie die Zentralverwaltungswirtschaft in ihrem Kern nicht tangiert wurde. Daß die Bank, der Zins und der Kredit eine Wirkungsweise wie in der Marktwirtschaft entfalten würden, war deshalb von vornherein nicht zu erwarten.

Die Frage, wie weit die Bankreformen gingen bzw. gehen konnten, läßt sich global damit beantworten, daß sie Tempo und Ausmaß der Wirtschaftsreformen nicht übertreffen konnten. Denn wären die Bankreformen umfassender als die Wirtschaftsreformen gewesen, so hätten sich Diskrepanzen und Friktionen im Planvollzug ergeben, wenn beispielsweise die Banken einen größeren Entscheidungsspielraum als die Betriebe gehabt hätten. Da die Freiheitsgrade im Bereich der materiellen Produktion und im Geld- und Kreditsektor übereinstimmen müssen, waren die Bankreformen wegen der „steckengebliebenen" Wirtschaftsreformen zum gleichen Schicksal verurteilt. Die Erkenntnisse aus der Krise von 1961/62, daß das Kreditwesen in seiner Wirksamkeit nicht größer sein könne als das Gesamtsystem der Planung, Leitung und Finanzierung, gilt nach den Reformen in gleichem Umfang. Eine isolierte Verbesserung des Bankwesens ist aufgrund der Interdependenzen mit den anderen Bereichen der Wirtschaft nicht möglich gewesen.

Zur Unterstützung dieser These sollen Details die Art der Verbesserungen in der Kreditwirtschaft und ihre gegenwärtigen Probleme skizzieren.

Ein wichtiger Punkt wäre z. B. der vor 1952 verlorengegangene Wettbewerb zwischen den Kreditinstituten. Er ist teilweise für die mangelnde Leistungsfähigkeit der Kreditwirtschaft verantwortlich zu machen. Konkurrenz und Kundenwerbung würden wahrscheinlich die Qualität der Bankarbeit steigern. Zur Zeit gibt es aber nur einen Leistungswettbewerb der spargeldsammelnden Institute bei der Erfüllung der Spargeldeinlagepläne. Bei einem Übergang zum Wettbewerb hinge der Erfolg dieser Maßnahme davon ab, wie man die Banken von zu gewagten Kreditengagements abhalten kann. Durch den fehlenden Wettbewerb zwischen den Geschäftsbanken wird jede Kreditentscheidung mit den Mängeln eines administrativen Monopols belastet.

Selbst bei Einführung eines Bankenwettbewerbes, wie er beispielsweise in Jugoslawien[12] anzutreffen ist, wäre die Kreditvergabe solange

---

[12] Vgl. *Meimberg*, Rudolf: Zur Frage einer Annäherung östlicher Wirtschaftssysteme an diejenigen westlicher Industriestaaten. In: Der Osten auf

noch ein politischer Akt, wie staatliche oder kommunale Ämter und vielleicht auch solche der Partei auf Umfang und Art der Investitionen Einfluß nehmen können.

Die Rentabilität der Banken bleibt folglich auch eine politische, da der Kundenkreis und die Geschäfte der Kreditinstitute noch immer vorgeschrieben sind und sich die Gewinne der Banken nicht aus einem völlig frei steuernden System von Zinsen ergeben. Die politische Rentabilität ist jedoch in dem Maß zurückgedrängt worden, wie die Möglichkeiten der Banken, den Zins selbst in engen Grenzen zu variieren, gestiegen sind.

Die politische Abhängigkeit des Bankensystems besteht also noch, sie ist aber nicht mehr so bedingungslos wie in früheren Jahren, da Kredit, Zins, Bankberatung etc. an Bedeutung gewonnen haben. Die Gefahr von Prestigeinvestitionen und Investitionsruinen ist dadurch gesunken.

Ebenso haben sich die Möglichkeiten gebessert, einer Kreditinflation zu begegnen. Die Banken können eine geldwertgefährdende Kreditnachfrage durch Sanktionszinsen mildern. Bei einer totalen Verplanung der Kreditquellen besteht weiterhin die Gefahr, daß im Plan nicht vorgesehene Investitionsbedürfnisse auftauchen, die wegen ihrer Dringlichkeit nicht abgewiesen werden können. Der Zentralbank wird dann keine andere Wahl bleiben, als das Kreditvolumen auf Kosten der Geldwertstabilität zu vergrößern. Den früher nicht vermeidbaren Lohnfondsüberschreitungen könnte die Staatsbank heute mit einem höheren Zins für die zusätzlich erforderlichen Kredite begegnen. Der betreffende Betrieb wird sich dann überlegen, ob er die zusätzlichen Zinsbelastungen durch höhere Umsätze und Gewinne kompensieren kann. Problematisch dürfte es für die Geschäfts- und Zentralbank werden, wenn sie Lohnfondsüberschreitungen für volkswirtschaftlich wichtige Aufgaben kreditieren sollen. Sie könnten diese Kredite mit dem normalen Zinssatz ausreichen und müßten damit eine Gefährdung der Geldwertstabilität hinnehmen oder einen Sanktionszins erheben, der das volkswirtschaftlich wichtige Projekt zum Scheitern bringen könnte.

Hinsichtlich der ideologischen Hemmnisse über die Aufgaben von Geld, Kredit und Zins ist eine gewisse Versachlichung der Vorstellungen zu verzeichnen. Beispielsweise wurde die starre Trennung von Bar- und Buchgeld bei volkswirtschaftlichen Überlegungen überwunden und der Zins nicht mehr als Mittel der Ausbeutung verketzert. Es ist zu erwarten, daß sich die Entwicklung in dieser Richtung, begünstigt durch die wissenschaftliche Diskussion, weiter fortsetzen wird.

---

dem Wege zur Marktwirtschaft? Hrsg. *Gleitze - Thalheim - Hensel - Meimberg*, Berlin 1967, S. 88.

Positiv hat sich die Umstellung von der Staatshaushaltsbezuschussung zur Kreditfinanzierung ausgewirkt. Die größere Rechenhaftigkeit bei Investitionsentscheidungen und der Einfluß der Banken lassen sich zwar nicht genau konkretisieren, sicher ist aber, daß das Ressortdenken und die Remanenz einmal im Staatshaushalt befindlicher Positionen ausgeschaltet wurden. Ganz umgehen läßt sich die Finanzierung über den Staatshaushalt in der Zentralverwaltungswirtschaft jedoch nicht. Neugründungen von Unternehmen besonders in neuen Entwicklungsbranchen müssen weiterhin über den Staat erfolgen. Ebenso bleiben volkswirtschaftliche Investitionen und Strukturmaßnahmen außerhalb der Wirkungsbereiche des Banksektors.

Die Nachteile der Mittelzweckbindung, insbesondere die vorhabengebundene Kreditierung, sind in der DDR zur Zeit noch nicht behoben. Die gegenwärtigen Tendenzen laufen auf eine Umstellung zur Fondskreditierung hinaus. Damit wäre ein weiterer Schritt auf dem Wege zur Geschäftsbank getan und die durch die Zweckbindung der Mittel bedingte administrative Kontrolle durch eine überwiegend ökonomische Kontrolle der Banken abgelöst. Erste Ansätze hierzu zeigten sich bei der Einschränkung der Kreditarten. Gleichzeitig wurde damit das Bestreben der Betriebe, die Kreditpalette als „Verschiebebahnhof" für innerbetriebliche Finanzierungsvorgänge zu benutzen, unterbunden.

Die Nachteile der Trennung von Umlaufmittel- und Investitionsfinanzierung wurden durch die Zusammenfassung beider Kreditgeschäfte in der Hand einer Geschäftsbank überwunden.

Große Schwierigkeiten haben die Banken derzeit noch mit der Kostenrechnungskontrolle der Betriebe. Es hatte sich herausgestellt, daß viele Betriebe überhaupt keine oder nur sehr schlechte Kostenrechnungen führten. Dieses erschwerte den Banken die Beurteilung der Betriebe und minderte gleichzeitig die Qualität der Kreditpolitik. Aber selbst die Banken stehen zur Zeit vor Schwierigkeiten, eine bankinterne Kostenrechnung zu entwickeln.

Die Wirksamkeit der neuen bankpolitischen Instrumente ist nun auch von der unternehmerischen Initiative der Betriebsleiter abhängig. Die Fähigkeiten, sich dem Markt anzupassen, Lücken zu finden und flexibel zu bleiben, waren im Laufe der Jahre verkümmert. Selbst mit einem sofortigen Abbau der Bevormundung der Betriebe wäre diese Fähigkeit nicht von heute auf morgen wieder zu erreichen. Somit konnte man erst „in the long run" mit einer durch unternehmerische Fähigkeiten unterstützten Kredit- und Zinspolitik der Banken rechnen.

Ebenso wie im Produktionsbereich ist gegenwärtig auch das unternehmerische Denken im Banksektor noch keine Selbstverständlichkeit geworden. Administratives Denken beeinträchtigt auch hier die Entfaltung von Kredit und Zins. Die Fähigkeit, als Bankkaufmann zu handeln, wird meist von einem zu großen Sicherheitsdenken überschattet. Häufig beklagen sich die Manager der Industrie über Bankdirektoren, die sich vor klaren Entscheidungen drücken.

Sowohl im Produktionsbereich als auch im Banksektor beeinträchtigen, wenn auch nicht mehr in den extremen Ausformungen wie zu Anfang der sechziger Jahre, die Fülle der Reglementierungen, Anordnungen, Verordnungen und Gesetze die Initiative. Gerade ihre Entfaltung ist eine unabdingbare Voraussetzung für eine wirksame Bankarbeit.

Im Zusammenhang mit der mangelnden Initiative des Bankpersonals sollte auf die Schwierigkeit hingewiesen werden, qualifiziertes Personal zu bekommen. Wenn sich das Problem der Personalqualifikation auch nicht mehr in der früheren Schärfe stellt, so müssen doch die Bemühungen in der Zukunft darauf gerichtet bleiben, den Ausbildungsstand den gestiegenen Anforderungen der Bankarbeit anzupassen. Vor allem fehlt es den Banken heute an ingenieur-technisch und betriebswirtschaftlich geschultem Personal, das in der Lage ist, Reserven in den Betrieben aufzudecken, um die Kreditpolitik der Banken zu unterstützen.

Ähnlich wie bei den Wirtschaftsreformen lassen sich auch für die Veränderungen von Bankpolitik und Bankwesen Beispiele „steckengebliebener" Reformen finden. So wurde die Gewinnmaximierung der Banken propagiert, jedoch fehlt bis heute eine in sich geschlossene Zins- und Gebührenkonzeption. Die Einführung des Stabilisierungsverfahrens könnte als erste Maßnahme zur Wiederbelebung des abgeschafften Konkurses gedeutet werden. Weitere Schritte blieben bisher aus. Auch konnte man sich nicht entschließen, die zweckgebundene Finanzierung durch die Fondsfinanzierung abzulösen und zwingend vorzuschreiben. Die dogmatischen Kräfte der Partei sehen im Kredit immer noch in erster Linie ein Kontrollinstrument. Solange diese Ansicht nicht beseitigt ist, kann die erstrebte Stimulierungs- und Elastizitätsfunktion des Kredits nicht zum Durchbruch kommen. Diese Funktionen können also nur partiell wirken. Eine rasche Verbesserung in dieser Richtung ist in nächster Zeit auch nicht zu erwarten. Eher könnte man von einer Tendenz zur Verhärtung sprechen. *Worobjow*[13] spricht von unveränderten Grundprinzipien des sozialistischen Kredits, an denen auch die neuen Reformen nichts ändern. Sein Plan- und Zweckcharakter, die Befristung, Rückzahlung und Verrechnung bleiben nach

[13] Vgl. *Worobjow,* W. A.: Bank und Wirtschaft in der Sowjetunion. In: Deutsche Finanzwirtschaft, Berlin 1968, Heft 19, S. G 20.

wie vor erhalten. Ein weiteres Beispiel unvollendeter Reformen ist die umstrittene Guthabenverzinsung für freie Mittel der Betriebe. Die Einführung des Systems der Eigenerwirtschaftung der Mittel würde sie auf jeden Fall verlangen.

Die heutige Lage der Kreditwirtschaft in der DDR kann man kurz folgendermaßen zusammenfassen: Die Effektivität der Bankarbeit hat sich gegenüber 1963 wesentlich gebessert. Die Begrenzung durch den Gesamtplan, die „steckengebliebenen“ Wirtschaftsreformen und die sich gegenseitig widersprechenden Hebel hemmen einen weiteren Fortschritt in der Kreditwirtschaft. Von der anfänglichen Bereitschaft, Reformen über ordnungspolitische Konzessionen zu erreichen, ist gegenwärtig keine Verbesserung zu erwarten. In dieser Richtung sind Verhärtungen wahrscheinlicher. Künftige Verbesserungen werden sich vor allem durch eine technisch-organisatorisch gesteigerte Qualität der Bankarbeit erreichen lassen.

3. Ausblick

Die sich am Anfang der siebziger Jahre anbahnenden Umbauten im Wirtschaftssystem der DDR zielen auf eine Betonung der zentralen Zuständigkeiten im Bereich der Grundsatzplanung, eine Stärkung der Eigenverantwortlichkeit der Produktionsbetriebe und ein größeres Mitspracherecht der örtlichen Organe bei Fragen von regionaler Bedeutung ab. Die Renaissance der zentralistischen Komponente mit der stärkeren Eigenverantwortlichkeit der Betriebe und ihre Auswirkungen auf das Banksystem wurden in den beiden vorhergehenden Abschnitten erörtert, so daß nun zu untersuchen ist, welche Einflüsse und Wechselbeziehungen von der Stärkung der örtlichen Organe auf die Finanzwirtschaft und das Bankwesen in Zukunft zu erwarten sind.

Die Einbeziehung der Bezirke, Kreise, Städte und Gemeinden in das ökonomische System des Sozialismus bedeutet für diese: Ausstattung mit eigenen Fonds, die sie für bestimmte kommunalpolitische Aufgaben einsetzen müssen. Bei der Durchführung von Investitionen sollen territorialpolitische Erfordernisse im Vordergrund stehen. So sind z. B. Städte und Gemeinden gehalten, gemeinsame Vorhaben durchzuführen, um eine maximale Kapazitätsausnutzung zu erreichen. Kommunale Zweckverbände auf den Gebieten der örtlichen Versorgungswirtschaft und der Dienstleistungen werden hierfür empfohlen.

Die Entscheidungen über den Mitteleinsatz sollen auf der Basis von gesamtwirtschaftlichen Kosten-Nutzen-Analysen erfolgen. Damit bestünde zwar die Möglichkeit, rein politisch motivierte Investitionen, die ein ungünstiges Kosten-Nutzen-Verhältnis haben, in den Hintergrund zu drängen. Doch fragt es sich, wie man den Nutzen von Dienstleistungen, Krankenhäusern, Schulen und anderen Versorgungseinrichtungen objektiv messen kann. Schlagworte wie Systemanalyse, Kybernetik, komplexe Betrachtung usw. erwecken zwar den Eindruck, daß ein ausreichendes Instrumentarium zur Verfügung steht, doch steckt die finanzökonomische Forschung der DDR hier noch in den Kinderschuhen. Wenn auch eine territoriale Planung auf der Grundlage mathematisch fundierter cost-benefit-Modelle derzeit unwahrscheinlich scheint, ist jedoch anzunehmen, daß regional bedeutsame Investitionen besser zwischen den Gemeinden abgestimmt und unter dem Gesichtspunkt der territorialen Wachstumsförderung ausgewählt werden.

Für die Banken ergeben sich neue Aufgaben auf Grund der finanzwirtschaftlichen Entscheidungsmöglichkeiten der örtlichen Organe. Neben der eigentlichen Geschäftsbanktätigkeit müssen sie sich als regionale Entwicklungsbanken betätigen, indem sie strukturbestimmende Investitionen prüfen und kontrollieren. Ob die Banken, die den Sprung von der Inspektionsbank zur Geschäftsbank noch nicht verkraftet haben, die zusätzlichen Aufgaben einer regionalen Entwicklungsbank meistern können, erscheint fraglich. Intensive Ausbildungsmaßnahmen, die derzeit auf dem Gebiet der Kosten-Nutzen-Analyse unternommen werden, lassen zwar Erfolge erhoffen, doch wird man hier mit größeren Zeiträumen rechnen müssen. Wenn man sich vorstellt, daß westdeutsche Kreissparkassen oder vergleichbare Institute den gesamtwirtschaftlichen Nutzen von Investitionen ihrer Gewährsträger beurteilen sollen, wird klar, daß dieses nur unter größten Schwierigkeiten möglich ist.

Vorerst werden die Maßnahmen der Banken vorwiegend darin bestehen, daß sie die Bereitstellung der Mittel von der Einhaltung staatlich fixierter Aufwandsnormen abhängig machen und bei deren Überschreitung eine Deckung der Verluste aus den Reserven der örtlichen Organe und der ausführenden Betriebe verlangen. Daneben werden die Banken auf einen konzentrierten Einsatz der Kredite und Fonds bei strukturbestimmenden Aufgaben drängen.

Hieraus leitet sich wieder eine stärkere Akzentuierung der Aufgabe als gesellschaftlicher Kontrolleur ab, was der geforderten unternehmerischen Einstellung einer Geschäftsbank eigentlich widerspricht. Die Konzentration der Kreditmittel auf die strukturbestimmenden Investitionen löst zwangsläufig auf der anderen Seite die Frage nach der Einlagenbeschaffung durch die Bank aus. Im Interesse der territorialwirtschaftlichen Investitionen wird von den Betrieben verlangt, nicht den ganzen eigenen Gewinn zu reinvestieren, sondern einen Teil zur Kreditierung regional bedeutsamer Investitionen abzuzweigen. Diese Forderung dürfte eine Schwächung des Systems der Eigenerwirtschaftung mit sich bringen, denn die Betriebe, die dank guter Führung einen Überschuß erzielen, erstreben eine selbständige Gewinnverwendungspolitik. Hier käme wieder eine Variante des bekannten Tauziehens zwischen Zentralisation und Dezentralisation zum Ausdruck.

Ein weiterer Schwerpunkt der Bankarbeit wird in der schon früher propagierten aber bisher vernachlässigten Reservenanalyse liegen. Hierunter fallen alle Probleme der Materialwirtschaft. Die Banken sollen sich verstärkt um die Aufdeckung von Produktionsreserven, mangelhaft ausgelasteten Kapazitäten, Vergeudungen von Mittel usw. kümmern, was natürlich auch in Zukunft nur soweit möglich ist, wie technisch gebildetes Bankpersonal vorhanden ist. Eine zusätzliche Aufgabe bringt die Durchforstung der Investitionspläne nach Reserven. Daneben sollen die Banken die Investitionspläne auch unter standorttheoretischen Gesichtspunkten beleuchten, was weitere Anforderungen an die Geschäftsbanken stellt.

In der Zinspolitik ist eine allgemeine Anhebung des Zinsniveaus zu erwarten, da von den bisher gültigen Sätzen eine zu geringe Wirkung ausging. Zur Diskussion steht ein allgemeiner Kreditzins von 5 % für Grund- und Umlaufmittelkredite einschließlich für Forderungen aus Warenlieferungen und Leistungen sowie für Kredite für Wissenschaft und Technik. Experimente in ausgewählten Betrieben in den Jahren 1969 und 1970 zeigten, daß ein einheitlicher Grundzinssatz stimulierender wirkt als ein weitgehend differenzierendes Zinssystem und damit die Schwierigkeiten, die mit dem Branchenzins an früherer Stelle dargestellt wurden, in Zukunft gemildert werden können. Um die Kreditnehmer anzureizen, sollen die Banken den Grundzins bis auf drei Prozent ermäßigen können, wenn die vorgegebenen Kennziffern von dem kreditnehmenden Betrieb unterschritten werden. Bei einer Überschreitung hingegen sind die Zinsen bis auf sieben Prozent zu erhöhen. Sollten die Abweichungen sehr groß sein, so ist sogar eine Erhöhung des Grundzinses bis auf fünfzehn Prozent vorgesehen.

Summary

In this book the author attempts to show that the changes in the DDR in banking and banking policy are an integral part of their economic reforms. It is this very connection between banking and economic reforms that gives an excellent insight into the problems of a centrally administered economy. Thus the work begins in part one and part two with a mainly theoretical examination of the investment and financing system and the possible relationship between banking and economic reform, economic policy and economic order.

Part three outlines the economic problems of the DDR before 1963, whereas part four concentrates on the problems of banking before this period.

The aims and measures of the economic reforms are dealt with succinctly in part five. Part six then throws light on the background of the experiments which determined the progress of banking between 1963 and 1967. Much space is devoted to the explanation of credit policy. A summary of the limitations and possibilities of the economic lever of credit and interest is meant to show the interdependence of banking instruments and other levers. There is special emphasis on the question of just to what extent one should combine reforms in the banking sector with parallel reforms of the economy.

Part seven deals with changes in the banking system after 1967. Essential problems in this section are the seperation of functions of the state and commercial banks and the system of "self-procurement" of means. New maxims of banking were created by switching to the principle of profitableness and "socialist business connections".

The work concludes with a balance of the bank reforms in connection with the economic reforms.

Résumé

L'auteur essaye dans ce livre de présenter les changements de la politique et de l'organisation bancaires de la RDA comme étant une partie de ses réformes économiques. Justement la relation des réformes bancaires et économiques permet d'avoir un aperçu suffisant des problèmes de l'économie administrative centrale. C'est pourquoi le travail commence dans la première et la seconde parties par un examen surtout théoretique du sytème de financement des investissements et par les relations possibles des effets entre les réformes bancaires et économiques, la politique économique et l'ordre économique.

Le troisième paragraphe esquisse les problèmes économiques de la RDA avant 1963, alors que le quatrième examine les problèmes de l'organisation bancaire avant cette période.

La cinquième partie esquisse rapidement les buts et mesures de la réforme économique, afin de montrer dans la sixième partie la raison des expériences déterminant le développement de l'organisation bancaire de 1963 à 1967. Les exposés sur la politique de crédit y prennent une grande place. Un résumé des limites et possibilités du ressort économique crédit et intérêt doit montrer les interdépendances entre des instruments de politique bancaire et d'autres ressorts. Ce qui est particulièrement discuté est la question de savoir dans quelle mesure des réformes du secteur bancaire doivent être combinées avec une réforme économique s'effectuant parallèlement.

Dans le septième paragraphe sont mises au premier plan les transformations de l'organisation bancaire ayant eu lieu après 1967. La séparation des fonctions des banques d'Etat et des banques d'affaires et le système « d'autofinancement » des crédits sont des problèmes considérables ici. De nouvelles maximes directrices du travail bancaire furent créées par la réforme du principe de rentabilité et les « relations d'affaires socialistes ».

Dans la partie finale de ce travail un bilan des réformes bancaires en relation avec les réformes économiques fut dressé.

Literaturverzeichnis

Aehlig, Thorelf: Finanzielle Haftung muß volkswirtschaftliche Effektivität des Krediteinsatzes sichern helfen. In: Deutsche Finanzwirtschaft, Berlin 1967, Heft 13, S. G1—G4

— Probleme der finanziellen Haftung im Zusammenhang mit der Anwendung des Kredites. In: Deutsche Finanzwirtschaft, Berlin 1968, Heft 8, S. G7—G10

Apel, Erich und Günter *Mittag:* Planmäßige Wirtschaftsführung und ökonomische Hebel. Berlin 1964

— — Neues ökonomisches System und Investitionspolitik, Berlin 1965

Autorenkollektiv: Das Finanzsystem der DDR, Berlin 1962

— Die Finanzen der Industrie, Berlin 1966

Bahl, Werner: Geschäftsbank und wirtschaftliche Rechnungsführung. In: Deutsche Finanzwirtschaft, Berlin 1967, Heft 12, S. G1—G6

Behm, Günter: Methodische Aspekte der öffentlichen Kreditanträge. In: Deutsche Finanzwirtschaft, Berlin 1968, Heft 3, S. G1—G3

Below, Harri: Da sind noch Steine aus dem Weg zu räumen. In: Deutsche Finanzwirtschaft, Berlin 1964, Heft 20, S. G6—G7

Berliner, Joseph S.: Factory and Manager in the USSR, Cambridge, Mass. 1968

Berliner, Uwe und Walter *Heinicke:* Äquivalenzprinzip und wirtschaftliche Rechnungsführung in der Bank. In: Deutsche Finanzwirtschaft, Berlin 1967, Heft 8, S. G5—G7

Birner, Alfred: Die Verwirklichung der neuen Rolle des Banksystems. In: Deutsche Finanzwirtschaft, Berlin 1967, Heft 8, S. G2—G3

Bobrowski, Czeslaw: Sparen und Sparkassen in Osteuropa. In: Sparkasse, Bonn 1967, Heft 2, S. 19—24

Böhm, Siegfried: Höhere Effektivität der materiellen und finanziellen Mittel. In: Sozialistische Finanzwirtschaft, Berlin 1970, Heft 1, S. 11—14

— Unsere Finanzpolitik dient höchster Effektivität. In: Sozialistische Finanzwirtschaft, Berlin 1970, Heft 2, S. 4—11

Böttcher, Horst: Zur weiteren Gestaltung der Haushalts- und Finanzwirtschaft der örtlichen Organe der Staatsmacht. In: Sozialistische Finanzwirtschaft, Berlin 1970, Heft 10, S. 36—59

Bosch, Werner: Marktwirtschaft — Befehlswirtschaft, Heidelberg 1960

Brück, Franz: Die Funktion der Geldpolitik in zentralgeleiteten Wirtschaften, dargestellt am Beispiel der DDR. Diss. Gießen 1968

Brümmer, Dieter: Das sozialistische Finanzsystem und die Finanzen der demokratischen Massenorganisationen. In: Deutsche Finanzwirtschaft, Berlin 1963, Heft 7, S. S17—S18

Buck, Hannsjörg: Sparen in Mitteldeutschland. In: Sparkasse, Bonn 1965, Heft 7, S. 187—192

— Zur gegenwärtigen Reform des mitteldeutschen Bankwesens. In: Der Bankbetrieb, Köln 1968, Heft 2, S. 37—41

— Ungelöste ökonomische Grundprobleme. In: SBZ-Archiv, Köln 1967, Heft 1/2, S. 3—7 und Heft 4, S. 57—60

— Reform des Banksystems. In: SBZ-Archiv, Köln 1968, Heft 1, S. 10—18

— Wirtschaftsreformen und Rationalisierung des Finanzsystems. In: SBZ-Archiv, Köln 1965, Heft 14, S. 218—221

— Technik der Wirtschaftslenkung in kommunistischen Staaten, Coburg 1969

Burkhard, D.: Die Geschäftsbeziehungen zwischen Bank und Betrieb auf die Perspektive richten. In: Die Wirtschaft, Berlin 1968, Heft 35, S. 13

Dewey, Charles: Die Planung und Regulierung des Bargeldumlaufs in der Deutschen Demokratischen Republik. Berlin 1956

Dietrich, Helmut: Die Verantwortung der Deutschen Notenbank im neuen ökonomischen System. In: Deutsche Finanzwirtschaft, Berlin 1964, Heft 22, S. 11—20

Drechsel, Eberhard: Aufgaben der DIB in Verbindung mit der Produktionsfondsabgabe. In: Deutsche Finanzwirtschaft, Berlin 1966, Heft 15, S. G5 bis G6

Ebert, Kurt: Vorschläge zur Methode der Forderungskredite. In: Deutsche Finanzwirtschaft, Berlin 1965, Heft 14, S. G2—G3

Egerland, Helmut: Die Refinanzierungsbeziehungen im neuen Bankensystem. In: Deutsche Finanzwirtschaft, Berlin 1967, Heft 19, S. G1—G3

Erdmann, Kurt: Zwei Jahre Neues Ökonomisches System. In: SBZ-Archiv, Köln 1965, Heft 20, S. 319—324

Essbach, Rolf: Persönliche materielle Interessiertheit in den Sparkassen. In: Deutsche Finanzwirtschaft, Berlin 1965, Heft 12, S. G16—G18

Eucken, Walter: Die Grundlagen der Nationalökonomie, 8. Aufl. Berlin - Heidelberg - New York 1965

Finger, Herbert: Die theoretischen und praktischen Anforderungen an Kredit und Zins als ökonomische Hebel. In: Deutsche Finanzwirtschaft, Berlin 1966, Heft 1, S. G2—G5

— Fonds- und vorhabenbezogene Kreditierung und Kontrolle. In: Deutsche Finanzwirtschaft, Berlin 1968, Heft 6, S. G11—G14

— Fonds- und vorhabenbezogene Kreditierung und Kontrolle (II). In: Deutsche Finanzwirtschaft, Berlin 1968, Heft 7, S. G2—G5

— Sozialistische Geschäftsbeziehungen zwischen Betrieb und Bank. In: Deutsche Finanzwirtschaft, Berlin 1968, Heft 13, S. G1—G6

Finger, Herbert u. a.: Kredit und Zins im System der Eigenerwirtschaftung der Industrie, Berlin 1968

— und Walter *Heinicke:* Die Stellung der Staatsbank im System der Planung, Leitung und Finanzierung. In: Deutsche Finanzwirtschaft, Berlin 1963, Heft 9, S. G1—G3

— und Ulrich *Hoffmann:* Zu Grundlagen und Funktionen des Guthabenzinses. In: Deutsche Finanzwirtschaft, Berlin 1967, Heft 11, S. G2—G4

Finger, Herbert und Karl-Heinz *Tannert*: Zur Ausnutzung des Kredits unter den Bedingungen dynamischer Preise. In: Deutsche Finanzwirtschaft, Berlin 1968, Heft 5, S. G1—G4

Förster, Wolfgang: Rechnungswesen und Wirtschaftsordnung. Berlin 1967

Forschungsbeirat für Fragen der Wiedervereinigung Deutschlands: Dritter Tätigkeitsbericht, Bonn und Berlin 1961

— Vierter Tätigkeitsbericht, Bonn und Berlin 1965

— Fünfter Tätigkeitsbericht, Bonn und Berlin 1969

Fox, Ursula: Das Bankwesen der europäischen Volksdemokratien, Wiesbaden 1967

— und L. *Mülhaupt*: Das Bankwesen der Deutschen Demokratischen Republik, Wiesbaden o. J.

Friebe, Siegfried: Der Kredit in der Zentralverwaltungswirtschaft sowjetischen Typs, Berlin 1957

Garvy, George: Money, Banking and Credit in Eastern Europe, New York 1966

Geissler: An der Schwelle eines neuen Abschnittes. In: Deutsche Finanzwirtschaft, Berlin 1963, Heft 15, S. 3—17

Georgino, Willi: Devisenrentabilität und wirtschaftliche Rechnungsführung. In: Deutsche Finanzwirtschaft, Berlin 1963, Heft 4, S. 13—14

Giebner, Joachim: Wie ist die Kreditgewährung durch die Bank zu verändern? In: Deutsche Finanzwirtschaft, Berlin 1967, Heft 7, S. G6—G7

Gloede, Klaus: Diskussion über aktuelle Aufgaben der Landwirtschaftsbank. In: Deutsche Finanzwirtschaft, Berlin 1966, Heft 18, S. G2—G3

Görgl, Klaus: Nutzorientierte Kreditierung der Forderungen. In: Sozialistische Finanzwirtschaft, Berlin 1970, Heft 22, S. 41—42

Götze, Werner: Einige Probleme des Richtsatzplankredites. In: Deutsche Finanzwirtschaft, Berlin 1964, Heft 18, S. G11—G13

— Kreditplanung und Kreditgewährung. In: Deutsche Finanzwirtschaft, Berlin 1965, Heft 24, S. G4—G5

Goldhahn, Eberhard: Sozialistische Geschäftsbeziehungen zwischen Bank und Betrieb. Berlin 1969

Grossman, Gregory: Union of Soviet Socialist Republics. In: Banking Systems. Hrsg. Beckart, New York 1954

Gutenberg, Erich: Grundlagen der Betriebswirtschaftslehre. Erster Band, Die Produktion, 13. Aufl. Berlin - Heidelberg - New York 1967

Gutmann, Gernot: Theorie und Praxis der monetären Planung in der Zentralverwaltungswirtschaft, Stuttgart 1965

Hahn, Rainer: Der Gewinn als ökonomischer Hebel, Berlin 1966

Hedtkamp, Günter: Finanzsystem und Geldwesen. In: Osteuropa-Handbuch, Band: Sowjetunion, Teil: Wirtschaft, Köln 1965

Heinicke, Walter und Herbert *Finger:* Bedingungen und Grundsätze für den Wirkungsmechanismus des Kredites und des Zinses. In: Deutsche Finanzwirtschaft, Berlin 1963, Heft 6, S. G1—G2

— — Höhere Wirksamkeit von Kredit und Zins. In: Deutsche Finanzwirtschaft. Berlin 1963, Heft 5, S. G1—G4

— — Die Stellung der Staatsbank im System der Planung, Leitung und Finanzierung. In: Deutsche Finanzwirtschaft, Berlin 1963, Heft 9, S. G1 bis G3

Hensel, K. Paul: Die sozialistische Marktwirtschaft in der Tschechoslowakei, Stuttgart 1968

Hernes, Siegfried: Über die Zweckmäßigkeit der fondsbezogenen Finanzierung im Umlaufmittelbereich. In: Deutsche Finanzwirtschaft, Berlin 1967, Heft 23, S. G5—G9

— Die Forderungsfinanzierung nach der Verrechnungs-Verordnung. In: Deutsche Finanzwirtschaft, Berlin 1965, Heft 14, S. G4

Herrmann, Hans: Die Initiative blieb aus. In: Deutsche Finanzwirtschaft, Berlin 1965, Heft 2, S. 18—19

Hildebrand, Rolf: Erhöhte Effektivität des sozialistischen Konsumentenkredits. In: Deutsche Finanzwirtschaft, Berlin 1967, Heft 22, S. 12—14

Hirtz, Rolf O.: Zum Problem der Doppelplanung des Wirtschaftsprozesses durch Staat und Einzelwirtschaft. Stuttgart 1968

Hoffmann, Alfred: Warum Produktionsfondsabgabe? In: Die Wirtschaft, Berlin 1963, Heft 28, S. 12

Hofmeier, Klaus: Rationalität und Irrationalität in der Wirtschaftspolitik der DDR. In: Berichte des Deutschen Industrie-Instituts, Jg. 3, Nr. 2, 1969

Holliki, Armin: Kreditzins und Produktionsfondsabgabe. In: Deutsche Finanzwirtschaft, Berlin 1967, Heft 13, S. 5—7

Hunstock, Diethelm: Zur Kreditplanung im neuen ökonomischen System, Berlin 1965

— und Horst *Keller:* Zur Kreditplanung im Neuen Ökonomischen System. Berlin 1965

Ikonnikow, W. W.: Geld- und Kreditwesen in der UdSSR, Berlin 1954

Illgen, Rolf: Wirkungsbedingungen des Prinzips der Eigenerwirtschaftung. In: Deutsche Finanzwirtschaft, Berlin 1968, Heft 5, S. G6—G9

— Die Wirkung des Kredits in der 2. Etappe des neuen ökonomischen Systems. In: Deutsche Finanzwirtschaft, Berlin 1967, Heft 7, S. 5—10

Jahr, Udo: Refinanzierungsbeziehungen zwischen Staatsbank und Geschäftsbanken. In: Deutsche Finanzwirtschaft, Berlin 1968, Heft 13, S. G9—G11

Jenzen, Jürgen: Erfahrungen aus der Kreditplanung 1962. In: Deutsche Finanzwirtschaft, Berlin 1962, Heft 6, S. G11—G12

Joerk, Peter: Kredit und Zins — ökonomische Hebel für Rückfluß des Fondsvorschusses. In: Deutsche Finanzwirtschaft, Berlin 1968, Heft 2, S. G9 bis G10

Kästner, Joachim: Finanzielle Überbrückung von Liquiditätsschwierigkeiten in volkseigenen Industriebetrieben. In: Deutsche Finanzwirtschaft, Berlin 1967, Heft 6, S. F17—F18

Kaps und *Matzkau:* Wider die Konzeption von der komplexen ökonomischen Kontrolle. In: Deutsche Finanzwirtschaft, Berlin 1964, Heft 9, S. G7—G9

Keese, Dietmar: Die Funktionen des Kredits bei der Dezentralisierung sozialistischer Volkswirtschaften. In: Jahrbuch der Wirtschaft Osteuropas, München 1970

Klahre, W.: Unzulänglichkeiten bei der Planung der freien Geldmittel der Bevölkerung. In: Deutsche Finanzwirtschaft, Berlin 1960, Heft 23, S. G468 bis G469

Klingenberg, Elfriede: Zum Verhältnis Verrechnungs-Verordnung und 5. DB. In: Deutsche Finanzwirtschaft, Berlin 1964, Heft 22, S. G8—G11

Knauthe, Erhart: Formen und Methoden der Kreditierung von Investitionen. In: Deutsche Finanzwirtschaft, Berlin 1963, Heft 11, S. F16—F17

Knuth, Heinz: Reorganisationsmaßnahmen bei den Gewerbebanken. In: Deutsche Finanzwirtschaft, Berlin 1965, Heft 24, S. G17

Kroel, Willi: Arbeit nach neuen Maßstäben. In: Deutsche Finanzwirtschaft, Berlin 1964, Heft 16, S. G1—G4

Kueh, Yak Yeow: Die weichen Pläne im neuen ökonomischen System Mitteldeutschlands. Diss. Marburg 1966

Kühne, Harald-Dietrich: Das Verhältnis zwischen Geldumlauf und Finanzen. In: Deutsche Finanzwirtschaft, Berlin 1964, Heft 18, S. 8—10

— Einheit von Produktions- und Territorialprinzip in der Bankarbeit. In: Deutsche Finanzwirtschaft, Berlin 1966, Heft 15, S. G2—G4

Ladwig, E.: Zur Kreditfinanzierung von Investitionen. In: Wirtschaftswissenschaft, Berlin 1965, Heft 18, S. 15

Lang, Sibylle-May und Maria-Elisabeth *Ruban:* Veränderungen im Banksystem der DDR. In: Vierteljahrshefte zur Wirtschaftsforschung, Berlin 1968, S. 397—411

Langner, Erich und Gisela *Seidel:* Produktionsfondsabgabe in ausgewählten VVB. In: Deutsche Finanzwirtschaft, Berlin 1966, Heft 11, S. 5—7

Lehmann, Erich: Die Kreditreserve als ökonomischer Hebel. In: Deutsche Finanzwirtschaft, Berlin 1963, Heft 12, S. 9—10

Lehmann, Günter: Aufgaben der Deutschen Notenbank bei der Perspektivplanung. In: Deutsche Finanzwirtschaft, Berlin 1965, Heft 1, S. G2—G4

Lehmann, Werner: Wirkungen der neuen Verrechnungsverfahren untersucht. In: Deutsche Finanzwirtschaft, Berlin 1965, Heft 8, S. G14—G15

Luchterhand, Willi: Zur Rolle der Bank und des Kredits in der zweiten Etappe des neuen ökonomischen Systems. In: Deutsche Finanzwirtschaft, Berlin 1967, Heft 6, S. 8—9

Mann, Helmut: Der Zusammenhang zwischen dynamischen Industriepreisen, Gewinn, Kredit, Staatshaushalt und staatlichen Reserven. In: Deutsche Finanzwirtschaft, Berlin 1969, Heft 4, S. 19—24

Matho, Fred: Ware-Geld-Beziehungen im neuen ökonomischen System, Berlin 1965

Meier, Bruno und Friedhelm *Tuttlies:* Wirtschaftliche Rechnungsführung in der Industrie- und Handelsbank der DDR. In: Deutsche Finanzwirtschaft, Berlin 1968, Heft 24, S. 5—9

Meimberg, Rudolf: Zur Frage einer Annäherung östlicher Wirtschaftssysteme an diejenigen westlicher Industriestaaten. In: Der Osten auf dem Wege zur Marktwirtschaft? Hrsg. Gleitze, Thalheim, Hensel, Meimberg, Berlin 1967

— Finanzielle Reformen und Tendenzen in Volkswirtschaften des Ostens. In: Forschungsbeirat für Fragen der Wiedervereinigung Deutschlands: Fünfter Tätigkeitsbericht, Bonn und Berlin 1969, S. 461—474

— Finanzielle Reformen und Tendenzen in sozialistischen Volkswirtschaften. In: Finanz- und Geldpolitik im Umbruch. Hrsg. Haller, Recktenwald, Mainz 1969, S. 399

Mitzscherling, Peter: Zunehmender Dirigismus oder Ausbau des neuen ökonomischen Systems? In: Vierteljahrshefte zur Wirtschaftsforschung, Berlin 1969, Heft 2, S. 227

Moock, Dorothea: Die Bedeutung der Produktions-, Dienstleistungs- und Handelsabgabe für das Wirtschafts- und Finanzsystem der Deutschen Demokratischen Republik. Diss. Berlin 1969

Mülhaupt, Ludwig: Struktur und Strukturwandel des Bankgewerbes in Deutschland. Deutsches Komitee der AIESEC e. V., II. Internationales Bankseminar, Auswertungsbericht der Tagung vom 31. August bis 9. September 1962

Müller, Konrad: Geld allein ist keine Planungsgrundlage. In: Sozialistische Finanzwirtschaft, Berlin 1970, Heft 16, S. 51—53

Müller, Roland: Aussonderung von Grundmitteln, Berlin 1969

Müller, Werner: Erhöhte Verantwortung für den Kreditplan. In: Deutsche Finanzwirtschaft, Berlin 1963, Heft 7, S. G6—G7

Nawrocki, Joachim: Genosse NÖSPL hat versagt. In: „Die Zeit" vom 9. Januar 1970, S. 23

Neubauer, Peter: Das „Prinzip der materiellen Interessiertheit", Diss. Göttingen 1967

Nick, Harry: Produktionsfondsabgabe und Kreditzins. In: Deutsche Finanzwirtschaft, Berlin 1965, Heft 14, S. 6—8

Ohnsorge, Manfred: Dies entbehrlich — jenes noch unklar. Aus der Praxis gewonnene Überlegungen zur Kreditplanung und Kreditreserve. In: Deutsche Finanzwirtschaft, Berlin 1964, Heft 8, S. G10—G12

Papke, Conrad: Kontrolle aus Finanzierungsfunktion ableiten. In: Deutsche Finanzwirtschaft, Berlin 1964, Heft 9, S. G1

Pohl, Reinhard und Maria-Elisabeth *Ruban:* Das Banksystem in der Sowjetunion. In: Vierteljahrshefte zur Wirtschaftsforschung, Berlin 1966, S. 215 bis 233

Polaschewski, Edwin: Die Einordnung des Zinses in das System der ökonomischen Hebel. In: Wirtschaftswissenschaft, Berlin 1964, Heft 12, S. 1970 bis 1985

Polaschewski, Edwin und G. *Giesler:* Experimente zur Produktionsfondsabgabe — auch Sache der Bank. In: Deutsche Finanzwirtschaft, Berlin 1965, Heft 6, S. G5—G7

Poom, Eduard: Wirtschaftlichkeit, Effektivität und Rentabilität in der Sowjetwirtschaft. In: Zeitschrift für handelswissenschaftliche Forschung, Neue Folge, 4. Jg., Köln und Opladen 1952, S. 145—166

Propp, Peter Dietrich: Zur Transformation einer Zentralverwaltungswirtschaft sowjetischen Typs in eine Marktwirtschaft. Berlin 1964

Reimann, Günter: Der rote Profit, Frankfurt 1968

Reuschel, Hans-Dieter: Rationalisierungskredite, Berlin 1966

Rönitz, Klaus: Noch keine Goldmedaille für die Notenbank. In: Deutsche Finanzwirtschaft, Berlin 1964, Heft 4, S. G9—G14

Rugina, Angel: Geldtypen und Geldordnungen, Stuttgart - Köln 1949

Rumpf, Willy: Durch Klärung der Grundfragen zu einer höheren Qualität in der Arbeit der Deutschen Notenbank. In: Deutsche Finanzwirtschaft, Berlin 1964, Heft 10, S. 2—3

Sauer, Ekkehard: Neue Finanzierungsmethoden bei Investitionen im Bereich zweier Industrieministerien. In: Deutsche Finanzwirtschaft, Berlin 1966, Heft 15, S. G7—G8

— Die Beziehungen Produktionsfondsabgabe — Zins. In: Deutsche Finanzwirtschaft, Berlin 1967, Heft 3, S. G10—G11

Sawitzki, Eberhard: Das Geld- und Kreditwesen in Mitteldeutschland. Frankfurt 1964

Schalow, Kurt: Investitionskontrolle der Sparkassen beim komplexen Wohnungsbau. In: Sozialistische Finanzwirtschaft, Berlin 1970, Heft 8, S. 62—63

Scherf, Günter: Probleme des Zahlungs- und Verrechnungssystems. In: Deutsche Finanzwirtschaft, Berlin 1966, Heft 17, S. G2—G4

Schilke, Werner: Rationalisierungskredite zur Erfüllung oder Übererfüllung der Planziele? In: Deutsche Finanzwirtschaft, Berlin 1965, Heft 15, S. G2 bis G3

— Klar abgegrenzte Finanzierungsquellen. In: Deutsche Finanzwirtschaft, Berlin 1965, Heft 16, S. G16—G17

Schilling, Gerhard: Weniger Fonds — mehr Wirkung. In: Deutsche Finanzwirtschaft, Berlin 1963, Heft 11, S. F1—F5

Schindler: Aus Erfahrungen mit der Kreditreserve. In: Deutsche Finanzwirtschaft, Berlin 1964, Heft 3, S. F16

Schlenker, Heinz: Höhere Effektivität in den BSB durch zielgerichtete Kreditpolitik. In: Deutsche Finanzwirtschaft, Berlin 1969, Heft 5, S. G8—G13

Schmidt, Manfred: Zur Problematik des wirtschaftspolitischen Inhalts und der Berechnung der Produktionsfondsabgabe. In: Wirtschaftswissenschaft, Berlin 1964, Heft 2, S. 278

Schmieder, Gerhard: Der Stein des Anstoßes: Zahlungsfristen. In: Deutsche Finanzwirtschaft, Berlin 1965, Heft 19, S. 16—18

— u. a.: Neue Verrechnungsverfahren ab 1. Januar 1965. In: Deutsche Finanzwirtschaft, Berlin 1964, Heft 21, S. 4—11

Schneider, Erich: Wirtschaftlichkeitsrechnung, 7. verb. und erw. Auflage, Tübingen - Zürich 1968

Schoder, Erich: Neue Kreditbestimmungen für die zentralgeleitete volkseigene Industrie. In: Deutsche Finanzwirtschaft, Berlin 1964, Heft 10, S. 13—22

— Die Kreditverordnung Industrie in der Praxis (II). In: Deutsche Finanzwirtschaft, Berlin 1965, Heft 13, S. G2—G6

— Die Gliederung der Kredite nach Kreditarten. In: Deutsche Finanzwirtschaft, Berlin 1969, Heft 2, S. G1—G6

Schroeter, Hans-Joachim: Die Deutsche Notenbank als Instrument sowjetzonaler Wirtschaftspolitik. Diss. Mainz 1966

Schumann, Peter: Das Recht des Bank- und Kreditwesens in der volkseigenen Wirtschaft der DDR, Diss. Berlin 1968

Seiler, Udo: Effektivitätsbezogene Kreditierung bewährt sich: Deutsche Finanzwirtschaft, Berlin 1969, Heft 12, S. G6—G7

Sik, Ota: Plan und Markt im Sozialismus, Wien 1967

Smietana, Heinz: Neue Grundsätze der Kreditgewährung. In: Deutsche Finanzwirtschaft, Berlin 1968, Heft 17, S. 7

— Aktive Kreditpolitik fördert effektives Wachstum. In: Sozialistische Finanzwirtschaft, Berlin 1970, Heft 13, S. 15—19

Stahlberg, Siegfried und Joachim *Hage*: Zur Kreditverordnung aus der Sicht eines Betriebes. In: Deutsche Finanzwirtschaft, Berlin 1964, Heft 7, S. G2—G5

Steinborn, Karl: Wirtschaftliche Rechnungsführung der IHB schöpferisch entwickeln. In: Sozialistische Finanzwirtschaft, Berlin 1970, Heft 15, S. 44—46

Steinit: Die finanziellen Fonds der VVB. In: Deutsche Finanzwirtschaft, Berlin 1963, Heft 19, S. 5—9

Steudtner, H.-Ch.: Der Zins in der Umlaufmittelsphäre und die Möglichkeit differenzierter Zinssätze. In: Deutsche Finanzwirtschaft, Berlin 1966, Heft 10, S. G6—G7

Szereiks, Erhard: Ständig analysieren: Was mindert die Hebelkraft von Kredit und Zins? In: Deutsche Finanzwirtschaft, Berlin 1966, Heft 6, S. G6—G8

Taut, Hans: Die neue Investitionsverordnung und die Aufgaben der Deutschen Investitionsbank. In: Deutsche Finanzwirtschaft, Berlin 1964, Heft 25, S. G2—G5

Terz, Joachim: Rentabilitätsausschuß. In: Deutsche Finanzwirtschaft, Berlin 1969, Heft 8, S. G9

Thalheim, Karl C.: Liberalisierungstendenzen im Ostblock? In: Der Osten auf dem Wege zur Marktwirtschaft? Hrsg. Gleitze, Thalheim, Hensel, Meimberg, Berlin 1967

Tuttlies, Friedhelm: Woran es dem Quartalskassenplan gebricht. In: Deutsche Finanzwirtschaft, Berlin 1965, Heft 18, S. 8—12

— Kredit kontra Eigenerwirtschaftung? In: Deutsche Finanzwirtschaft, Berlin 1967, Heft 5, S. 5—8

— Zur Rolle der Anlage zeitweilig freier Geldfonds der volkseigenen Betriebe und VVB (I). In: Deutsche Finanzwirtschaft, Berlin 1967, Heft 12, S. 17—20

— und Hellmut *Schubert:* Zusätzliche Exporte durch Devisenkredite. In: Die Wirtschaft, Berlin 1965, Heft 15, S. 22

— — Eigenerwirtschaftung von Valutamitteln zur effektvollen Gestaltung der Außenwirtschaftsbeziehungen. In: Deutsche Finanzwirtschaft. Berlin 1966, Heft 23, S. G1

Ulbricht, Herbert: Neues Verrechnungsverfahren noch nicht voll wirksam. In: Deutsche Finanzwirtschaft, Berlin 1965, Heft 11, S. G2

Wiedermann, Klaus-Dieter: Forderungskredite — Stiefkind der Bankarbeit? In: Deutsche Finanzwirtschaft, Berlin 1969, Heft 12, S. G20

Wolf, Kurt: Für Fortschritt auch in der Umlaufmittelkreditierung. In: Deutsche Finanzwirtschaft Berlin 1967, Heft 22, S. G15—G16

— Fondsbezogene Umlaufmittelkreditierung. In: Deutsche Finanzwirtschaft, Berlin 1967, Heft 23, S. G1—G4

— Einige Fragen der zweigbedingten Anwendung von Kredit und Zins. In: Deutsche Finanzwirtschaft, Berlin 1965, Heft 1, S. G8—G11

— Probleme der industriezweigtypischen Kreditfinanzierung. In: Deutsche Finanzwirtschaft, Berlin 1966, Heft 9, S. G2—G5

Wolter, Hans: Netzwerkplanung im Investitionsprozeß und Bankkontrolle. In: Deutsche Finanzwirtschaft, Berlin 1966, Heft 14, S. G6—G8

Worobjow, W. A.: Bank und Wirtschaft in der Sowjetunion. In: Deutsche Finanzwirtschaft, Berlin 1968, Heft 19, S. G20—G22

Wrangel, Georg von: Wird der Ostblock kapitalistisch? München 1966

Zander, Gerhard: Das Grundproblem lösen. In: Deutsche Finanzwirtschaft, Berlin 1963, Heft 8, S. G13

Ohne Verfasser: Zur Arbeit der Banken für Handwerk und Gewerbe. In: Deutsche Finanzwirtschaft, Berlin 1965, Heft 13, S. 19

— Der Beitrag des Kreditsystems zur Bilanzierung der Volkswirtschaft. In: Deutsche Finanzwirtschaft, Berlin 1963, Heft 13, S. G1—G3

— Eigenerwirtschaftung ohne Kredit. In: Deutsche Finanzwirtschaft, Berlin 1968, Heft 13, S. 1

Gesetz über die Staatsbank der DDR vom 1. Dezember 1967. In: GBL. I, 1967

— Grundsätze für die Einführung der Produktionsfondsabgabe in ausgewählten VVB der zentralgeleiteten volkseigenen Industrie. In: GBL II/ 1966, Nr. 42

— Hinweise zum Abschluß der Kollektivverträge in den Finanzorganen für das Jahr 1966. In: Deutsche Finanzwirtschaft, Berlin 1965, Heft 20, S. G2 bis G7

— Hü und Hott. In: Deutsche Finanzwirtschaft, Berlin 1966, Heft 8, S. G1

Statistisches Jahrbuch der DDR 1968, Berlin 1968

— Kreditierung nach dem Gesamtkreditbedarf. In: Deutsche Finanzwirtschaft, Berlin 1969, Heft 8, S. G24

— Kreditkontrolle mit Pferdefuß. In: Deutsche Finanzwirtschaft, Berlin 1963, Heft 17, S. G5—G7

— Wie geht es mit dem Kreditplan weiter? In: Deutsche Finanzwirtschaft, Berlin 1963, Heft 24, S. G1—G3

— Kreditreserven als Leitungsinstrument. In: Deutsche Finanzwirtschaft, Berlin 1963, Heft 14, S. G10

— Neue Kreditverordnung in Sichtweite. In: Deutsche Finanzwirtschaft, Berlin 1964, Heft 4, S. G6

— Die Materialvorräte — ein wesentlicher Punkt bei der Rationalisierung. Ein Gespräch in der Zentrale der Deutschen Notenbank. In: Deutsche Finanzwirtschaft, Berlin 1966, Heft 16, S. G6—G7

— Politische Ökonomie, Berlin 1964

— Wie weiter in der Sparkassenarbeit nach dem VI. Parteitag? In: Deutsche Finanzwirtschaft, Berlin 1963, Heft 8, S. G12—G14

— Produktionsprinzip und Kreditsystem. In: Deutsche Finanzwirtschaft, Berlin 1963, Heft 14, S. G1—G2

— Wie geht es mit der Produktionsfondsabgabe weiter? In: Deutsche Finanzwirtschaft, Berlin 1966, Heft 3, S. 10—13

— Wirtschaftliche Rechnungsführung in der Bank und der Nutzen des Kredits. In: Deutsche Finanzwirtschaft, Berlin 1967, Heft 6, S. G17—G18

— RGW-Experten beraten über Investitionsprobleme. In: Deutsche Finanzwirtschaft, Berlin 1964, Heft 7, S. G5—G7

— Zur Rolle des Kredits und der Staatsbank. In: Deutsche Finanzwirtschaft, Berlin 1963, Heft 12, S. G1—G3

— Richtlinien für das neue ökonomische System der Planung und Leitung der Volkswirtschaft, Berlin 1963

— Studienmaterial für die Seminare zum Studium der politischen Ökonomie des Sozialismus und des ökonomischen Systems des Sozialismus in der DDR-Industrie. In: Materialien der Parteihochschule „Karl Marx" beim ZK der SED. o.O., o.J.

— Thesen über die Rolle des Kredits und der Staatsbank. In: Deutsche Finanzwirtschaft, Berlin 1963, Heft 11, S. G1—G3

— Sozialistisches Weltwirtschaftssystem, Berlin 1967, Bd. I

— Zinsen auf Guthaben staatlicher Betriebe — noch gerechtfertigt? In: Deutsche Finanzwirtschaft, Berlin 1963, Heft 1, S. G2—G4

Personenverzeichnis

Sachverzeichnis

FSC
www.fsc.org
MIX
Papier | Fördert gute Waldnutzung
FSC® C083411

Kolibri 360 GmbH
Ferdinand-Jühlke-Straße 7
99095 Erfurt, Deutschland
produktsicherheit@kolibri360.de

Druck:
CPI Druckdienstleistungen GmbH
im Auftrag der
Kolibri 360 GmbH
Ferdinand-Jühlke-Str. 7
99095 Erfurt